Trabajo de sombra para el alma

"*Trabajo de sombra para el alma* es un libro práctico y con un gran cono-cimiento íntimo qué, sin duda, será de gran ayuda para quienes buscan la autorrealización".

~ **Peter J. Smith,** M.D.

"Mary tiene los pies plantados en la tierra, por lo que aterriza conceptos e ideas complejas de manera simple, además de poner en blanco y negro ideas difíciles de comprender. Recomiendo encarecidamente su trabajo con la introspección y el trabajo de sombra".

~ **Lawrence Wan,** acupuncturista

"No encuentro palabras para describir la profundidad a la que me ha llevado el trabajo de Mary y lo que me ha dado. Mary captura la esencia del trabajo de sombra y lo hace con gran respeto y total entendimiento".

~ **Kim Leyland,** maestra y practicante chamánica

"No cabe duda de que se trata de un libro extraordinario. Cada párrafo contiene mucha información y valiosas revelaciones. Es la consumación de los vastos conocimientos de Mary, que nadie más podría haber plas-mado mejor".

~ **Kathy Tajik,** emprendedora y directora de Tajik Home

T0361610

TRABAJO
DE SOMBRA
PARA EL ALMA

Cómo ver belleza en la oscuridad

Mary Mueller Shutan

Traducción por Adrián Pliego

Inner Traditions en Español
Rochester, Vermont

Inner Traditions en Español
One Park Street
Rochester, Vermont 05767
www.InnerTraditions.com

Aviso legal
La información contenida en este libro se proporciona de buena fe y tiene la intención de ser solo informativa. Ni el autor ni el editor pueden ser considerados responsables por cualquier pérdida o daño que pueda surgir del uso de este libro o de cualquier información contenida en el mismo.

ISBN 979-8-88850-194-8 (impresión)
ISBN 979-8-88850-195-5 (libro electrónico)

Impreso y encuadernado en China por Reliance Printing Co., Ltd.

10 9 8 7 6 5 4 3 2 1

Diseño por Anna-Kristina Larsson. Maquetación por Mantura Kabchi Abchi.

Esta obra incluye las fuentes Garamond y DIN.

Para hacerle llegar correspondencia a la autora de este libro, envía un correo certificado a nombre de la autora a Inner Traditions • Bear & Company, One Park Street, Rochester, VT 05767, Estados Unidos, y nosotros le haremos llegar tu comunicado. O contacta directamente a la autora en la página **www.maryshutan.com**.

Escanea el código QR y ahorra un 25 % en InnerTraditions.com. Explora más de 2.000 títulos en español e inglés sobre espiritualidad, ocultismo, misterios antiguos, nuevas ciencias, salud holística y medicina natural.

Índice

Parte 4

Aceptación de lo Otro
(Ensayos y contradicciones)

Introducción

*I*magina que te sientas a orillas de una pequeña laguna de aguas cristalinas y serenas, mientras relajas tus hombros y tu respiración se desacelera. Ahora eres capaz de sentir la arena y las piedrecillas debajo de ti, al tiempo que aprecias los pequeños destellos que brillan en el agua. En una palabra, estás presente en el momento.

En ese momento en que estás presente, tu perspectiva cambia. Eres capaz de ver toda la luz y la belleza que hay en el planeta. Tus problemas personales parecen desvanecerse y te sientes parte del mundo, parte de algo más grande que tú.

A esta práctica se le conoce como atención plena o *mindfulness,* y es un método de meditación bastante reconocido.

Ahora imagina que entras al agua y gradualmente vas viendo debajo de la superficie. Ahí ves el dolor que cargas y los conflictos que tienen lugar en tu mente y corazón.

Pero al ver más profundo logras contactar las emociones que has mantenido en tu interior, los traumas que no se han resuelto y las palabras que no has podido decir.

En nuestra vida ha habido situaciones que nos causaron daño a nivel del alma, y por eso tomamos decisiones sobre quiénes somos y cómo nos conducimos en este mundo. Como siempre vemos la realidad a través de ese filtro, por eso nos defendemos y protegemos, para no volver a experimentar jamás el mismo tipo de dolor.

Pero, al ver debajo de la superficie del agua lo que llevamos dentro, todo sale a la superficie. Lo que desconocemos se vuelve conocido y la parte del camino donde nos extraviamos se torna clara.

A medida que miramos más y más en el fondo, va cambiando todo lo que vemos. Ahora nos podemos dar cuenta de que nos bloqueamos y abandonamos una parte de nosotros mismos para encajar en nuestras familias y en la comunidad, o en la escuela y en la sociedad en general.

Al escudriñar las sombrías profundidades del agua descubrimos muchos de los conflictos básicos de nuestra existencia, mientras reflotan innumerables sentimientos de insuficiencia y nuestra mente es inundada por una sensación de no ser dignos de ser amados.

De tal suerte, al llegar al fondo del lago nos abruma una recóndita soledad y sentimos que cada uno es un alma solitaria a su manera. Sentimos una desconexión con nosotros. Nos sentimos desconectados de los demás. Nos sentimos desconectados de la tierra y del cielo, de lo divino y lo femenino, del cuerpo y de los aspectos emocionales, creativos e intuitivos que mueven nuestro ser.

Ver debajo de la superficie del lago significa hacer trabajo de sombra y descender a lo más profundo de tu ser. Tu alma sanará y se alineará con su esencia única solo si alcanzas tales profundidades. Este tipo de trabajo nos permite despojarnos de nuestro dolor, sanar conflictos y reconocer que merecemos amor y consideración únicamente por ser parte de la humanidad.

El trabajo de sombra significa aceptar todas y cada una de las partes de nosotros, sin importar cuán oscuras sean, para desarrollar nuestra inteligencia emocional y la autorrealización, con el fin de volver a enamorarnos por completo de nuestro ser y del mundo. No estamos solos y nunca lo hemos estado. Darnos cuenta de eso lleva tiempo, pero el viaje vale la pena.

Trabajar tus sombras requiere de valor. En apariencia, es algo que luce bastante simple, pero debes ver qué es lo que no funciona en tu vida y hacerte unas preguntas básicas, las cuales deberás responder con honestidad para que te puedas transformar y reafirmar.

El trabajo de sombra también implica cuestionarnos nuestras creencias y la comprensión que tenemos de nosotros y del mundo. Solo si estás dispuesto a cuestionarte lo que piensas y crees, podrás abrir tu mente y corazón.

La introspección es una forma de meditación que permite hacernos preguntas para buscar respuestas honestas en lo más profundo de nuestro interior. Es hacer trabajo de autorrealización y buena parte de trabajo de sombra.

Podremos hacernos la misma pregunta muchas veces, pero, en la medida en que más de nuestras sombras salgan a la luz, nuestras respuestas irán cambiando. Reconoceremos que ver lo que hay en nuestro interior, además de conocer nuestro propio dolor y sufrimiento, no debe acarrearnos más sufrimiento. El sufrimiento surge por lo que rechazamos, ignoramos, negamos o reprimimos.

Solo si nos enfrentamos a nosotros mismos podremos ver con empatía los aspectos más aterradores y tremendos de nuestro ser. Si aceptamos las características más oscuras de nuestro ser y sentimos a fondo el sufrimiento que intentamos dejar de lado, podremos librarnos de los miedos y conflictos que definen nuestra existencia.

El propósito del trabajo de sombra no es convertirnos en seres de luz, sino apreciar la oscuridad. Nos convertiremos en seres humanos completos si permitimos que cada aspecto personal vuelva a formar parte de nosotros. Sin nuestra oscuridad, solo somos la mitad de una persona viviendo una vida a medias. En nuestra oscuridad residen nuestras pasiones, y ahí mismo podemos experimentar la belleza de nuestro cuerpo humano, al tiempo que disfrutamos de nuestras experiencias sensoriales. Al trabajar con tus sombras podrás liberarte de la vergüenza primigenia del cuerpo y aceptarlo tal como es.

El trabajo de sombra representa uno de los caminos más directos hacia la autorrealización. Nos lleva al final del conflicto del "yo" y nos permite trabajar el sufrimiento que llevamos dentro. Si supiéramos cuánto poder latente tenemos para cambiar nuestra mentalidad, cambiaría nuestra forma de ser en el mundo. Nos experimentamos y entendemos como seres limitados, debido a que perdimos o regalamos mucho de lo que realmente somos. Ahora tienes la posibilidad de reconocer y restaurar tu vitalidad.

Suena paradójico que al explorar nuestras profundidades y aceptar nuestras sombras podamos hallar nuestra luz, pero cada uno tiene una esencia única y elementos que aportamos al mundo que son solo nuestros. Y gracias a esta esencia le encontramos propósito y significado a la vida, lo que nos permite estar tanto al servicio de nosotros como de los demás, sin dejar de ser personas en plenitud.

Parte 1
Encuentro con la sombra

Uno no alcanza la iluminación fantaseando sobre la luz,
sino haciendo consciente la oscuridad.

Lo que no se hace consciente
se manifiesta en nuestras vidas como destino.

C.G. Jung

Capítulo 1

Entiende tu sombra

De la manera más simple, la sombra se define como lo que no sabemos sobre nosotros mismos. Nuestra sombra se conforma por todo aquello de nosotros mismos que hemos rechazado, negado o reprimido. En términos psicológicos, podemos referirnos a la sombra como la totalidad del subconsciente, aquello que es oscuro, oculto y que no conocemos directamente. La sombra se compone de todas las partes de nuestra personalidad que no hemos logrado integrar en nuestro propio concepto actual; o sea, lo que sabemos que somos. Lo que volvemos sombra puede ser tanto nuestra alegría y entusiasmo por vivir, como nuestras emociones negativas, traumas anteriores o nuestra parte instintiva y animal.

Si convertimos algo en sombra lo separamos de nuestra consciencia. Partes de nuestra personalidad se nos ocultan. Con esta separación de nosotros mismos viene una disminución de la vitalidad y de nuestra energía. Esto puede resultar en una disminución de la energía física o en una menor capacidad de experimentar alegría y entusiasmo por la vida. La mayoría de las veces esta ruptura se manifiesta como la sensación de que nos falta algo, a nivel del alma, y por ello no vivimos nuestra vida de manera auténtica, como realmente somos o quisiéramos ser.

Ocultamos aspectos propios para apaciguar a la familia, la sociedad y el mundo en general. El poeta Robert Bly llamó a esto "el gran costal que cargamos detrás", un costal lleno con los pedazos de nosotros mismos que aprendimos que estaban incorrectos, eran malos y que no mostramos al mundo por temor a represalias.

Aprendemos a ponernos máscaras para ocultar quiénes somos en verdad, pues descubrimos que partes de nosotros no cuentan con la aprobación de nuestros padres o comunidad. Por eso, nuestra sombra personal se compone principalmente de partes de nosotros mismos que no nos gusta aceptar porque las consideramos indeseables.

En el hogar donde vivimos de pequeños se forman los cimientos de nuestro ser y, desde la perspectiva de un niño, ese hogar es la totalidad del universo. Allí desarrollamos creencias e ideas sobre la realidad, sobre cómo opera y quiénes deberíamos ser con base en las creencias, ideas y conductas de nuestros padres o tutores.

Somos incapaces de imaginar que las pocas personas con las que nos relacionamos en el hogar infantil no representan la totalidad del mundo, y salimos con estas primeras impresiones como si lo fuesen. Muchos de nosotros, ya de adultos, quedamos atrapados en patrones de relaciones infantiles, al repetir comportamientos que aprendimos en el hogar donde vivimos nuestra infancia.

Todos tenemos la necesidad primordial de recibir amor y apoyo de nuestros padres. Nuestra supervivencia como niños depende de que nos cuiden y nos nutran adecuadamente. Otros animales caminan y reciben cuidados de forma independiente con razonable rapidez, pero los humanos dependen totalmente de sus cuidadores durante un largo periodo de tiempo.

En un hogar saludable recibimos de nuestros padres amor, aceptación y cariño incondicionales. Ese cariño es físico, emocional y espiritual. También recibimos la nutrición adecuada y una atención esmerada. Nos sentimos seguros de expresar nuestras emociones abiertamente, sin dejar de sentirnos queridos y mimados. Pero la ausencia de uno de estos factores puede afectar dramáticamente la forma en que un niño desarrolla su comprensión básica de la realidad. Por ejemplo, un niño abandonado emocional o físicamente puede terminar creyendo que nadie lo apoyará en la edad adulta, pues siente que no puede pedir ayuda. El sentimiento de no ser deseados o amados por lo que somos puede perseguirnos toda la vida, por lo que siempre creeremos que nadie nos quiere ni nos ama.

Además, en un hogar saludable nuestros padres deben ofrecernos apoyo y modelar límites saludables. Sin esa sensación de seguridad o si tenemos padres emocionalmente desregulados, tendremos dificultades para desarrollar un concepto saludable de nosotros mismos, y no pasaremos por las etapas de desarrollo infantil de manera que nos permitan crecer como adultos seguros y sanos emocionalmente. No desarrollaremos la inteligencia emocional si nuestros padres no nos ayudan a moldearla.

Aprendemos a estar en este mundo basados en el modelo de nuestras madres, padres o tutores. Ellos nos enseñan lo que es correcto y nos dicen cómo comportarnos, al darnos ideas de cómo debiéramos ser. Vemos su forma de comportarse en este mundo y la emulamos. Al hacer esto, cortamos partes de nuestra personalidad que no se parecen a nuestros padres y asumimos que ese es el modelo a seguir, porque las demás facetas de nuestra personalidad que no son compartidas por nuestros padres son incorrectas.

A nivel más profundo, deseamos ser aprobados y cuidados, y copiar a nuestros padres nos asegura nuestra supervivencia básica. Será más probable que nos cuiden si nos sincronizamos con su personalidad y con los estados de ánimo de nuestros padres.

Los padres, a menudo, tienen deseos y anhelos sobre cómo quieren que sean sus hijos. Una madre podrá querer que su hija baile *ballet*, como ella, o un padre querrá que su hija sea vista "adorable y digna de elogios", así, seguramente, será aceptada por los demás.

Lo más significativo es que los padres tienen un sentido interno de moralidad, un sentido que les dice qué está bien y qué está mal, lo cual impulsa la crianza infantil. Esto se entiende al criar hijos en una tradición religiosa o espiritual específica, aunque también puede implicar decirle a un niño lo que debe ser cuando crezca; por ejemplo, si se le dice repetidamente que necesita dedicarse a los negocios, como sus padres.

Este sentido de lo correcto o incorrecto se demuestra, con mayor frecuencia, a través de castigos, reprimendas, humillaciones y "bromas" que se repiten a lo largo de la infancia. Por ejemplo, mientras crecía, se me quedó grabado aquello de que "los niños solo deben ser vistos, mas no escuchados". Cuando los padres le dicen esto a un hijo, le enseñan a ocultar su ánimo, energía, curiosidad y voz. En un niño que por naturaleza sea extrovertido o muy elocuente, esto se convertirá en una sombra mucho más grande que la que podría tener un niño introvertido o tranquilo.

Mediante modelos implícitos o poco obvios, aprendemos qué partes de nosotros mismos no son consideradas suficientemente "buenas" para las figuras paternas, por lo que las hacemos sombra. Por ejemplo, si un niño nace como resultado de una "aventura" y su padre o madre odia en secreto el hecho de que su hijo se parezca a su expareja, aprenderá que todas las partes de sí mismo que se parezcan a su progenitor biológico son "malas" y las hará sombras.

Un niño o niña con aptitudes naturales para el arte, que crezca en una familia de artistas, no tendrá por qué hacer sombra su talento. De hecho, es muy probable que ese talento crezca gracias al apoyo de su familia. Incluso podría nacer y crecer en una familia de científicos, pero dispuestos a fomentar y nutrir su talento artístico. Sin embargo, podría crecer en una familia de ingenieros donde aprendería, explícita o implícitamente, que ser artista es "malo" porque es diferente del resto de la familia.

Un niño o niña diferente de sus padres, ya sea en personalidad o intereses, hará que más partes de sí mismo se hagan sombra. Esto puede ocurrir mediante castigos o humillaciones directas, o ser consecuencia de la búsqueda de aprobación en un nivel más sutil. El niño, entonces, frenaría por completo su capacidad artística y como adulto expresaría su interés en las artes viendo programas de televisión sobre gente creativa, experimentando así, indirectamente, esa parte de sí mismo. Aunque lo más probable es que se encuentre, ya como adulto, atascado en la vida y luchando por encontrar su expresión artística. Incluso podría imaginar diversos proyectos artísticos que simplemente nunca podrá cumplir. Esto se debe a que, interiormente, vive un conflicto sobre aceptar y comportarse según su talento, porque hacerlo iría en contra de la programación que recibió de pequeño, cuando le dijeron que esa parte de su ser estaba "mal". O podría dar rienda suelta a su creatividad de manera distinta, acaso a través de la cocina, actividad que tanto la sociedad como sus padres considerarían más apropiada.

Aprendemos lo que se considera "bueno" en función de lo que nuestros padres entienden como "normal". Todo lo que nuestros padres nos dicen que hagamos, desde qué tipo de juguetes tener hasta qué ropa ponernos y cómo comportarnos cuando hay visitas, crea una fuerte impresión en nosotros. Así, cortamos las partes "malas" de nosotros mismos para obtener aprobación y aceptación y ser considerados como "buenos" por nuestros propios padres.

Al final de nuestra infancia casi no queda nada de lo que una vez fuimos. Hicimos sombra una buena parte de nosotros mismos. La necesidad de recibir amor y aprobación es tan importante que, como niños, no podemos saber si lo que los padres consideran como "bueno" es realmente algo con lo que estamos de acuerdo y estaremos dispuestos a asumir como un sistema de valores propio.

Ya como adultos tenemos la capacidad de ver qué tipo de patrones hubo en el hogar infantil, y podemos aprender a reaccionar y sanar nuestra capacidad adulta. Desde una perspectiva adulta, podemos darnos cuenta de que ninguna parte de nosotros fue nunca "mala" o "incorrecta", por lo que podemos reintegrar las partes que una vez hicimos sombra para sobrevivir.

Crece el costal

A medida que crecemos, salen a flote los aspectos dominantes de nuestra personalidad y poco a poco van volviéndose fijos. Si les pidieras a unos amigos que te describieran en tres palabras, es probable que mencionaran los aspectos conocidos y fijos de tu personalidad.

Con el tiempo aprendemos los aspectos fijos o lo que somos, por lo que los hacemos dominantes, los cuidamos, los atendemos y otros aspectos de nuestra personalidad se hacen sombra. Por ejemplo, si una adolescente tiene aptitudes naturales para el inglés y la lectura, y su madre era maestra de inglés, es probable que le fomente tales intereses y la impulse a ser maestra, tal como ella. Pero, a diferencia de su madre, a esta adolescente también podrían interesarle las matemáticas, por lo que la madre desalentaría "gentilmente" ese interés o incluso se burlaría de su hija por querer unirse a un club de matemáticas.

Si bien el interés de la hija por la literatura era por demás evidente, su interés por las matemáticas también era parte de ella, por lo que, pasado el tiempo, aprende a hacer sombra la parte matemática de sí misma para que su parte literaria sea más dominante y se fije. Cuando la gente la ve como adulta, piensa en ella como "gente de letras" y no ve en ella la parte de matemáticas en absoluto.

Todos tenemos partes que son más dominantes que otras, pero al hacer el trabajo de sombra podemos recuperar diferentes partes de nosotros mismos y descubrir otras nuevas. El solo hecho de que un hombre nunca haya practicado atletismo de niño no significa que no pueda ir al gimnasio como adulto. Ir al gimnasio le permitirá que una parte de sí mismo, el atleta que lleva dentro, se vuelva una parte reconocida, aunque antes no se identificara con ningún ejercicio físico.

Por lo general, las ideas en torno a nosotros mismos están tan enganchadas con un pequeño fragmento de lo que somos que negamos otros aspectos propios de nuestro ser. Esto se debe a que, de manera personal, nos resulta difícil creer que podemos ser tanto una bibliotecaria que disfruta de los gatos y leer libros en días lluviosos como una mujer a la que le encanta bailar en ruidosas discotecas.

Solo conocemos una pequeña parte de todas nuestras posibilidades como seres humanos porque nuestros padres, nuestra comunidad y el mundo nos han dicho quiénes somos, y nos han demostrado lo que es posible a través de la escuela y al ver cómo viven los demás.

Nos empezamos a definir por etiquetas desde una temprana edad. Vemos en lo que destacamos y en lo que no somos buenos, y todo eso se vuelve una parte fija de nuestra personalidad, la cual habrá de regirnos por el resto de nuestras vidas. Aprendemos a temer a lo desconocido y a "los otros", nos distanciamos de todo lo que definimos como "no-yo". Por ejemplo: "Soy bueno en las artes y no en las matemáticas, así que no aprenderé nada de finanzas o contabilidad".

Pero esto se vuelve más complejo a medida que nos enfrentamos a nuestras sombras. Por ejemplo, si un padre es médico, querrá que su hijo también lo sea, sin importar sus aptitudes o intereses, y esto derivará en crear una sombra más complicada, pues al médico se le considera social y culturalmente exitoso. Entonces, si ese niño decide convertirse en maestro o músico, en vez de médico, tendrá que lidiar con sombras familiares y culturales que definen que la carrera que eligió no vale la pena.

También se nos enseña, desde temprana edad, a perpetuar un estado de separación hacia aquellos que definimos como "los otros". De niños, rara vez nos fijamos en "los otros" y solo vemos una división muy sutil entre las personas. Pero a medida que crecemos y aprendemos de nuestros padres, así como de nuestras comunidades y escuelas, aprendemos a separarnos y a odiar a "los otros" en función de nuestras diferencias. Ya veremos en capítulos posteriores que tales separaciones son meras proyecciones de divisiones internas, las cuales debemos reintegrar en nosotros mismos para ser capaces de ver la humanidad en "los otros", en vez de lo que nos separa.

Algunas sombras pueden considerarse como "sombras de luz". Son las partes de nosotros mismos, como nuestra belleza, ingenio y carisma, que hemos ocultado. Si son parte de nuestra sombra es porque nunca las dejamos salir como parte consciente de nuestra personalidad. Pero gracias al trabajo de sombra podemos abrazar todas las partes de nosotros mismos; podemos abrazar la luz y la oscuridad.

Muchos de nosotros entramos a la escuela a los seis años y aprendimos reglas y modelos a seguir, con lo que tuvimos la oportunidad de ver lo que estaba mal o qué era inapropiado y debía ser rechazado para poder encajar en la sociedad y sobrevivir.

A medida que nos convertimos en adolescentes, nuestros modelos se trasladaron a nuestros compañeros y a lo que ellos consideraban correcto o incorrecto. Así, nos sumergimos en modelos sociales, culturales y míticos más amplios, difundidos por el cine, la televisión, las noticias y las redes sociales, los cuales también dictan lo que debiéramos ser y qué cualidades son las más deseables.

También experimentamos traumas, lo que provocó que los mecanismos de supervivencia e impulsos biológicos se activaran. Erigimos una serie de defensas basadas en el ego para no volver a experimentar esos traumas. Y como las creencias surgen como resultado del trauma, aparecieron creencias sobre uno mismo y sobre la naturaleza y el mundo. Lo que somos y lo que sabemos sobre el mundo se filtra a través de la lente del trauma, por lo que volvemos sombra las partes de nosotros mismos que han sido sobrecargadas y que carecen de los recursos adecuados para lidiar con el trauma.

Con el correr del tiempo, nuestra integridad y nuestro brillo fueron perdiéndose cada vez más, mientras que nuestras sombras se hacían más grandes. Perdimos nuestra vitalidad y nuestro entusiasmo por la vida. Perdimos lo que realmente somos, porque lo que realmente somos es nuestra singularidad, nuestros atributos divinos y el devenir de nuestra historia personal, que fluye a través de nosotros y que nos permite aportar algo diferente al mundo.

Nuestros modelos nos enseñan a valorar la uniformidad. Nuestras escuelas, en particular, lo hacen más, pero muchos padres se preocupan por que sus hijos tengan una infancia "normal". Pero este concepto de normalidad suele ser definido e impuesto por los padres y por las instituciones educativas, y no es lo que realmente se consideraría saludable para las necesidades individuales de los niños.

En un nivel más complejo, llegamos a este mundo con aspectos de nosotros mismos ya hechos sombra debido a nuestros antecesores, que al igual que nosotros experimentaron traumas. Vivimos traumas no resueltos y los vivimos en nuestra vida presente. También podemos experimentar traumas por falta de conexión con nuestras madres en el útero o por haber experimentado traumas en vidas pasadas. Llegamos a este mundo con aspectos de nosotros mismos ya colmados o cercenados.

Además, cuándo y dónde nacemos tiene un gran impacto energético en quiénes somos y lo que hacemos sombra. Piensa en un recién nacido en medio de una guerra mundial. Imagina su miedo y dolor y las partes de sí mismo que en consecuencia podrán volverse sombras. Por miedo o dolor tenemos que dejar de lado aspectos de nosotros mismos solo para sobrevivir y salir adelante.

Robert Bly dijo que hasta los veinte años nos pasamos la vida echando cosas "al gran costal que cargamos detrás". Y esas cosas las hacemos sombra, que luego tratamos de sacar a flote durante el resto de nuestras vidas.

Como adultos, a menudo pensamos en nosotros mismos como seres incapaces de cambiar. Es algo irónico, porque vivimos un continuo proceso de cambio, aunque no lo percibamos de manera consciente. A medida que envejecemos, nuestras ideas sobre nosotros y lo que es la vida se vuelven más fijas. A cualquier edad somos capaces de reconocer que muchos aspectos de nosotros que creíamos parte de nuestra personalidad en realidad derivan del trauma y el condicionamiento social. Son lo que necesitábamos ser para asegurar nuestra supervivencia. Pero podemos descubrir, tal como lo hizo el filósofo Alan Watts, que "no tenemos la obligación de ser la misma persona que éramos hace cinco minutos".

Emociones y sombra

Cuando no experimentamos a plenitud nuestras emociones, nos alejamos de ellas y se hacen sombra, por lo que nos gobiernan y con el tiempo crean cierta acumulación en nuestro cuerpo, además de que pueden llegar a crecer y distorsionarse. De tal suerte, al experimentar ira, ya no solo experimentamos una ira justa o justificada por el momento, sino que sale toda la ira que yace sin procesar y sin ser escuchada en nuestro interior. Resulta común tener almacenes de emociones emociones irresolutas del pasado en alguna parte de nuestro interior.

Para quienes cargan sombras particularmente grandes, ver en su interior provoca un tsunami de emociones no procesadas. Cuando estamos completamente aislados de nuestras sombras, somos incapaces de describir o reconocer ninguna de nuestras emociones.

Vivimos en una sociedad que poco a poco va desarrollando la inteligencia emocional para conocer, de forma consciente, lo que experimentamos. Imagina que eres un cielo azul claro, mientras que tus emociones son cambios climáticos que inundan el cielo. Al enfrentar tus emociones podrás reconocer que no importa el clima, porque con el tiempo habrá de cambiar.

Si no aprendes a enfrentar tus emociones dejarás que ellas te gobiernen… y a menudo son gobernantes crueles. Por eso, trata de no atascarte con patrones emocionales que resultan de partes no sanadas de ti mismo y de emociones no procesadas. Al permitirnos sentir podemos encarnar cada una de nuestras emociones, y cualquier emoción negativa la podemos sentir plenamente, de forma segura y a sabiendas de que ninguna emoción de las que cargamos es mala. Solo son emociones que resulta apropiado sentir.

Cuando nos permitimos sentir, entramos más plenamente en nuestros cuerpos y descubrimos más nuestra luz, nuestra alegría y un lugar de amor para nosotros mismos y los demás, donde las emociones pueden fluir a través de nosotros. Podrá sonar a paradoja, pero las profundidades de nuestro dolor revelan los más grandes sentimientos de amor. Así, con el tiempo descubriremos que nuestra ira y odio, una vez que los abrazamos, revelan alegría y felicidad. Pero no podemos encarnar nuestra luz hasta que no conozcamos nuestra oscuridad; solo si conocemos el lado oscuro de nuestras emociones hallaremos la luz.

El trabajo de sombra consiste en reintegrar las partes de nosotros mismos que se perdieron o se separaron de nuestro autoconcepto. Al trabajar con las sombras es importante entender que tienen tanto oscuridad como luz, así como un lado positivo y otro negativo. La oscuridad contiene una sabiduría que nutre el cuerpo. Nuestras sombras tienen una inteligencia innata. Las sombras no son "malas" o "malvadas", simplemente son facetas de nosotros mismos que aún no han experimentado la luz de la plena consciencia.

Aparte de nuestras sombras personales, también tenemos sombras colectivas. Las sombras personales están compuestas por partes de nosotros mismos que eliminamos de nuestra consciencia para ganar la aprobación, aceptación y amor de nuestras familias y de la sociedad. Por su parte, las sombras colectivas (que más adelante analizaremos) contienen las sombras del mundo: las sombras de nuestras comunidades, tradiciones religiosas y espirituales, la historia colectiva y la suma de muchas sombras individuales unidas entre sí.

Con el trabajo de sombra, tanto personales como colectivas, hallaremos nuestras respuestas instintivas. Al trabajar todas nuestras sombras entramos en contacto directo con los impulsos y respuestas que nos dan poder y placer y que nos permiten tener un potencial pleno como seres humanos.

Nuestras sombras, una vez plenamente integradas, se convierten en nuestra humanidad. Por eso, descubrir nuestra oscuridad nos vuelve humanos por completo, pues entramos en nuestro cuerpo y nuestros sentidos y conocemos nuestra alma. Descubrir nuestra luz es encontrar nuestra alegría, así como la belleza y las ganas de vivir. Cuando nuestra oscuridad y nuestra luz se combinan, forman la "luz oscura" de un ser humano completamente realizado.

El trabajo de sombra involucra muchas capas de sanación. Al principio recuperaremos las partes de nosotros mismos que habíamos perdido, e iremos convirtiéndonos poco a poco en lo que realmente somos. Descubriremos que nuestras emociones son algo que podemos sentir profundamente y que incluso al sentir las emociones más oscuras surgen la alegría y el entusiasmo por vivir. Cuando podamos pasar a la capa más profunda de la recuperación de nuestras sombras, estas se habrán convertido en parte de nosotros por completo. Se trata de la recuperación de nuestro "yo" instintivo, de nuestros cuerpos y del poder y la fuerza vital que nos hemos negado al rechazar la mitad oscura de nosotros mismos.

Con el trabajo de sombra sacamos nuestras sombras a la luz para examinarlas, entenderlas e integrarlas a nuestro autoconcepto. Al hacerlo, eventualmente llegamos a un punto en el que nos sentimos totalmente cómodos con la oscuridad. Cuando encarnamos nuestra oscuridad podemos conectarnos con nuestra intuición, creatividad y pasión. En un momento dado, el trabajo de sombra conduce a la simple capacidad de vivir nuestras vidas y aceptar lo que son. Nuestra oscuridad podrá permanecer tal como está y nosotros podremos permanecer tal como somos, sin la exigencia continua de que nos entiendan, o de que tengamos que cambiar o quedarnos estáticos. No necesitaremos ser alguien especial, superior o inferior; simplemente seremos humanos imperfectos, dignos de ser amados y aceptados tal como somos.

El resultado final del trabajo de sombra es como estar en el fondo del océano y sentir la reconfortante quietud y oscuridad presente allí. Desde el fondo del océano nos podremos experimentar como el océano mismo, incluyendo su superficie, sus olas y sus corrientes. Eso significa que nunca más estaremos separados de nuestras emociones ni de ninguna otra parte de nosotros mismos; simplemente las experimentaremos desde un punto de vista diferente, y veremos a los demás como una parte de nosotros, como una parte de ese océano, en lugar de verlos como "los otros" o alguien ajeno. Cuando logremos anclarnos en nuestro cuerpo y realmente nos aceptemos y nos perdonemos por ser humanos y por tener imperfecciones, podremos dejar de lado el trabajo de sombra y cualquier otro tipo de búsqueda para, simplemente, vivir nuestra vida. Tal es la belleza que ofrece la plena integración de nuestra sombra.

En este nivel más profundo, el trabajo de sombra significa entender el hecho de que separamos energéticamente nuestra cabeza de nuestro cuerpo, al darle el valor correspondiente a la mente y su lógica. Porque el cuerpo físico es el ámbito de los sentimientos, la intuición y el eros. Todo lo que reafirma nuestra vida está contenido dentro de la forma física.

El trabajo de sombra se apoya en el proceso de volver a comprometernos con el cuerpo, con las emociones y con las partes del yo que han sido descartadas, con la idea de vernos a nosotros mismos como oscuridad y luz. Porque si vivimos solo en la luz, estaremos viviendo una vida a medias; y si vivimos solo en la oscuridad, perderemos de vista la esperanza y su significado. Por eso debemos casarnos con la oscuridad y la luz dentro de nosotros mismos, para convertirnos en seres humanos plenamente realizados.

Oculta entre nuestras sombras yace la vitalidad y efervescencia del alma que muchos de nosotros no hemos experimentado desde la infancia… si es que alguna vez la llegamos a experimentar. Por lo tanto, vernos a nosotros mismos y al mundo llenos de magia y vitalidad es el mejor regalo que el trabajo de sombra nos puede brindar. En última instancia, son nuestras sombras las que nos otorgan una libertad cada vez mayor para ser simplemente como somos. El trabajo de sombra elimina la armadura que decidimos cargar, nos libera de las máscaras que nos someten y nos reconecta con nuestro cuerpo y con el mundo.

Capítulo 2

El yo y el ego

Para poder entender cómo funcionan las sombras, primero tenemos que entender nuestro objetivo. El yo es lo que somos en nuestra totalidad; es el resultado de una sombra totalmente integrada. La mayoría de nosotros, aun cuando no hayamos llegado a tal punto, tenemos consciencia de lo que ese yo podría ser. Podemos experimentar tenues destellos del yo cuando nos sentimos vivos y estamos presentes, aunque también podríamos sentir una sensación de vacío y añoranza.

Mediante el trabajo de sombra podemos remediar ese vacío si hacemos dos cosas: primero, ver las partes de nosotros mismos que hemos proyectado en el mundo y en los demás; y, segundo, participar en un proceso de individuación. Así, cuando recuperemos nuestras proyecciones recuperaremos la parte oscura de nosotros que hemos perdido. A través de la individuación descubrimos lo que pensamos, sentimos y queremos para nosotros mismos, sin importar lo que los demás piensen y quieran para nosotros. Se trata de aprender a escuchar nuestros llamados internos para saber realmente quiénes somos como personas.

Cuando el yo retira todas sus proyecciones del mundo exterior y completa el proceso de individuación, ya no buscamos aprobación y amor fuera de nosotros para sentirnos bien por dentro. Sabemos quiénes somos, qué nos gusta y qué pensamos, independientemente de lo que nuestras familias, la sociedad, la cultura popular y los medios de comunicación quieran que pensemos. Así podremos ver humanidad en los demás, en vez de querer competir y sentir celos u odio.

Este estado puede considerarse como el fin de la división interna, pues casi todos enfrentamos guerras internas continuamente. Enfrentamos conflictos dentro de nuestro yo; divisiones básicas dentro de nosotros que aún no encuentran sanación. Esto a menudo se representa en la cultura popular con nuestro ángel interior sentado en un hombro, y con el diablo interior sentado del otro lado. También podríamos pensar en esto como nuestro crítico interno, como la parte de nosotros que continuamente nos critica, nos intimida y nos habla con desprecio, además de atacar la parte de nosotros que es empática y amable.

Aunque hay más matices al respecto, enfrentamos muchas luchas internas que no vemos con claridad al no tener una dirección clara, una solución obvia o una división estricta entre lo "bueno" y lo "malo". Esos conflictos surgen porque no hay un bien o un mal definidos. Son las divisiones entre "esto o aquello" las que constituyen la mayor parte de lo que nos separa del yo.

Cómo entender el ego

Para entender la sombra debemos comprender cómo opera el ego. Si bien hay un debate sobre lo que significa, para efectos del trabajo de sombra lo consideraremos como el sistema operativo de la mente. No es malo ni algo que debamos descartar; más bien es como un programa informático que calibra nuestra realidad.

El ego trabaja con el material de nuestra consciencia para organizar el marco conceptual de nuestra realidad, y cualquier cosa en la sombra, o que aparezca sesgada, no será parte de esa realidad.

Vemos nuestra realidad a través de diversos filtros y gracias a ese sistema de filtrado no nos sobrecargamos de estímulos. Por lo tanto, el papel de nuestro ego consiste en organizarnos y ofrecernos la realidad tal y como la conocemos, mientras que su objetivo primordial radica en mantenerla estable. Es una función similar a la del sistema inmunológico de nuestro cuerpo: deja entrar lo que se conoce y rechaza lo que se desconoce para mantener un estado de salud estable.

También podemos llamarlo mente-ego. En tal sentido, ego y mente serían sinónimos, y su función sería operar con base en lo que ya conocemos. Como todos los días nos inundamos con mucha información (sentimientos, emociones, datos), necesitamos procesarla de alguna manera, y la mente-ego hace esto: crea "archivos" y "carpetas" para no gastar tiempo y energía en lo que ya conocemos.

Nuestro trayecto al trabajo puede ser tan familiar para nosotros que ya no necesitamos pensar en ello de manera consciente. Es un hábito automático que, al haberlo hecho tantas veces, se vuelve rutinario. Esto se vuelve un problema si consideramos hábitos que están profundamente arraigados, al grado de podernos atrapar en una rutina o incluso volvernos autodestructivos.

Si cada vez que te sientes triste, sin nadie a tu lado, te engulles una caja completa de galletas, ese "programa" podrá ofrecerte un alivio temporal, pero no te proporcionará ninguna solución a largo plazo. De hecho, podría estar tan arraigado que se convertiría en algo automático. Buscarás esa caja de galletas cada vez que necesites sentirte seguro… y lo harás sin darte cuenta.

En un nivel más amplio, el "sistema de archivos" de nuestro ego puede rechazar o ignorar lo que aún no conoce. La mente-ego nos protege al mantener lejos cualquier amenaza, cualquier cosa que sea desconocida o que no encaje en un programa ya establecido. Por eso deshumanizamos a los demás, porque no nos permitimos considerar nueva información, aparte de la que consideramos nuestra "verdad".

Todos necesitamos de un ego fuerte, sano y flexible, pero debe ser estable para que haga un manejo sólido de la realidad y permita la entrada e integración de información nueva.

Por eso, una mente-ego sana debe ser maleable y evolucionar para alcanzar un verdadero conocimiento de nuestro yo. Esto lo hace mediante el entendimiento innato de que, para mantener límites fuertes y seguros, nuestro sentido individual del yo, necesitamos resiliencia. Por eso se precisa de cierto grado de flexibilidad y capacidad para adaptarse a la realidad de nuevas condiciones. Considera que un árbol fuerte y estable también tiene flexibilidad para doblarse con el viento. Si nuestro ego es demasiado estático, se defenderá como gato bocarriba contra lo que considere "los otros" o algo desconocido.

El ego no debe ser tan pequeño como para solo permitir una fracción de la realidad. Debe ser una burbuja saludable que nos rodee y nos permita ver un poco más de la realidad, a la vez que conservamos nuestro sentido de identidad individual. Aquellos que carecen de integridad de su ego no poseen esta burbuja y tienen dificultades para diferenciar su personalidad individual de su entorno y de las personas que lo habitan. A quienes tienen una burbuja grande e inflexible a su alrededor, los tildamos de personas con un ego inflado; son individuos que, por lo general, creen que el mundo gira a su alrededor y que sus opiniones y puntos de vista son más importantes.

Un ego sano pasa por varias etapas de crecimiento para asimilar más fácilmente nueva información. Esto ocurre en gran medida cuando somos jóvenes, porque entonces nuestra mente está más abierta; a medida que estudiamos, nuestra mente está más dispuesta a asimilar ideas de los demás. Sin embargo, al envejecer nos afianzamos a ciertos hábitos debido a nuestra interacción con el mundo, con nuestras familias, con nuestra comunidad y hasta con la cultura popular, y desarrollamos una comprensión más estática de la realidad.

La organización de la mente-ego tiene varios propósitos. Primero, busca proporcionar un marco claro de lo que es la realidad; segundo, pretende desarrollar nuestra identidad individual. Ambos factores se crean a partir de historias y creencias que nos cuentan sobre el mundo y sobre lo que supuestamente debiéramos ser para sobrevivir en el mundo. Lo que hemos hecho sombra, o lo que no sabemos de nosotros mismos, crea una ausencia, y alrededor de esa ausencia se organiza nuestra mente-ego. Por ejemplo, si bloqueamos nuestra alegría infantil porque nuestros padres nos dijeron que era "excesiva", no nos consideraremos alegres de adultos y es poco probable que veamos la alegría presente en el mundo. Al hacer el trabajo de sombra, nuestro ego puede cambiar y reorganizarse en torno a una realidad que nos permita ver de nuevo la alegría en nosotros mismos y la alegría en el mundo.

Muerte del ego

Nos gusta vernos como seres estáticos, pero la verdad es que siempre estamos fluyendo y siempre experimentamos pequeños cambios en nuestra mente-ego, en todo momento de nuestras vidas. El ego nunca podrá ser "destruido", solo experimenta un ciclo de muerte y renacimiento. Se trata de una reorganización temporal en la que se produce una integración y reorientación hacia una nueva homeostasis.

Nuestro ego podrá experimentar pequeños cambios, pero serán momentáneos y la vida proseguirá sin problema alguno. Por ejemplo, podrías dar vuelta a la izquierda en una calle, en vez de ir a la derecha, o podrías desayunar huevo en lugar de tu cereal habitual. Estas pequeñas fluctuaciones rara vez cambian nuestro autoconcepto y por eso, en gran medida, no somos conscientes de ellas.

También solemos tener experiencias que resultan en cambios moderados o en grandes transformaciones dentro del sistema operativo de nuestro ego. A lo largo de nuestras vidas experimentamos muchas "muertes" del ego; estas muertes resultan en cambios en nuestro sistema operativo y en la identidad, bastante grandes como para notarlos. De hecho, podríamos tener problemas con ellos.

Si consideramos que nuestra vida es un libro, una pequeña muerte del ego podría entenderse como pasar de una palabra a otra, cosa que es poco probable que se note o cause alguna reacción, por lo que se integraría sin problemas. Luego pasaríamos de una oración o frase a la siguiente y, según cuán estable esté nuestro ego, eso derivaría en una reacción. Pero si no ocurre así, simplemente se incorporaría al ego saludable sin problemas. Las experiencias más grandes, que nos exigen pasar a otro capítulo o sección de nuestro libro, pueden resultar en la muerte del ego, la cual solemos rechazar.

Cuando vivimos experiencias que nos muestran el poco control que tenemos, el resultado es la muerte del ego. Se trata de cambios de perspectiva que nos hacen experimentar una alteración de nuestra relación con nosotros mismos y con el mundo, y tales cambios suelen pasar en las encrucijadas más grandes de la vida: nacimiento, sexo, muerte, divorcio, matrimonio, mudanzas y transición de una fase de nuestras vidas a otra, como de la adolescencia a la juventud adulta.

La frase "noche oscura del alma", acuñada por San Juan de la Cruz, describe un periodo de pérdida de fe, de mucha desorientación y de oscuridad. En dicha oscuridad, él reconoció que había una gran capacidad de crecimiento. No es a la luz del día, con lo que nos es conocido y ordenado, cuando damos nuestros mayores saltos de fe; lo hacemos cuando sentimos que la tierra se abre debajo de nuestros pies y ya no sabemos qué creer ni cómo operar. Es como si el ego fuera a actualizarse a un nuevo sistema operativo y tuviera que estar inactivo por un tiempo, mientras se reinicia. Este periodo puede crear confusión, depresión y desorientación en las personas, a menos que sean conscientes de lo que está ocurriendo.

Es típico que las personas experimenten una gran muerte del ego cuando su consciencia cotidiana ordinaria y sus rutinas habituales se interrumpen, por eso hay que centrarse en las necesidades primarias. Algunos ejemplos de esto serían un diagnóstico de cáncer, la muerte de un ser querido o el nacimiento de un hijo. Todas estas experiencias amplían nuestras perspectivas y engendran una nueva forma de ser.

En ocasiones, los cambios de perspectiva pueden ser temporales. Podemos gozar de unas vacaciones increíbles que cambien nuestra perspectiva del mundo y la perspectiva de nosotros mismos, para luego volver a casa a nuestras rutinas y que nuestra mente-ego regrese a la seguridad de su línea base.

No faltará quienes se queden atascados en la muerte del ego por no reconocer que se trata de una muerte metafórica, no literal. Creen que ha muerto una parte de sí mismos, que ya conocían previamente, o una creencia o la forma que tenían de ver el mundo, y esto crea un espacio liminal en el que es fácil estancarse. Podemos quedar atrapados entre una puerta y la que sigue, entre una forma de ser y otra.

Somos muchas cosas a la vez y todas en distintos lugares. Somos, al mismo tiempo, un yo infantil y un yo adulto. Somos parte de los antepasados y una historia genética. Somos alguien que vive el momento presente, mientras muchas otras partes de nosotros mismos continúan atrapadas en el pasado. Avanzar y recalibrarnos requiere llorar por el yo anterior y permitir que ese yo muera por completo; solo de esa manera podremos abandonar el pasado y nuestros espacios liminales estancados, para entrar de lleno a un nuevo capítulo en nuestras vidas.

Un ego inflado

Es muy común que el ego se infle. Es un simple mecanismo de defensa que nos protege de saber más de lo que el ego podría manejar.

Todos los instructores, practicantes y profesionales de medicina han conocido a personas que sufren de un ego inflado. Es gente que se cree mejor que todos o que dice saber más que nadie, aunque las evidencias resulten completamente al contrario. La primera forma en que se presenta un ego inflado es cuando alguien tiene tan poca información que simplemente desconoce qué es lo que no sabe.

De hecho, puede haber un pozo interno de inferioridad y odio hacia uno mismo que provoque la necesidad de fingirse superior. Sin embargo, un ego inflado proviene, en buena parte, de la ignorancia común. Ocurre cuando alguien desconoce las limitaciones de su conocimiento, por lo que construye un escudo, a manera de defensa, para desviar cualquier información que pudiese amenazar con revelar lo que no sabe.

Por ejemplo: Elizabeth lee un libro que incluye palabras y reflexiones que están fuera de sus conocimientos actuales. Una persona con un ego sano buscaría el significado de esas palabras e investigaría los conceptos para entenderlos mejor. Pero como ella tiene un ego inflado, escribe una crónica donde reseña lo estúpido y horrible que es el autor (proyección básica) y, por si esto fuera poco, suma un montón de insultos para difamarlo. El ego de Elizabeth le impide experimentar sentimientos internos negativos hacia sí misma y lidiar con nuevos conceptos que amenazan su ego. Así, vierte contra el autor todo el odio que siente hacia sí misma; de esa manera el autor será el "villano" y ella será la víctima. Esto tiene como resultado que su ego permanezca intacto.

Otro ejemplo lo podemos ver con Vinnie, un arquitecto a quien su jefe le dice que sus planos para una casa necesitan trabajarse. En vez de aceptar una crítica constructiva y preguntarle a su jefe cómo podría mejorarlos, Vinnie reacciona con un ego inflado y piensa que nadie entiende su genio. Se va a su casa y se desahoga con su esposa, a la que le dice lo terrible que es su jefe y lo poco apreciado que se siente.

En algunos individuos puede existir una puerta abierta (*véase el capítulo cinco*: "Herramientas útiles"), pero en otros el ego ha dado lugar a un sólido mecanismo de defensa que los protege de interactuar con cualquier información que pueda generarles cambios, por lo que, frecuentemente, juegan el papel de víctimas.

El trabajo del maestro budista Chögyam Trungpa con el material espiritual apunta a este fenómeno. Él sostiene: "El ego puede convertir cualquier cosa para sus propios intereses, incluso la espiritualidad. El ego constantemente trata de adquirir y aplicar las enseñanzas de la espiritualidad en su propio beneficio y trata las enseñanzas como algo externo, como una filosofía que intentamos imitar. En realidad no queremos identificarnos con las enseñanzas ni convertirnos en ellas. Hacemos movimientos y gestos apropiados, pero no queremos sacrificar ninguna parte de nuestras vidas. Nos volvemos hábiles actores. Y mientras nos hacemos los sordomudos ante los verdaderos significados, encontramos algo de consuelo al fingir que seguimos el camino".

Si bien esto es fácil de señalar en otros, sobre todo en caminos espirituales y religiosos, puede llegar a suceder dentro de cualquier rol. Cuando trabajaba como camarera, despreciábamos a los camareros de un bar vecino que solo servía cerveza, porque nosotros servíamos cócteles y teníamos mejor comida. Esto viene a colación porque un ego inflado puede ser el resultado de nuestras posesiones materiales, como productos de belleza, los "Me gusta" de Facebook o seguidores en las redes sociales, o incluso algunos bienes o ventajas, como nuestra carrera, las vacaciones o determinadas relaciones. Podemos tener un ego inflado en nuestro papel como madres, padres, estudiantes, maestros o empleados. Para que el ego entre en un estado saludable, necesitamos examinar por qué se engancha a ciertos sentimientos de superioridad.

Derivación espiritual

Resulta fácil valernos de conceptos espirituales para apartar la mirada del cuerpo y del mundo. El concepto de "derivación espiritual" (o bypass espiritual) fue introducido por primera vez por John Welwood, psicólogo que señaló que la meditación y otras prácticas similares pueden utilizarse para evitar enfrentarnos a nuestro dolor y nuestras dificultades no resueltas. Tales prácticas deben tener la intención de permitirnos desarrollar herramientas para vivir nuestra vida más plenamente y arraigarnos en nuestros cuerpos. Cuando alguien no lo hace así y solo aprovecha la espiritualidad como un escape a la realidad, ocurre una desviación espiritual.

Los métodos más populares y comunes de la derivación espiritual incluyen decirnos a nosotros mismos que tenemos que vivir más allá de las emociones, como la ira. Otro desvío consiste en creer que somos "iluminados", superiores o diferentes de alguna manera, con lo que evitamos lidiar con nuestras inseguridades y demás problemas personales.

Esto se ve con frecuencia cuando las personas creen que, de alguna forma, son responsables de sus dolores o enfermedad. Creer que solo las personas con cierta vibración pueden enfermar significa, por definición, que la persona de "vibración más alta" es moralmente superior a las personas que se enferman. O sea que la persona que sufre o que lidia con un trauma nunca es lo "suficientemente buena" mientras siga luchando contra un dolor físico o mental.

Tales creencias simplistas solo generan falta de empatía. Estos sentimientos de superioridad surgen del miedo y de un comprensible deseo de simplicidad, orden y control. Si nos integramos completamente con nuestras sombras podremos entender el caos de la existencia. Entenderemos que las buenas personas, las que hacen todo "bien", se enferman, que las personas sin moral se enriquecen y que las personas sin talento consiguen contratos discográficos.

La derivación espiritual nos permite separarnos de nuestras sombras y no tener que lidiar con los matices de la existencia. Incluso podríamos creer que tenemos más control del que realmente tenemos sobre nuestros cuerpos y nuestra existencia. A veces el sufrimiento es, sencillamente, un evento desafortunado, y aceptarlo alivia el dolor de la existencia. Ir más allá de la fórmula simplista de "causa-efecto" implica experimentar los matices y las áreas grises de la realidad en la que todos vivimos.

Hábitos

Nuestros cerebros son como carreteras. Con el correr del tiempo vamos pavimentando caminos que utilizamos con regularidad. Son sendas que transitamos una y otra vez. Seguir el camino asfaltado significa tomar continuamente las mismas decisiones y acciones con nuestra vida; sin embargo, a menudo seguimos los caminos pavimentados por nuestras heridas, en lugar de ir por caminos que sean saludables o útiles para nosotros. Por costumbre, nos movemos en dirección al desequilibrio, mientras que con el tiempo se hace más fácil seguir el camino pavimentado, en vez de asfaltar uno nuevo.

Para el trabajo de sombra es útil reconocer que nuestras mentes siguen los caminos pavimentados por mera costumbre. Podemos sentirnos miserables o entender que nuestras elecciones y actitudes hacia la vida no nos ayudan, sabiendo lo que nos espera en tal o cual camino pavimentado. Y más pronto de lo que creemos, los demás caminos se oscurecen y desaparecen por completo, por ser demasiado estrictos al seguir nuestras rutinas.

El trabajo de sombra nos da muchas opciones más en nuestras vidas. Tener muchos caminos abiertos nos permite crear cambios y elegir lo que es mejor para nosotros. De hecho, a la larga una carretera secundaria podría convertirse en una vía principal. También podría ser que una superautopista, que hemos recorrido tantas veces y por eso sabemos dónde termina, nos hiciera tomar otra opción.

A veces la gente encuentra sanación dentro de sí misma, pero no rompe con sus viejos hábitos. Podremos desarrollar una buena autoestima y reconocimiento para liberarnos de los patrones de la infancia, pero aun así, por hábito, podríamos seguir tratándonos mal. Solo cambiaremos si modificamos nuestros hábitos y creamos nuevos caminos en nuestros cerebros y nuestras vidas, pero recordemos que los nuevos hábitos tardan en desarrollarse. Una carretera no se puede pavimentar en un solo día. Pequeños cambios en tus hábitos, hechos con regularidad, ayudarán a allanar nuevos caminos y harán que te alejes de conductas habituales que te hacen daño.

La princesa y el dragón

No crecemos de manera cronológica por completo.
A veces crecemos en una dimensión y no en otras.
Crecemos parcialmente y somos relativos.
Somos maduros en unos ámbitos e infantiles en otros.
El pasado, presente y futuro se mezclan y nos empujan
hacia atrás o hacia adelante…O nos colocan en el presente.
Estamos formados por capas, células y constelaciones.

Anaïs Nin

Nos imaginamos a nosotros mismos como seres cohesivos y congruentes, pero en realidad estamos compuestos por varias partes. Algunas partes de nuestra personalidad son más fuertes o dominantes que otras. Podemos ser muchas cosas a la vez. Podemos vivir un aspecto callado, recatado y prudente, pero igual podemos mostrar un aspecto de venganza y furia arrebatada que amenace con crear una guerra interna o al menos algo de confusión.

Podemos ser cierta persona con los amigos y otra persona completamente distinta con nuestros padres o nuestra pareja. Un niño puede heredar la intensa personalidad de uno de sus padres y la fragilidad de temperamento del otro. Todas estas facetas viven dentro de cada uno de nosotros. Claro que lo ideal es que fueran congruentes y se llevasen bien, pero muy a menudo están en desacuerdo entre sí y tienen necesidades e intereses diferentes.

El trabajo de sombra nos permite alcanzar la paz ante el hecho de que somos muchas cosas a la vez. Debemos aprender a abrazar todos los aspectos de nosotros mismos y no negar las partes de nuestra personalidad que consideramos desafortunadas, ya sea a nivel personal o social, porque las partes de nosotros mismos que no amamos y no aceptamos a menudo se vuelven nuestras enemigas. Conocernos a nosotros mismos y entender nuestras dicotomías nos permitirá elegir cómo vivir nuestra vida y ser quienes queramos ser. Así que abraza a tu guerrero y tu pacificador y haz que hagan las paces. Si no abrazas a tu guerrero y solo abrazas a tu pacificador, serás el tapete de todos. No puedes elegir la paz sin elegir también la violencia o la guerra.

Deja de preocuparte por lo que los demás piensen de ti. Cuando una parte de nosotros está sana y completa, de manera natural se expresa su opuesto. La alegría requiere del contraste con el dolor y la rabia, de lo contrario estaría incompleta. Muchos nos perdemos la experiencia de la felicidad y la paz en nuestras vidas porque no aceptamos el caos y la incertidumbre. Pero si abrazas todas las partes de ti mismo, tu *continuum* completo, tendrás opciones conscientes sobre cómo actuar y quién eliges ser. Si no integras todos los aspectos de tu persona quedarás entrampado en un ciclo de reactividad que tomará las decisiones por ti.

También hay otras partes de nosotros mismos que se estancan en su desarrollo. Llevamos un ejército de niños interiores, pero esos niños no tuvieron la oportunidad de procesar adecuadamente los traumas ni pasaron por las etapas pertinentes de desarrollo físico, mental, emocional y espiritual. No dudo que muchos sean adultos que pagan impuestos, trabajan y cuidan a sus hijos, pero al mismo tiempo son niños enojados que hacen berrinche si no se salen con la suya.

Se entiende por trauma el efecto de un evento que es demasiado abrumador como para procesarlo en el momento mismo en que ocurre. El propósito de este trabajo no es eliminar las historias que cargamos ni borrar los traumas que hemos experimentado; la idea es operar a una capacidad adulta con lo que hemos experimentado. Es como ver las cosas por el retrovisor, por así decirlo. Porque si vemos las cosas con la sabiduría de un adulto, nos daremos cuenta de que los traumas quedan en el pasado. Esto es diferente a estar psíquica y emocionalmente atascados en la edad en que experimentamos el trauma.

Como adultos, contamos con diferentes recursos y una estructura de poder distinta de cuando éramos niños. Ahora podemos tomar decisiones, incluso salir de una situación que no pudimos resolver cuando éramos niños. Como adultos, ya no somos impotentes ante los caprichos y problemas de nuestros padres y familiares.

Lo mismo sucede con nuestro antiguo yo. Si sufrimos una agresión sexual a los veinticinco años y ahora tenemos cuarenta, hoy somos una persona distinta, con mayores conocimientos y capacidades para manejar tan traumático evento. Reconocer eso puede hacer que nuestro niño interior crezca y se integre a nuestro yo actual.

Nuestro niño interior tiene la feroz necesidad de protegerse a sí mismo, por eso vive congelado en el tiempo y en sus circunstancias. Tal vez quieras sanar a ese niño interior, pero hasta que no permitas que esa parte de ti sea vista y escuchada, tomará represalias en tu contra y saboteará cualquier esfuerzo que hagas por avanzar en tu vida.

Por ejemplo, si a un hombre, cuando era niño, se le dijo que reprimiera sus sentimientos y con frecuencia se le exigía que "se hiciera hombre" cuando demostraba alguna emoción, ese hombre aprendió a reprimir todos sus sentimientos, por lo que hoy tiene dificultades para estar emocionalmente disponible para su pareja. Creció como un hombre dividido, donde una parte de él desea ser vulnerable y ser conocido a un nivel profundo, mientras que la otra parte se defiende e incluso lo castiga cuando se abre con los demás. Su voz crítica interior le dice que es débil y patético por compartir sus emociones. Cuando muestra su vulnerabilidad, entra en una espiral y bebe exageradamente para adormecer sus sentimientos. Una parte de él quiere y necesita desesperadamente tener a los demás cerca, mientras que la otra parte los aleja.

Este tipo de escisión es muy común con los traumas y podemos referirnos a ellos como el "niño interior" y el "feroz protector". También se le conoce, por la mitología, como "la princesa y el dragón". La parte de nosotros que experimenta un trauma también experimenta la pérdida de poder, por lo que nos sentimos pequeños, inferiores e indignos de ser amados. Incluso podemos victimizarnos, pues hay emociones que son demasiado abrumadoras para sentirlas, y a esas partes las llamamos la princesa o el niño interior.

Para salvaguardar esa parte de nosotros mismos aparece el dragón, el feroz protector que mantendrá a raya el abrumador contenido del trauma. Este protector a menudo se escuda alegando superioridad, y tal superioridad se traduce en no necesitar a nadie, además de sentir una especie de alienación que hará que el niño interior permanezca completamente solo con su dolor.

El niño interior permanece ciego ante el hecho de que otros han experimentado ese mismo tipo de dolor, y todo por estar protegido y aislado por el dragón. Dicha estrategia seguramente fue necesaria al momento del trauma, pero la división entre la princesa y el dragón persistirá mucho tiempo. Por lo tanto, el niño interior aislado permanece atrapado con la idea de la princesa y el dragón, pese a que han pasado meses, o aun décadas, y eso ya no le sirve al adulto actual.

Nos inventamos mitologías como una estrategia de protección y un mecanismo de afrontamiento. Nos creemos la idea de que la princesa aislada es inferior e indigna de ser amada, porque ella está mal. El dragón la guarda y la protege al hacerla creer que el niño interior es especial, mágico y diferente de todos, y que ella, algún día, se lo demostrara al mundo.

Si entendemos esta división mental, comprenderemos el importante mecanismo protector del ego. Integrar a la princesa significaría resolver el trauma, y dicha resolución proviene de validar al niño y lo que sea que esté sintiendo. O sea, existe la necesidad primordial de ser vistos y escuchados, por lo que se hace necesario, a fin de lograr la curación, que el dolor del niño interior emerja a la superficie. La herida necesita ser expuesta para sanar, mientras que el niño interior necesita ser tratado con la gracia y la dignidad que se merece.

De niños nos decían que muchas de las cosas que sabíamos a nivel visceral y primario estaban completamente equivocadas. Cuando descubrimos que en verdad teníamos razón, nuestro niño interior pudo sentirse justificado por lo que sentía y sabía.

Cuando nuestra princesa interior sea capaz de contar nuestra historia y se dé cuenta de que las emociones que sentimos pueden resolverse de una manera diferente, digamos que más adulta, podremos liberar las emociones que originaron el trauma y el dragón ya no necesitará proteger a la princesa, puesto que el yo adulto actual podrá enfrentarse a las emociones del niño interior. Nuestro niño interior ya no necesitará estancarse, de forma deliberada, en las conductas y creencias que perpetúan el trauma. Podremos abandonar un estado de victimismo y pérdida de poder para entrar en un estado que nos permita entender que, efectivamente, lo que experimentamos fue terrible y no debiera haber sucedido.

Resolver la división entre la princesa y el dragón significa retornar a la inocencia y la alegría perdidas a causa del trauma. No solo nos aferrarnos al agobio emocional y a las circunstancias del trauma dentro de nuestros cuerpos, sino que también retenemos la luz que una vez tuvimos. Solo al resolver nuestros traumas y zanjar la escisión entre la princesa y el dragón, presente en nuestra mente, podremos darnos cuenta de que el cambio profundo es posible. Y ante esta idea renacerá la esperanza y regresará nuestra luz interior.

Capítulo 3

Mecanismos de defensa del ego

$\mathcal{E}$ l ego es nuestra interfaz consciente con la realidad. Es, en definitiva, un mecanismo de protección que nos permite experimentar nuestra identidad y la realidad de manera ordenada, coherente y segura. Si tenemos integridad del ego, nuestra mente-ego identifica quiénes somos y dónde comenzamos y terminamos. Piensa en esto como una especie de burbuja o una membrana celular. Uno de los beneficios del trabajo de autorrealización es la individuación, que nos da la capacidad de diferenciarnos de los demás.

Si esta burbuja no está presente o no mantiene su integridad, podríamos fusionarnos con todo lo que nos rodea y seríamos incapaces de distinguir quiénes somos como individuos, y lo que nos separa de nuestro prójimo o de nuestra propia madre. Si esta burbuja es demasiado gruesa, no absorberemos nueva información o ideas, lo que resultará en un autoconcepto rígido.

Cuando tenemos partes de sombra, o sea, los aspectos rechazados de nosotros mismos que hemos arrojado al mundo, nuestro ego no tiene la solidez saludable que necesita y reaccionamos a lo que hemos rechazado en nosotros mismos cuando lo vemos en los demás, además de buscar continuamente la aprobación, el amor y la validación del mundo exterior. A medida que integramos estas partes de sombra y recuperamos nuestras proyecciones, nuestro ego se torna más saludable y ya podemos saber, más a plenitud, quiénes somos, pues experimentamos autoestima, el amor propio y la sensación de "estar en casa" dentro de nuestros propios cuerpos, lo que pone fin a la búsqueda de cosas en el exterior.

Nuestro ego filtra la información que recibe, y la que considera muy amenazante, abrumadora, estresante o vergonzosa, de plano la rechaza. La manera de defendernos de esa información se da mediante una variedad de mecanismos que discutiremos en este capítulo, incluyendo la negación y la proyección.

Si somos capaces de ver claramente cómo funciona el ego para defenderse y protegerse, podremos participar más conscientemente en su toma de decisiones. Por ejemplo, podremos decidir que reprimir una cantidad abrumadora de estrés, originada por una situación laboral en curso, es la respuesta adecuada. O podremos decidir que usar un tapabocas al estar con la familia es lo correcto. Utilizar estos mecanismos de manera consciente es algo muy distinto a usarlos automáticamente, sin participación alguna de nuestra consciencia.

Negación

La negación es una de nuestras respuestas más primitivas al estrés. Si algo es demasiado abrumador o difícil de incorporar a nuestra consciencia, negaremos su realidad.

La negación es una respuesta protectora que nos impide aceptar cualquier cosa que sea demasiado dolorosa o vergonzosa y que nos protege de cualquier información que cambie radicalmente nuestros conceptos acerca de la realidad o nuestro autoconcepto.

La negación rara vez es una defensa consciente. Lo común es rechazar cualquier cosa que no hayamos experimentado antes personalmente. Esta mentalidad nos permite sentirnos seguros dentro de nuestra visión del mundo, por eso rechazamos y negamos cualquier cosa que nos haga sentir incertidumbre o falta de control. Las personas con mecanismos de ego sanos pueden aceptar la realidad de los demás como una verdad, sin importar si es diferente de sus experiencias personales de este mundo. El ego protector, que desea una realidad simple y es detonado por el miedo, se sentirá amenazado ante cualquier cosa que difiera de sus propias experiencias.

Vivimos un mundo de opuestos morales en el que nos oponemos y negamos a cualquiera que esté en nuestra contra. Cualquier cosa que haga que nuestro autoconcepto se sienta indigno, no amado o no apreciado, derivará en la necesidad de negación.

Al encontrarnos con algo que amenaza nuestra visión del mundo podemos pasar por diversas etapas de negación. Aunque no lo veamos o no lo registremos, podemos rechazarlo conscientemente, y el rechazo consiste en darnos cuenta y oponernos a cierta información. Si algo representa un peligro para nuestro autoconcepto no solo lo negaremos, también atacaremos la fuente de información. Esto nos permitirá proyectar nuestras reacciones negativas hacia otras personas o situaciones, para no tener que enfrentar ese "peligro" por dentro.

Veamos un ejemplo: Kara tiene una primera cita con alguien. Más tarde se pregunta por qué no la ha llamado para una segunda cita, ya que ella se la pasó bien y se sintió atraída hacia esa persona. Entonces, Kara le pregunta al amigo que los emparejó si sabe qué pasó, y este le dice que la persona con la que salió piensa que ella es linda, pero quiere tener una relación con alguien más exitoso y financieramente estable. En lugar de enfrentar su decepción y la vergüenza que siente, Kara se engancha en la negación y proyecta sus malos sentimientos internos hacia la persona con quien tuvo la cita. Lo tilda como "un ser materialista que solo busca a alguien que lo cuide". Kara le declara esto a su amigo y luego le envía a su cita un mensaje desagradable, además de subir a sus redes sociales textos sobre cómo las personas que buscan dinero no pueden amar. Esto le impide procesar cualquier comentario negativo sobre sí misma.

En vez de entender la situación como una simple falta de compatibilidad, la convierte en un evento donde ella ha sido agraviada y es la vencedora moral, mientras que la otra persona es la villana.

A cierto nivel, logra darse cuenta de que está herida, pero no es capaz de manejar, de manera activa, esos sentimientos. En vez de ello, decide valerse de la negación, la desviación y la proyección para no tener que aceptar conscientemente que hirieron sus sentimientos.

Intelectualización

La intelectualización es un método natural y saludable de integrar la información. Siempre tenemos que conocer algo a nivel conceptual para después poder vivirlo a nivel corporal.

Todos, alguna vez, hemos experimentado acontecimientos que intelectualmente sabemos que han sucedido, pero que no sentimos como si hubieran sido del todo reales. No acostumbramos a admitir plenamente los eventos dolorosos o abrumadores. Esta forma de compartimentación suele ser bastante común, pero nos impide integrar plenamente nuestras experiencias de vida. Solo si somos capaces de salir de la negación y llegar a un estado de plena aceptación, estos eventos se volverán parte de nuestras experiencias vivas y dejarán de ser meras experiencias abstractas o con una fuerte carga de conceptualización intelectual.

Hasta que absorbamos completamente nuestras experiencias a nivel corporal, la intelectualización nos hará consciente de nuestras experiencias, pero seguiremos sin sentir su impacto emocional o físico. Por ejemplo, tras el fallecimiento de una persona, podemos ser plenamente conscientes de que alguien ha muerto, pero, ya que debemos seguir adelante con nuestra vida, no tenemos el tiempo o la capacidad emocional para sentir realmente lo experimentado. O sea: no sentimos la profundidad de nuestro dolor.

De manera similar, Edwin comprende los conceptos espirituales a nivel intelectual, pero no los experimenta en su vida. Para realmente vivirlos tendría que aceptar el hecho de que no le gusta su trabajo, que tiene varias amistades problemáticas, que se odia a sí mismo y que siente que no vale nada. Todavía no está en situación de enfrentarse directamente con todo eso; sin embargo, la intelectualización lo ayuda a pensar en los conceptos espirituales que podría poner en acción en el futuro, cuando esté listo.

A menudo sabemos que muchas cosas son ciertas antes de actuar, lo que nos da tiempo para digerirlas mentalmente y planear nuestros actos. A veces nos quedamos mucho tiempo atascados en una fase contemplativa antes de actuar; en esos casos sería útil indagar qué es lo que nos provoca tal estancamiento. Por lo general se debe a que nuestro niño interior ha desarrollado mecanismos de afrontamiento poco saludables. Por ejemplo, nuestros planes para comer mejor son saboteados cada vez que nuestro adolescente interior se siente abrumado y decide comer pizza en grandes cantidades.

La intelectualización también sirve como mecanismo de defensa y separación. Si nuestras palabras no coinciden con nuestras acciones y nuestra mente no está alineada con nuestro cuerpo, esta división separa la mente del cuerpo y crea un escenario donde nos valemos del pensamiento para separarnos del sentimiento.

Cuando la información se incorpora, nuestros pensamientos y acciones se alinean: hacemos lo que decimos y somos quienes decimos ser. En cambio, si nuestros pensamientos y acciones no están sincronizados, nos volvemos hipócritas y juzgamos y condenamos a los demás por carecer de virtudes que nosotros mismos no demostramos.

La racionalización es una forma de defensa intelectual que busca preservar la mente "lógica" y sus ideas sin considerar los sentimientos y las necesidades emocionales en su totalidad. Por ejemplo, podemos racionalizar que aún no hemos hecho ejercicio hoy y que podemos hacerlo mañana; al día siguiente racionalizaremos con el mismo pensamiento. Al racionalizar tratamos de justificar nuestros comportamientos y reacciones emocionales con pensamientos que parecen lógicos o "correctos".

Josef es un adicto que culpa a su infancia de su adicción. Incluso le dijo a su terapeuta: "Mi madre es la que debería pagar por estas sesiones". Puede que sea cierto, pero esta racionalización impide que Josef asuma la responsabilidad por su adicción y trabaje sus emociones infantiles. Por culpar a su madre "narcisista", no se hace cargo de su situación adulta y permanece en un estado de infancia perpetua.

La intelectualización puede ser empleada como una forma de anestesia contra la realidad. Por otro lado, la disociación puede ser parte de este proceso, pues nos permite escapar de una realidad que podría ser demasiado dolorosa como para soportarla.

Disociación

Hoy día, nuestra cultura considera normal estar en un estado como de trance, continuamente distraídos e incapaces de concentrarnos en nada, si no es por un corto periodo de tiempo. Cierta cantidad de disociación en nuestros cuerpos y nuestras vidas puede ser saludable, cuando la hacemos con un propósito y con plena consciencia. Puede ser que nos guste ver películas o leer libros para ampliar nuestra visión del mundo y conocer la belleza; también es saludable poder separarnos conscientemente, de vez en cuando, de nuestras vidas. Cuando utilizamos la disociación como una herramienta consciente, nos hacemos un espacio para reorientarnos, volver a respirar y relajarnos. Es entonces cuando podemos volver a nuestras vidas, ya con una capacidad renovada, para manejar el estrés diario.

Si hacemos esto de manera saludable, tales comportamientos servirán como reafirmación de la vida y nos traerán alegría. Nos reiniciaremos para volver a enfrentarnos al mundo. Pero si se hace de manera poco saludable, solo escapamos de la realidad y de lo que estamos sintiendo.

La disociación es un mecanismo de afrontamiento en respuesta a altos niveles de estrés y trauma, y la habilidad de disociarnos se aprende por muchas circunstancias de la vida.

Hay momentos en los que separar la consciencia de las sensaciones corporales es totalmente apropiado, sobre todo si nos devora un león; en tal caso, cualquier parte de nuestra consciencia que pueda escapar, habrá de hacerlo. Durante un abuso o cualquier otra experiencia traumática, está bien que parte de nuestra energía se vaya. He aquí algunos ejemplos: Charlie, un niño que continuamente es regañado por su madre, aprende a "desconectarse" para no escuchar sus constantes críticas. Alan, un hombre que vive en un hogar donde su esposa abusa físicamente de él, aprende a separarse completamente de sus emociones y pensamientos, pues si muestra una emoción durante alguna interacción, su esposa la enarbolará como razón para gritarle o golpearlo.

En los casos de abuso, la disociación proporciona protección y separación para que las emociones no afloren. Nuestros cuerpos son el momento presente y cuando estamos completamente encarnados, sentimos todo plenamente. Si no queremos sentir, podemos disociarnos de nuestro cuerpo y del momento. Este tipo de disociación es clave para entender muchas de las adicciones, incluyendo a los videojuegos, a internet y a la televisión.

La disociación se produce en un rango, o *continuum* que va desde sentirse un poco aturdido hasta completamente fuera de su cuerpo. Para algunas personas se trata de una sensación extracorpórea, como estar detrás o fuera de uno mismo. En casos más extremos de disociación, podemos separarnos tanto de nosotros mismos que perdemos la consciencia del tiempo y no tenemos memoria de lo que nos pasó.

Quedarse en blanco es otra forma de disociación. Es una respuesta de "congelamiento" que ofrece protección contra una situación traumática que no puede procesarse al momento. Quedarnos en blanco nos impide reconocer lo que está sucediendo o su alcance. Esto sirve para disminuir una realidad dolorosa, pero nos impide reaccionar emocionalmente. Un ejemplo: Devon necesita dar un discurso en el trabajo, por lo que está nervioso, y como no es un orador público natural, al final se queda en blanco y olvida lo que tenía que decir. En un ejemplo más extremo, una madre abre la puerta y ve que su pareja está abusando de su hija; pero, en lugar de registrar el hecho, solo se da la media vuelta y cierra la puerta.

Otro más: Clara está confundida cuando Eliza termina su amistad con ella. Eliza la llama tóxica y refiere varias veces en las que Clara no estuvo ahí para ella y otras más en las que, de plano, fue negativa y desagradable. Pero Clara no recuerda ningún caso; los ha borrado todos de su memoria. ¿Por qué? Porque tenemos la necesidad innata de pensar en nosotros como buenas personas, así que "ponemos en blanco" o eliminamos nuestros defectos o los aspectos que no nos gustan y así seguimos manteniendo, ante nosotros mismos, una imagen de "buenas personas".

A menudo sucede que, a una edad temprana, nos disociamos parcial o totalmente, por lo que ahora ignoramos qué se siente estar en nuestro cuerpo o en el momento presente. En nuestra cultura moderna, cualquier persona puede usar métodos para estar más en su cuerpo, como el grounding (conectar con el momento presente), el desarrollo de consciencia plena del momento actual, realizar ejercicio y procurar interacciones personales.

Con el trabajo de sombra no buscamos deshacernos por completo de ningún comportamiento, solo queremos tomar consciencia de uno de ellos en particular. Alguien que, a manera de escapismo consciente, se relaja y toma un reposo para leer un libro o ver una película, es muy diferente de alguien que está apoltronado horas y horas frente a la televisión sin darse cuenta de por qué no soporta su vida.

Saber qué es la disociación, por qué ocurre y por qué podemos recurrir a ella como una forma de separarnos de la realidad, nos permitirá entrar con más seguridad en nuestro cuerpo para enfrentar las razones por las que sentimos la necesidad de escapar, tanto de nuestros cuerpos como de nuestras vidas.

Fantasía

Podemos escapar de la realidad fantaseando sobre cómo nuestras vidas o nuestro mundo podrían ser diferentes, pero también podemos usar la fantasía de una manera saludable, ya sea para soñar, para anhelar o para imaginar. Fantasear nos permite tomarnos un descanso de un mundo que a menudo parece brutal, a fin de reiniciarnos y recargarnos para volver a enfrentarlo.

Cuando fantaseamos como mecanismo de defensa, las fantasías nos colocan en una posición idealizada que entra en franco conflicto con la realidad. Secretamente imaginamos que somos "los elegidos", el centro del universo, los protagonistas de nuestra propia película. Pensamos: "Mi padre no me abandonó, es parte de una organización militar secreta". O... "¡Si tan solo la gente supiera lo especial, talentoso y mágico que realmente soy!".

Algo que resulta útil es preguntarnos: "¿Con esto me estoy conectando o me estoy desconectando?". Al contestar esta pregunta sabremos si se trata de una fantasía útil, que nos permite soñar y aguardar un futuro mejor, o una fantasía que solo nos hace alejarnos de los demás.

Por desgracia, es muy común encontrar en el mundo moderno comunidades que consolidan fantasías y mitologías dañinas, en vez de aprender herramientas para lidiar con la realidad y el dolor interno. Porque solo viendo hacia nuestro dolor interior y enfrentando todo lo que se encuentra en la raíz de nuestras fantasías, podremos sanarlo.

Evitación

Cuando algo se vuelve doloroso, tratamos de evitarlo. Esto puede hacerse de manera consciente, como evitar a un cónyuge enojado. Siempre que no tenemos la capacidad de lidiar con algo, simplemente lo evitamos. La evitación es un mecanismo de defensa común que aplicamos cuando estamos estresados o abrumados.

Reconocer nuestra tendencia a evitar sentimientos o dificultades nos mostrará con cuánta frecuencia utilizamos este mecanismo. Como ocurre con todos los mecanismos, puede llegar a emplearse de manera sana y consciente, lo cual nos dará algunas opciones. Por ejemplo, si nos sentimos muy agobiados, podría ser momento de tomarnos un descanso en lugar de limpiar el espacio en donde vivimos.

Desconexión y adormecimiento

La desconexión y el adormecimiento pueden ser parte de la disociación, aunque también pueden ser mecanismos independientes. La desconexión puede ser parte del enmascaramiento (*véase la siguiente categoría*).

Cuando aprendemos que lo que somos será castigado, rechazado u objeto de burla por parte de los demás, aprendemos a cerrarnos. Nos convertimos en robots y operamos en la superficie de la interacción. Aprendemos a escondernos o a hacernos invisibles, porque mostrarnos implicaría represalias. También aprendemos a cerrarnos porque nos sentimos una carga para los que nos rodean, por el solo hecho de existir. Si eres alguien que se disculpa constantemente con los demás por cosas simples, es probable que te hayan enseñado que tu mera existencia es una carga para quienes te rodean y por eso aprendiste a desconectar una parte importante de ti.

Hay otra razón por la que ocultamos quiénes somos a amigos, familiares, colegas o compañeros de clase: porque aprendimos que cerrarnos nos mantendrá lejos de los problemas. Revelar nuestro verdadero yo solo significa buscar problemas.

Es natural ser un "yo" distinto al estar cerca de amigos, miembros de la familia o en el trabajo. Diferentes partes de nosotros se presentan naturalmente en tales situaciones y otras pasan a segundo plano. No tenemos que compartir la totalidad de nosotros mismos con nadie que nos lo pida, pero cuando nos cerramos es porque decidimos, desde temprana edad, convertir en sombra una parte importante de nosotros mismos. Cercenamos una parte de nosotros para sobrevivir y eso crea un conflicto interno importante y la sensación de que vivimos al margen de nuestra vida, en lugar de vivirla plenamente.

No podemos vivir a plenitud cuando una parte importante de lo que somos es sombra. Por eso, restaurar las partes de nosotros mismos que hemos cerrado es esencial para sentirnos seguros y experimentar autoestima. Podemos hallar a alguien que nos ame y aprecie precisamente por lo que somos, y esa persona no tiene que ser tu padre o madre, ni compañeros del trabajo o la escuela.

El adormecimiento es el primer paso para desconectarnos. Si dices "está bien" a todo o te excluyes de ciertas conversaciones porque sabes que tu participación genera conflicto, te estás adormeciendo. Con frecuencia hacemos esto porque responder de manera plena y emocional puede ocasionar que la otra persona incremente su propia respuesta emocional. Aprendemos a adormecernos para no experimentar la embestida de sus emociones, puesto que lo último que queremos es alimentar un drama que pueda provocar una situación emocional para la que no estamos preparados.

Enmascaramiento

Cuando aprendemos que no podemos mostrarle al mundo quiénes somos en realidad, nos ponemos una máscara. Aprendemos a usar una máscara como mecanismo de defensa para sobrevivir a situaciones sociales específicas. Por lo general, lo hacemos a manera de respuesta para evitar ser castigados o avergonzados, como en el pasado, cuando mostramos lo que realmente sentíamos.

Usamos máscaras en diversas situaciones. En el trabajo llevamos una máscara de seriedad, con nuestros hijos nos ponemos una máscara de entusiasmo, incluso un depresivo podría portar una máscara de intensa alegría para no demostrar a los demás su sufrimiento interno.

El uso de máscaras puede considerarse saludable, pero lo que debe cambiar es lo que somos en función de la naturaleza de nuestro entorno y las personas con las que nos topamos. Debemos mostrar una parte de nosotros en un funeral y otra en una fiesta. En su forma perjudicial, el enmascaramiento se vuelve permanente y subconsciente y acabamos mostrándonos de la manera en que los demás nos lo han dicho. Es una forma de aparentar que somos "normales" ante el mundo. Esto puede crear una fuerte lucha interna entre lo que pretendemos ser y lo que realmente somos. Además, es agotador portar máscaras, por lo que a menudo nuestra voz interior se pregunta por qué no podemos simplemente ser nosotros mismos.

El mundo moderno está hecho para personajes extrovertidos y neurotípicos, por lo que quienes acaban usando máscaras son los individuos introvertidos y neurodivergentes. Esto tiene un costo, pues llevar una máscara significa descuidar nuestras necesidades y deseos para parecer "normales" ante los demás.

Usar maquillaje es una forma de enmascaramiento que puede resultar saludable o no, pero que puede protegernos del mundo para no revelar quiénes somos.

Como ocurre con cualquier otro de nuestros mecanismos de defensa, podemos aprender a utilizar conscientemente el enmascaramiento como herramienta. Podemos decidir que usaremos una máscara de efectividad y confianza, aunque por dentro nos sintamos como impostores. De hecho, llevar una máscara a un evento festivo con la familia puede evitar preguntas o críticas molestas.

Regresión

Al retroceder viajas a una etapa anterior de desarrollo y, si llegas a enojarte podrías hacer un berrinche, como un niño de dos años, o llorar desaforadamente como bebé. Los patrones de regresión pueden apuntar a una necesidad de sanación durante esa edad. Esto se tratará más a fondo en el capítulo cinco: "Herramientas útiles". Si de manera frecuente sueles reaccionar como un adolescente hosco o tienes patrones de regresión y te comportas como un pequeño dictador de cinco años, eso apunta a que tu niño interior precisa de sanación y de mejores habilidades para manejar tus reacciones emocionales.

Represión

La represión es una herramienta que consiste en una forma más moderada de negación. En este caso no eliminamos algo de nuestra consciencia por completo, solo lo guardamos en una especie de compartimiento dentro de nosotros. Así, si surgen pensamientos o emociones que no queremos identificar, los colocamos en ese lugar. Veamos un ejemplo: Paulo guarda coraje, resentimiento e incluso cierta violencia hacia su jefe, quien lo trata mal. No puede actuar según estos impulsos, pues admitir cuánto resentimiento siente significaría enfrentarse a la toxicidad de su entorno laboral. En consecuencia, reprime sus pensamientos e impulsos. De esta manera, es frecuente que la represión sea un pensamiento, emoción o impulso seguido de una rápida decisión de nuestro ego de acallarlo y descartarlo.

También reprimimos recuerdos que nos cuesta trabajo manejar. En nuestra vejez llegan a manifestarse como miedos que no podemos identificar de manera lógica. Por ejemplo, si a un niño le aterraba ir con un dentista que lo trataba mal, tal vez de adulto reprima esos recuerdos, pero podría experimentar un miedo exacerbado a las consultas odontológicas. Aunque sabe que no muchas personas disfrutan ir al dentista, también es consciente de son pocas las que tiemblan o se bloquean mientras reposan en el sillón de atención dental.

También podemos aferrarnos a ciertos objetos con la idea de reprimir emociones. Shira perdió a su hija de dieciséis años, y aunque han pasado más diez años desde su deceso, Shira mantiene intacta la habitación de su hija, porque limpiarla o simplemente cambiar de lugar alguna cosa, haría que Shira se enfrentara a su dolor no procesado.

Blindaje y armaduras

Cuando nos rompen el corazón nos blindamos para no sentir más dolor y, en lugar de mostrar al mundo un corazón dispuesto y hasta vulnerable, le presentamos un corazón blindado y acorazado para no tener que experimentar el mismo dolor.

Llevamos puesta una armadura en el cuerpo por una buena razón: estamos heridos, por lo que usamos las energías de los dolores emocionales y espirituales del pasado como molde psíquico. Sin embargo, nuestro blindaje y armaduras operan a costa de nuestra conexión con nosotros mismos y con los demás. Si nuestro corazón está protegido, podemos protegernos de quienes pretendan usar nuestra vulnerabilidad en contra nuestra, pero también seremos incapaces de abrirnos completamente para amar a los demás.

Cualquier parte de nuestro cuerpo puede estar sujeta a lesiones psíquicas y emocionales, pero siempre pensamos que debemos salir adelante. Lo hacemos colocándonos una armadura que nos proteja del mundo exterior, porque cada parte de la armadura nos permite superar momentos particularmente difíciles. Aunque, con el tiempo, esa armadura permanece y va creciendo.

También solemos protegernos a través de nuestras creencias. Nos contamos historias a nosotros mismos para justificar nuestras creencias y perpetuar el trauma. "A las mujeres no les gustan los chicos buenos", dice un hombre que se siente incómodo con las mujeres; así mitiga su aislamiento y dolor. "No les gusto porque soy demasiado buena para todos", dice una mujer que no puede ver que empuja a los demás en su dolor.

Si reconocemos cómo nos protegemos, podremos ver el dolor que causa este tipo de creencias, y cualquiera de ellas que nos repitamos a nosotros mismos y a los demás será digna de examen. Si sabemos que algo es cierto respecto de nosotros mismos, no necesitamos decírnoslo repetidamente o decírselo al mundo. Si nos decimos a nosotros mismos y al mundo una creencia de forma repetida, es porque queremos convencernos de que es verdad.

Si no cuestionamos nuestras creencias, vamos a experimentar una disociación cognitiva y nuestros pensamientos e ideales, respecto de nosotros mismos, no coincidirán con lo que sucede en la realidad. Esto puede ocurrir si alguien que se cree increíblemente especial enfrenta a los demás y descubre que lo tratan como un ser humano normal. También puede experimentarse internamente. Alguien que hace ejercicio y se entusiasma con su nuevo estilo de vida saludable podría, al mismo tiempo, beber en exceso todas las noches.

La inconsistencia entre nuestros pensamientos y nuestras acciones genera conflictos dentro de nosotros mismos. Si fumamos, por ejemplo, podemos compartimentar nuestra conducta: una parte de nosotros sabrá que no es saludable fumar, pero esa parte será reprimida y entrará en conflicto con la parte de nosotros que está fumando. Solo si observamos estas divisiones dentro de nosotros mismos podremos olvidarnos del conflicto y nos veremos, tanto a nosotros mismos como a la realidad, con mayor claridad.

Manipulación

Mentir y manipular son comportamientos que surgen porque hemos aprendido que no podemos simplemente decir nuestra verdad y que se nos tome en serio. Por eso existe la necesidad de negociar, manipular, mentir y "negar", por medio de elogios ambiguos, para lograr que los demás se ocupen de nuestras necesidades o deseos básicos.

Es posible, incluso, aprender a hablarle con desprecio a alguien con baja autoestima, a sabiendas de que responderá bien. Porque gente con una autoestima sana no aceptaría insultos, cumplidos solapados ni nada relacionado con la vergüenza pasivo-agresiva. Si tenemos una autoestima sana y alguien nos califica de "idiotas", lo veríamos como un despropósito o mentira. Pero si cojeamos de la autoestima, podríamos preguntarnos si lo que nos han dicho es verdad.

El *gaslighting* (patrón de abuso emocional) es la manera más severa de manipulación, pues consiste en distorsionar la realidad para confundir y distanciar a la víctima. Incluso, puede que un abusador llame "loca" a su víctima o que le diga que se merece sus abusos. Pasado un buen tiempo, la víctima sentirá que tiene la culpa y que debe disculparse con su abusador.

En casos más graves, los abusadores cambian lo que es considerado "verdadero" y la víctima rompe por completo toda relación con su propia verdad interior. La víctima reprime su propio sentido de la moralidad y sus conocimientos internos para permanecer bajo el yugo del abusador y su actitud esclavizante. Muchos niños que han experimentado el *gaslighting* no son conscientes de que lo que sufrieron no era normal o saludable. Si un adulto en una relación abusiva no se va ni abandona a su abusador, es en parte porque el abusador lo ha hecho sentir impotente y aislado. El abusador tiene tal control de la narrativa, que a la víctima le puede tomar tiempo alejarse de esa relación. De hecho, es posible que tarde aún más en ver con claridad la cantidad de abusos cometidos.

En casos menos graves, manipulamos a los demás todos los días, con la finalidad de que se ajusten a nuestra propia comprensión conceptual de la realidad. Digamos que los ponemos en un rol y, si se salen de ese papel, inconscientemente los dirigimos de nuevo a ese rol. Buscamos mantener a los demás dentro del marco de nuestra comprensión de la realidad, porque cuestionarnos esa realidad resultaría en algún tipo de deconstrucción de la mente-ego.

Distracción

Solemos distraernos porque nuestra realidad es estresante y sentimos la necesidad de escapar. Se trata de una forma más suave de defensa en la que somos conscientes de nuestro estrés y, como consecuencia, nos involucramos de manera deliberada en actividades que nos permitan centrar nuestra atención en otras cosas.

Deflexión y desplazamiento

Cuando experimentamos pensamientos o sentimientos no deseados que no podemos expresar debido a una dinámica de poder, desplazamos esos impulsos hacia un sustituto. Si nos es imposible enojarnos con nuestro jefe o con nuestros padres porque ellos tienen más poder que nosotros, podemos enojarnos con nuestro cónyuge, nuestros hijos o incluso nuestra mascota.

Es así como expresamos nuestros sentimientos hacia el objeto sustituto o persona que detenta un poder menor al nuestro. Esta es la razón por la que tantas personas tratan tan mal a los representantes de servicio al cliente. También es la razón por la que alguien puede golpear una pared: porque sus pensamientos y sentimientos negativos, al ser desplazados, se dirigen hacia alguien o algo que no puede defenderse.

La deflexión es uno de los mecanismos más comunes que utiliza el ego cuando se le critica o se le culpa. En lugar de aceptar esa culpa o ser responsables de nuestras acciones, arremetemos contra el acusador o usamos como "chivo expiatorio" a otra persona; así disminuimos nuestra culpa y evitamos tener que afrontar consecuencias negativas. Las personas que no asumen la responsabilidad de sí mismas, suelen hacer creer a los demás que ellos tienen la culpa.

Patricia despierta a su marido, Tomás, un sábado por la mañana. Está molesta porque es casi mediodía y ella está despierta desde las ocho de la mañana atendiendo a los niños. Tomás se pasa las noches jugando video-juegos, mientras ella asume toda la responsabilidad de los hijos y las necesidades de su esposo. Pero en vez de agradecerle por haberlo despertado, Tomás se enoja y la llama "dramática". Ella está harta de desempeñar el papel de madre con su marido y sus hijos, debido a lo cual no tiene tiempo para sí misma. Ha acallado sus propias necesidades, deseos y reacciones emocionales para evitar alimentar su ira y fomentar una discusión en la que él, seguramente, guardará silencio. Tomás ha utilizado el mecanismo de deflexión para responsabilizar a Patricia de su falta de responsabilidad adulta y de sus reacciones exageradas en contra de su mujer.

La deflexión implica atacar o culpar a otra persona en lugar de tratar de reconciliar nuestras propias fallas. Esto podría incluir ocultar los propios errores y echar la culpa a otras personas, como a un colega en el trabajo, a quien podrías inculpar por algo que tú hiciste. Esto es algo común en la dinámica familiar, como cuando un hermano culpa a un miembro de la familia o lo usa como "chivo expiatorio" para no responsabilizarse de sus propias acciones.

Esto también implica abdicar ante cualquier responsabilidad, como los miembros de un grupo de trabajo escolar que esperan crédito por un proyecto sin haber cooperado en el trabajo. La deflexión también puede ser algo tan simple como reírse, porque así se desvía la atención de un error vergonzoso, o emplear bromas o sarcasmos en tono crítico hacia uno mismo.

En determinado momento, la persona que usa la deflexión lo hace porque aprendió que necesita obligar a la gente a que piense que es perfecta o mejor de lo que aparenta. Personas así no pueden admitir sus errores ni permitir que los demás piensen negativamente sobre ellas, porque experimentar eso sería un golpe demoledor para su ego, el cual reprime sentimientos negativos respecto de sí mismos.

En ciertos casos, la deflexión también puede ser un intento de inflar el ego. Un ejemplo sería un empleado que quiere que su jefe piense bien de él, por lo que siempre bromea sobre otra persona que mete la pata todo el tiempo.

Cuando asumimos nuestras responsabilidades, la necesidad de usar la deflexión se reduce o desaparece por completo. En cambio, podemos darnos cuenta de cuándo somos culpables y asumir nuestra responsabilidad, y rechazar la culpa cuando alguien intente desviar sus problemas hacia nosotros.

Proyección

Siempre que estés a punto de identificar una falla en alguien, hazte la siguiente pregunta: ¿qué falta mía se parece más a la que estoy a punto de criticar?

Marcus Aurelius

Cuando convertimos algo en sombra, cortamos esa parte de nosotros mismos y la empujamos fuera de nuestra mente consciente, así la alejamos de nuestro autoconcepto. Luego empujamos esas partes rechazadas de nosotros mismos hacia los demás.

Cuando reconocemos en otras personas los rasgos de nosotros mismos que hemos convertido en sombra, inconscientemente reaccionamos a ellas con emociones negativas, como ira o disgusto, además de condenar a los demás por cualidades que no reconocemos en nosotros mismos. Colocamos nuestra existencia no vivida en otras personas, y nos enfurecemos con ellas por vivirla.

La proyección nos permite negar o reprimir información o aspectos de nosotros mismos que sería muy difícil integrar. La proyección es un mecanismo de defensa que usamos cuando no nos sentimos preparados para interactuar hábilmente, con una capacidad adulta, con información que va en contra de nuestro condicionamiento y nuestros patrones de dolor.

Cuando proyectamos experimentamos cierta pérdida de poder: cedemos parte de nuestro poder a alguien más; proyectamos nuestra aprobación y autoestima hacia afuera para que pueda reflejarse en nosotros. Esperamos que los demás nos demuestren que somos dignos de ser amados y aceptados.

La proyección es el principal mecanismo que exploramos en el trabajo de sombra, porque nos permite ver con facilidad lo que hemos cortado, gracias a la posibilidad de detectar cómo reaccionamos ante los demás. En su forma más saludable, la proyección nos permite observar aspectos de nosotros mismos desde una distancia segura. En una dinámica de poder, el observador es quien lo ostenta; de esta manera podemos relacionarnos con una parte de nosotros mismos de forma externa, sin tener la presión de integrarla. La razón por la que muchas personas ven documentales de crímenes o películas de terror es porque les revelan los aspectos más oscuros de su naturaleza, desde una distancia segura.

Parte de la dinámica de convertir algo en sombra, consiste en colocar nuestras sombras en personas individuales (y en el mundo, como veremos más adelante) para que podamos observarlas. Es difícil observar conflictos dentro de nosotros mismos, pero si empujamos nuestras divisiones y conflictos internos hacia afuera, hacia otras personas, tendremos más oportunidades de resolverlos. O sea que tendremos la capacidad de reconocer que no vemos a las personas como lo que son, sino como necesitamos verlas.

Cuando proyectamos tendemos a asignar a las personas ciertos papeles (*véase capítulo diez*). Asumimos que el mundo y las personas que lo habitan son solo como nosotros los vemos. No reconocemos que hay una diferencia entre lo que necesitamos que sean los demás y el mundo, y lo que las otras personas y el mundo realmente son. Como dijo el psicoanalista Carl Jung: "De esta manera, cada uno crea para sí mismo una serie de relaciones más o menos imaginarias, basadas esencialmente en la proyección".

De alguna manera, proyectar es sano. Si no lo hiciéramos no tendríamos muchos de los vínculos y relaciones que tenemos hoy. Nuestras proyecciones nos conectan con los demás. Las personas con las que más conectamos son nuestro propio yo proyectado: individuos que han tenido experiencias similares a las nuestras. Podemos vernos más directamente en aquellos que nos rodean. Sus luchas, sufrimientos y alegrías son un reflejo de los nuestros. Al vernos de esa forma podemos conectar más profundamente con nuestra humanidad y con la de los otros.

Cuando utilizamos la proyección de manera saludable, podemos vincularnos con los demás y desarrollar amistades, núcleos vecinales, comunidades y un mundo en el que vemos nuestras similitudes más que nuestras diferencias. Al hacer el trabajo de sombra podemos pasar de proyecciones malsanas, o proyecciones que llevan nuestras propias divisiones internas hacia el exterior, a proyecciones saludables, lo cual nos brinda la capacidad de ver la mejor parte de nosotros proyectada en el reflejo de los demás.

Hay quienes descubren que, al retirar sus proyecciones, se afecta la compatibilidad mutua en una relación. Por ejemplo, en un vínculo traumático, las personas que viven los mismos mecanismos de defensa contra la realidad encuentran compañerismo en los otros que vivieron el mismo trauma. Esto se debe a que han formado identidades y reacciones similares ante el mundo, debido al trauma que experimentaron. Cuando una de esas personas halla una mejor forma de manejar su trauma y tiene una versión más saludable y completa de la realidad, la relación suele tambalearse, pues uno de los dos personajes ya no vive la misma realidad.

Esto también sucede con las relaciones íntimas. Por lo general, buscamos en nuestra pareja las mismas experiencias que tuvimos cuando éramos niños, sobre todo en nuestra relación con nuestros padres (*véase capítulo catorce*). Solemos hallar a nuestra madre o padre en nuestra pareja, y vivimos las mismas heridas y patrones que padecimos con nuestros progenitores. En cambio, si nos olvidamos de nuestras proyecciones y tratamos de sanar al niño interior que sufrió como resultado de nuestra educación, ya no necesitaremos repetir los mismos patrones ni proyectar la figura materna o paterna en la pareja.

Hay tres tipos básicos de proyecciones: proyección simple, proyección directa y proyección indirecta.

Proyección simple

Es la proyección de nuestro estrés y sufrimiento indiferenciados en un objetivo seguro. Por ejemplo, una mujer estresada por su trabajo puede proyectar su estrés laboral en sus redes sociales mediante comentarios llenos de odio. Otra mujer, que llora la reciente muerte de su padre, puede molestarse con el empleado de una tienda si no encuentra la talla correcta de una blusa. O el clásico: un hombre le grita a un mesero por no traerle sal para su carne.

Si bien tenemos derecho a sentirnos ligeramente irritados por los inconvenientes de la vida, solemos dar rienda suelta a nuestro sufrimiento a través de objetivos seguros que tienen menos poder que nosotros. La proyección simple es como una válvula de escape, pero solo se siente bien por un momento, mientras se expulsa el sufrimiento y se hace sufrir a otra persona. Quienes proyectan de esta manera terminan con sombras más densas y con una mayor necesidad de descargar su sufrimiento en los demás.

Proyección directa

Podemos colocar nuestras sombras específicamente en otros individuos. Esto se conoce como proyección directa, que consiste en proyectar en los demás una parte de nosotros que hemos cortado o negado.

Un hombre podría proyectar su riqueza interior en los "gurús financieros" de las redes sociales. Una mujer podría dedicarse a ver programas de ejercicios por no estar en buenas condiciones físicas. Otra mujer podría obsesionarse con los cuerpos de otras féminas, y admirar cuán planos son sus vientres, porque odia su propio cuerpo, en particular, su abdomen.

Proyectamos nuestras vidas no experimentadas y nuestras expectativas en los demás. Una madre que nunca pudo tomar clases de baile cuando era niña, podría obligar a sus hijos a bailar. Un padre, que es un panadero exitoso, podría esperar que su hijo mayor se hiciera cargo del negocio familiar.

Aunque nos proyectamos en todos, tendemos a proyectarnos más en las personas cercanas a nosotros, como nuestra pareja, hijos, parientes y amigos, que soportan el peso de nuestras proyecciones y las expectativas que surgen de esas proyecciones, porque en ellas podemos ver de cerca las partes más grandes de nuestra sombra.

Tendemos a proyectar las partes de nosotros mismos con las que menos nos identificamos en objetivos seguros, pero lejanos, como celebridades, figuras públicas, atletas y políticos. Nuestro odio y dolor fácilmente pueden encontrar acomodo en una estrella del pop. Podemos proyectar fácilmente la belleza, el carisma y la riqueza que nos negamos a nosotros mismos en un personaje de las redes sociales.

Cuando nuestras proyecciones no se basan en la realidad, es fácil que se conviertan en obsesiones. Podemos obsesionarnos con una celebridad o figura pública, y nuestras proyecciones pueden convertirse en delirios. De tal suerte, deshumanizamos a las figuras públicas y las hacemos más o menos humanas.

Toda nuestra cultura de consumo está impulsada por nuestras sombras. Gastamos dinero para experimentar, indirectamente, las sombras que no nos permitimos en nuestra vida diaria. Compramos un par de zapatos para sentirnos aceptados y a la moda, vemos la televisión porque proyecta la vida que no experimentamos, y proyectamos en la comida nuestro deseo de consuelo y cuidado.

Proyección indirecta

La proyección indirecta ocurre cuando proyectamos una parte de nosotros mismos con la que no nos identificamos en absoluto. He aquí un ejemplo: Brad es un maestro que suele quejarse en las redes sociales sobre los miembros de la nueva era, pues todos, según él, son narcisistas, al igual que su madre. No se da cuenta o no quiere darse cuenta de que sus enseñanzas provienen directamente de las ideologías de la nueva era. Además, de niño no pudo desarrollar plenamente su propia identidad, porque su madre era narcisista. Brad tiene un niño interior legítimamente enojado que, ya de adulto, se obsesiona con los narcisistas porque está atrapado en la etapa de desarrollo en la que debería haberse formado su identidad.

Esta proyección indirecta le devuelve el reflejo de lo que no puede ser. Para sanar esta parte de sí mismo, Brad necesitaría identificar su ira y reconocer que, lo que realmente pasa, es que ve a su madre en todas sus proyecciones. Así se identificaría con lo que perdió: su incapacidad de ser egoísta, o de ser el centro de atención, cuando era niño.

Con el correr del tiempo, Brad podría entrar en contacto con un egoísmo saludable dentro de sí mismo y aprender a expresar sus necesidades y deseos. Incluso podría pasar a una proyección directa y reconocer que hay una parte de él no expresada, que también es un poco narcisista. Si hace esto, su obsesión con el narcisismo disminuirá y podrá reconocer que puede seguir adelante con su infancia.

Si tendemos a usar proyecciones indirectas es porque resulta fácil identificar a las personas que hacen o dicen cosas que no podemos o queremos ver dentro de nosotros mismos. Con el tiempo podemos pasar a hacer proyecciones directas, para poder ver así las cualidades que hay en nuestro interior.

En los siguientes capítulos aprenderemos a identificar, recuperar e integrar más plenamente nuestras sombras, y al hacerlo podremos aprender a recuperar nuestro poder y volvernos más plenamente nosotros mismos. Podremos encontrar la autoestima en nuestro interior, en vez de tratar continuamente de demostrar que sí somos dignos de este mundo.

Transmutación e integración

Los mecanismos de defensa discutidos en este capítulo surgen de la inteligencia extrema de la mente-ego. Si la realidad es demasiado difícil de soportar, nos protegemos de ella. Es posible que la realidad sea en extremo abrumadora para procesarla al momento, y por eso precisamos de un mecanismo protector (el ego) para asegurarnos de sobrevivir.

Parte del trabajo de sombra radica en notar estos mecanismos de defensa en nosotros mismos y en los demás, aunque con frecuencia solemos sentirnos más seguros si los detectamos primero en los demás. Pero, en última instancia, identificar en nuestro interior los mecanismos de defensa que usamos con más frecuencia nos ayudará a tomar decisiones más conscientes. Por eso es importante no avergonzarnos ni intimidarnos cuando percibimos alguno de estos mecanismos en nosotros mismos. Ser conscientes de nuestra mente-ego es el primer paso en un proceso natural de validación de nuestras sombras.

Por ejemplo, siempre hay una razón por la que evitas el conflicto. En el futuro quizá mantengas tu decisión de evitarlo, pero esa es tan solo una de las opciones con que cuentas. Ante algunas situaciones puedes elegir: uno, golpear a alguien en la cara; dos, hablar las cosas; o, tres, salir y hacer ejercicio para desfogar la energía emocional y evitar la situación. La diferencia está en la elección consciente, pues a muchos de nuestros mecanismos de defensa se les considera desadaptativos. Esto significa que no nos acercan a un estado donde podamos manejar una situación hábilmente. Si hacemos conscientes nuestros mecanismos de defensa podremos reconocer que les rehuimos a nuestros problemas. Al notar eso estaremos en capacidad de preguntarnos por qué corremos. Tal vez, tiempo después, sea posible reconocer naturalmente que no queremos escondernos ni aplicarle a alguien la "ley del hielo" al no querer comunicarle nuestro enojo o dolor, porque siempre es posible tomar una decisión alterna.

Los mecanismos de defensa más adaptativos y saludables incluyen la integración y la transmutación. La integración implica el procesamiento de las emociones en el momento presente para tomar estratégicamente una decisión consciente y saber cómo actuar para obtener el resultado deseado. Esto requiere de inteligencia emocional (*véase el capítulo seis*) y de habilidades para poder enfrentar la realidad.

Aunque suene contradictorio, tener la habilidad de enfrentar la realidad puede implicar su negación, de manera consciente, por un tiempo, lo que ocurre al ver una película o soñar despiertos en el sofá. Después, cuando estemos listos, podremos poco a poco enfrentar la realidad de una situación abrumadora. Enfrentar la realidad también significa dejar de disociarnos para estar completamente presentes, por ejemplo, en una charla difícil.

Con la integración procesamos, de manera saludable, todo lo que surge en nuestro sistema. Dicho de otra forma, buena parte del trabajo de sombra se ocupa de los mecanismos y las emociones que elegimos cuando éramos jóvenes. Poder apreciar nuestros mecanismos de defensa, reconocer sus razones de ser y pasar después a una consciencia de nivel adulto, nos permite librarnos de nuestros anteriores patrones de toma de decisiones y validar nuestras emociones pasadas. Así podremos integrar nuestro yo pasado y tomar decisiones diferentes, pero ya como adultos.

La transmutación es una opción que nos permite adaptarnos a nuestra situación. Si estás furioso con tu jefe en el trabajo, no puedes gritarle ni darle un puñetazo en la cara; no son buenas opciones, pues te harían perder el empleo. Pero bien puedes decidir, de manera consciente, aprovechar esa energía y salir a caminar o desahogarte con un amigo. Ambas opciones transmutarán la energía y permitirán liberarla, una vez transformada, de manera saludable.

Si acaso sentimos un profundo dolor o estamos deprimidos, ver una película triste puede ser la opción correcta para transmutar esa energía porque, al sentir profundamente la tristeza, esta cambia. También podemos ver a un comediante para animarnos o caminar por un parque para sentirnos parte del mundo. La forma como decidamos adaptarnos y transmutar lo que estamos sintiendo será, sin duda, una elección personal que dependerá de lo que necesitemos al momento.

Tanto la transmutación como la integración nos ayudan a procesar lo que sentimos de manera sana y consciente. A medida que detectemos nuestros demás mecanismos de defensa y los hagamos conscientes, podremos comenzar a tomar decisiones más saludables en nuestra vida.

Capítulo 4

Beneficios del trabajo de sombra

Hasta donde podemos discernir, el único propósito
de la existencia humana es encender
una luz en la oscuridad del mero ser.

Carl Jung

A menudo negamos, reprimimos e ignoramos los aspectos más oscuros de nuestra naturaleza, pero solo si abrazamos esos aspectos de nosotros mismos podremos encontrar la sanación, porque esa oscuridad nos muestra el camino hacia nuestra luz. No podemos convertirnos en luz sin reclamar nuestra oscuridad y sin reclamar cada parte de nosotros mismos que hemos perdido o segado para sobrevivir.

Este trabajo promueve una vitalidad esencial en nosotros: la construcción de un puente hacia la naturaleza salvaje que dejamos atrás. En esa naturaleza salvaje yacen nuestras pasiones y las emociones que nos vinculan a este mundo y a los demás seres. Nuestro verdadero poder reside en los aspectos más básicos y animales de nosotros mismos. Es en nuestros cuerpos, no en nuestros pensamientos, donde encontramos el poder que no solo nos da vida, sino que también nos otorga la capacidad de crearnos y recrearnos a nosotros mismos.

Lo que hemos segado o convertido en sombra dentro de nosotros nos roba buena parte de nuestra vitalidad. Al recuperar nuestras sombras podremos restaurar la vitalidad que hemos perdido y experimentar más entusiasmo por la vida.

Cercenamos mucho de nosotros mismos para ganar aceptación y perdón por lo que realmente somos y, por añadidura, nos sentimos avergonzados de nuestro cuerpo físico, porque hemos aprendido que nuestro erotismo natural, incluida nuestra presencia en nuestras formas físicas, es algo que debemos abandonar o despreciar.

El trabajo de sombra nos reconecta con nuestros cuerpos y con el *continuum* de sentimientos que hay dentro de nosotros. Nuestras emociones no son fuente de vergüenza o algo que pueda convertirse en lo que personal o culturalmente definamos como "bueno". Las emociones son una fuente infinita de pasión y vitalidad que nos ofrecen una vida llena de regocijo para el alma.

Cuando convertimos algo en sombra, ese algo gobernará nuestras vidas sin que lo reconozcamos conscientemente. Por eso solemos reaccionar inconscientemente y nos sentimos impotentes ante nuestras reacciones emocionales. Cuando recuperamos nuestras sombras, nuestra naturaleza interna y la forma como nos relacionamos con el mundo cambian para mejor.

Cuando miramos el mundo exterior y nos olvidamos de nuestras proyecciones, descubrimos que claramente estamos menos enojados con el mundo. Nos calmamos y expresamos más ecuanimidad y empatía con quienes nos rodean, además de sentir la humanidad en los demás y ya no verlos a través de nuestras proyecciones negativas.

Situaciones que antes creíamos abrumadoras dejan de ser terrores inminentes y ahora simplemente las vemos como altibajos en nuestra existencia. Nuestras vidas están destinadas a incluir sentimientos de depresión, alegría, felicidad, dolor, pérdida, sufrimiento y dicha, pero solo si nos lo permitimos. Esa es la dualidad y la paradoja de la existencia: el dolor contiene alegría y la felicidad esconde un pedazo de oscuridad. Es entonces cuando, dentro de todo el *continuum* de nuestras emociones, cada polo revela su opuesto. Sentir la oscuridad de la desesperación eventualmente traerá esperanza y significado. Si no sentimos nuestras profundidades, no podremos experimentar nuestras cimas, como la dicha, el éxtasis, la paz y la felicidad. Al sentir las emociones más oscuras nos abrimos a la alegría.

A medida que avanzamos por este camino nos encontramos menos incómodos por las fluctuaciones normales de la existencia. El universo ya no obra, u obra menos, en nuestra contra y es más ambivalente. Gracias a eso descubrimos una fuerza interior que proyectamos al exterior, hacia los demás. Experimentamos una nueva perspectiva de la vida al recuperar nuestras sombras, y podemos confiar de nuevo en aspectos intuitivos y emocionales de la existencia.

Cuando recuperamos nuestras sombras ya no nos vemos como singularmente "buenos" y a los demás como "malos". Ya no nos vemos a nosotros mismos como víctimas fatales de la existencia. Tenemos partes buenas y malas, al igual que nuestro prójimo, y así podemos reconocernos a nosotros mismos en los demás.

En lugar de una división podemos ver los matices de la humanidad en los demás; y si hacemos bien este trabajo, desarrollamos una personalidad más estable y completamos el proceso de individuación. Cuando dejemos de proyectarnos, sabremos lo que nos gusta y lo que no nos gusta, sin importar lo que les guste o disguste a los demás. Ya no nos gustarán ni nos disgustarán las cosas porque a nuestro vecino le gusten o porque a una estrella del pop le disgusten. Sabremos, con plena libertad, lo que pensamos y sentimos, además de ser dueños de nuestras propias opiniones.

Este trabajo nos reconecta con nuestro cuerpo, y nuestro cuerpo es el momento presente. Es un hecho que cuando estamos en nuestro cuerpo podemos vivir nuestra vida más plenamente y con más alegría. Ya no estamos en el pasado ni pensamos en el futuro, estamos en el ahora, y eso nos permite experimentar placer y la capacidad de conectarnos con nuestros sentidos y ser capaces de ver la belleza y la luz del mundo. Si nuestras proyecciones de oscuridad tiñen al mundo de negatividad, recuperar nuestras sombras nos servirá para encontrar la bondad interior y la luz del mundo, así como la bondad y la luz que existen dentro de nosotros mismos.

Podremos dejar de ver el mundo como una eterna competencia en la que gastamos energía juzgándonos a nosotros mismos y a los demás, ya sea para bien o para mal. Tras recuperar esa energía, tendremos la capacidad de encontrar en nuestro interior la aprobación y el amor que buscábamos afuera. Ya no nos obsesionaremos con la superioridad o inferioridad, porque sabremos que no necesitamos ser otra cosa; con lo que seamos, seremos dignos de recibir amor.

Todos somos dignos de recibir amor simplemente por ser humanos, no por nuestros logros. Si nos alejamos del dolor que nos ha hecho sentir indignos de ser amados, indignos y alienados de nuestras conexiones naturales, ya no canalizaremos nuestro sufrimiento al mundo exterior. Estamos destinados a estar conectados con nosotros mismos, con los demás, con la tierra, con el cielo y con lo divino. Todas estas conexiones están dentro de nosotros, aunque nos hayamos desconectado de ellas y sean los aspectos más grandes de nuestras sombras.

Al aceptar nuestra humanidad renunciamos a la necesidad de ser perfectos, porque el ser humano es imperfecto, y recuperaremos toda la energía que hemos gastado tratando de ser perfectos para que el mundo nos aceptara. Sabremos que no importa cuán perfectos nos veamos ni cuán "buenos" seamos, porque nunca seremos lo suficientemente buenos o perfectos como para recibir amor de aquellos que viven encerrados en sus propios corazones. Mediante este reconocimiento nos liberaremos del anhelo de amor que nunca aparecerá y, más allá de sentirnos mal, equivocados, o exigirnos a nosotros mismos ser inhumanamente perfectos, reconoceremos que quienes nos rodean nos han fallado al no ofrecernos el amor que todo ser humano merece. Cuando al fin estemos dispuestos a sentir cómo fuimos agraviados por no recibir un amor incondicional y consideraciones positivas, erradicaremos el dolor de nuestra infancia.

Es muy raro que un ser humano vaya más allá de su programación básica de la infancia. De hecho, como adulto lleva esa programación al mundo, y rara vez se da cuenta de que confunde la realidad con el hogar de su infancia. Pero nosotros debemos sanar esas creencias e ideas de la realidad, que provienen de un tiempo de formación, porque hacerlo nos dará una inmensa libertad. Esa es la iniciación a la edad adulta espiritual. Es un estado en el que ya no reaccionamos al mundo como niños, sino que actuamos desde la perspectiva y realidad de un adulto. Ya no consideramos a nuestros padres como figuras de autoridad o creadores de la realidad; ahora los vemos como simples e imperfectos seres humanos, y es así como dejamos atrás las heridas de la infancia.

Hacer el trabajo de sombra nos permite identificar y sanar las partes de nosotros que hemos tenido que enmascarar o cortar. El trabajo de sombra también nos permite recobrar el sentido de poder y propósito, al identificar y superar los roles restrictivos que tuvimos que asumir para sobrevivir durante nuestra infancia.

El trabajo de sombra nos dará una mayor claridad con respecto al mundo y al yo, y mediante la autorrealización ganaremos inteligencia emocional y la capacidad de sentir y aceptar todas nuestras emociones. Podremos reconocer que estas no tienen por qué gobernarnos, pues son simples mensajeros que nos envían señales y advertencias, y nos reconectaremos con los aspectos sensoriales de nosotros mismos y con una experiencia encarnada de la vida.

El trabajo de sombra, finalmente, nos llevará a ser simplemente lo que somos o quienes somos, sin pretensiones ni máscaras. Esto incluye una sensación de comodidad y de "estar en casa" en nuestros propios cuerpos y en nuestra vida. También incluye aceptar las cosas, y a las personas, tal como son, en vez de esperar que sean de cierta manera. A partir de esta aceptación desarrollaremos una mayor quietud interior y más paz, además de ganar la capacidad de estar en el momento presente. La apertura del corazón hacia nosotros mismos y los demás es el resultado final del trabajo de sombra.

El trabajo de sombra también permite la resolución de conflictos para que las relaciones mejoren. Si no recuperamos nuestras sombras, solo veremos un pequeño detalle de lo que son el mundo y las personas. Si vemos a las personas como nosotros necesitamos verlas, es porque así perpetuamos nuestras propias historias sobre la realidad. Al preguntarnos cómo vemos a los demás, identificamos la división que hay en nuestro interior. La autorrealización sería el final del conflicto interno, y el trabajo de sombra es uno de los caminos más directos para alcanzarla.

Si tienes disposición para hacer el trabajo de sombra, resolverás una pequeña parte de todos los problemas sociales y culturales del mundo entero, pues este trabajo crea olas de sanación. Esta podría ser una ola pequeña si consideramos la dimensión de la sombra del mundo, pero sin duda sería una ola inmensa para nuestra familia o comunidad. Recuperar nuestras sombras significa que nuestro dolor ya no genera más dolor y conflictos en el mundo.

Estar por completo en nuestros cuerpos nos pone en pleno contacto con nuestras almas. Un vacío a nivel del alma es omnipresente en el mundo moderno, y nos impulsa a seguir buscando algo para llenar el agujero que sentimos en nuestro interior. Del vacío del alma surge la desconexión con nosotros mismos, con las demás personas, con el mundo entero y con lo divino. Un alma plena e integrada nos permite reemplazar esa soledad con conexión. Si reconocemos que estamos hechos de la misma materia que la persona que está a nuestro lado, veremos que no somos los únicos que sufren por la carga que llevamos. Los otros también conocen ese dolor. Si nos damos cuenta de eso, nuestra soledad disminuye y hay sanación.

Con el trabajo de sombra resulta fácil perdernos en la rectificación de heridas del pasado o en ver el odio que lanzamos al mundo. También nos hemos aislado de nuestra belleza y potencial, cualidades "ligeras" que se exteriorizan en el mundo y que se proyectan a "los otros". Rechazamos nuestra propia creatividad, belleza, amor, carisma, poder y luz. A lo largo del camino aprendimos a no ser "demasiado" y no habitar plenamente lo que somos.

A medida que disminuyamos el conflicto dentro de nosotros mismos, brillaremos más plenamente con nuestra luz. De hecho, nuestra luz se elevará más en la medida en que aceptemos nuestra oscuridad, nuestras emociones y nuestra humanidad, porque de esa oscuridad surgirán la plenitud y la capacidad de aceptar hasta la última parte de nosotros mismos, pero siempre con amor.

Cuando nuestros conflictos personales disminuyan, tendremos la facultad de servir al mundo con nuestras capacidades únicas y podremos compartir nuestra luz con los demás, en vez de permanecer atosigados con los conflictos, con la perpetua competencia y con la imperiosa necesidad de aprobación que mandaron sobre nuestra existencia.

El resultado final del trabajo de sombra consiste en encarnar todo tu *continuum,* de la mano con todo el potencial de nuestra humanidad. En "los otros" podrás ver a seres humanos que viven y luchan al igual que nosotros. Solo si abrazas tu humanidad, tu cuerpo, tus emociones y tu naturaleza salvaje interior, así como todo lo oscuro que tengas dentro, podrás convertirte plena y verdaderamente en ti mismo.

Capítulo 5

Herramientas útiles

*H*ay muchas herramientas útiles que podemos emplear en el trabajo de sombra, y lo bueno de aprovecharlas es que nos pueden garantizar que nuestro trabajo sea provechoso y saludable. Ganaremos confianza si usamos estas herramientas repetidamente.

Algunas de estas herramientas son engañosamente simples, aunque en la práctica implican una gran profundidad de comprensión, pues de lo contrario no nos servirán. Con otras herramientas solo bastará practicar un poco a fin de encarnarlas por completo.

Una herramienta importante al hacer el trabajo de sombra consiste en buscar apoyo externo. Trabaja con un amigo o amiga que también esté haciendo trabajo de sombra, o habla con un terapeuta o experto sobre los cambios que estés experimentando. Tener a alguien en la vida que te ayude a manejar el cambio siempre es útil. Solo ten en cuenta que la incomodidad creada por este trabajo es temporal, y por lo general trae como resultado el rompimiento de viejos patrones.

Nos acostumbramos tanto a nuestros hábitos y formas de ser que incluso el cambio positivo puede ser estresante. Como nos acostumbramos a ser pequeños, la idea de ser más grandes, más libres, tener las cosas más en nuestro poder o estar más presentes en nuestros cuerpos, engendra cierto miedo.

Otra herramienta increíblemente útil es tener la idea de que el cambio puede ser benéfico. Asociamos el cambio con las cosas y sucesos que son difíciles. No debemos dejar que el miedo gobierne nuestras vidas. Hay que verlo como el mensajero que anuncia que la transformación y la incertidumbre están teniendo lugar. Pese al miedo, debemos aprender que tenemos que continuar con nuestro trabajo de sombra.

La puerta abierta

A Buda Gautama se le atribuye haber dicho a sus discípulos: "No crean nada que sea irracional, pero tampoco rechacen nada como irracional sin un examen adecuado".

La puerta abierta es una herramienta bastante simple que solo requiere un poco de intuición. Cada uno de nosotros está abierto, en diferente medida, a ideas, debates y consideraciones. Podemos visualizar esto como una puerta completamente abierta, más o menos abierta (en distintos grados: un poco más o un poco menos abierta), o totalmente cerrada.

Por ejemplo, un amigo puede tener una puerta completamente cerrada con respecto a la política, pero una puerta abierta en lo referente a la filosofía. Todos nosotros, o al menos la gran mayoría, tenemos muchas puertas abiertas en distintos grados, aunque es raro ver a alguien con una puerta totalmente abierta, pues eso significaría que está dispuesto a considerar cualquier pensamiento, idea o concepción de la realidad que se le presente. Esto no quiere decir que estés de acuerdo con todo; solo significa estar dispuestos a interactuar con ideas dispares, considerarlas y, eventualmente, cambiar de opinión en función de la información que consideremos razonable.

Otra excelente práctica es considerar qué tan abiertas están las puertas de los demás cuando les hablamos sobre un tema determinado, porque no sirve de nada hablarle a una puerta cerrada. Esto, simple y llanamente, derivará en una frustración, pues la persona en cuestión tendrá una defensa basada en el ego. Las personas cambian de mentalidad o abren una puerta solo si están listas.

Si ves que la puerta de una persona está entreabierta sobre cierto tema, tal vez desee hablar un poco más de ello. Una puerta que se abre ampliamente dará lugar a un debate exitoso y sustancial. Si ves que la puerta de alguien está semiabierta, podrás hablar con esa persona y podrás adaptar el debate a lo abiertos que ambos estén.

Las preguntas típicas tras conocer esto incluyen: "¿Por qué tengo que hacer esto? ¿No deberían las demás personas encontrarse conmigo donde yo esté?". Lo ideal es que la gente te conozca donde estás, pero es un hecho que la gente se vuelve consciente de los demás solo en su propio tiempo y a su manera. Por ello, vale la pena aprender a comunicarse con los demás considerando qué tan abierta está su puerta; eso evitará que te frustres si inicias una charla con alguien que no está abierto y que no puede ofrecerte la información necesaria. A un niño pequeño no le hablarías como a un estudiante universitario, así que acércate a las personas hasta donde estén actualmente; descubrirás que te escuchan con más facilidad.

Algo difícil es cuestionarte qué tan abierta está tu propia puerta cuando te presentan nueva información. Tendemos a ignorar las cosas que aún no estamos preparados para aceptar, además de deshumanizar a las personas con una ideología distinta a la nuestra.

La mejor forma de abrir nuestras puertas es escuchando con atención a las personas que han tenido experiencias de vida distintas. Esto incluye considerar diferentes ideologías políticas, formas de vida y maneras de pensar. Tendemos a aceptar más fácilmente a las personas que consolidan nuestro ego y que dicen lo que creemos. Siempre es reconfortante escuchar que nuestras creencias salen de la boca de alguien más.

A fin de abrir completamente alguna de nuestras puertas, podemos comenzar donde haya menos resistencia. Por ejemplo, es posible que estés dispuesto a escuchar la sabiduría de alguien varios años mayor que tú, mientras que será difícil que mantengas una de tus puertas abiertas a un niño o un adolescente.

Por otro lado, es increíblemente difícil abrir la puerta a ideologías que expresen odio y divisionismo. Sin embargo, si ves a la humanidad sin el miedo y la ira que proyectas sobre ella, podrás recuperar una gran parte de tus sombras personales. Solo si estás dispuesto a ver el sufrimiento detrás de la retórica de odio de alguien, podrás robarle parte de su poder. Quienes profieren mensajes de ira, miedo y división solo muestran su propio odio e ignorancia. Tras la máscara de cualquier retórica llena de odio se acumulan múltiples sentimientos de impotencia y baja autoestima, provenientes del miedo a las propias sombras, y tales sentimientos se amplifican cuando reaccionamos a ellos. En la era de las redes sociales, cuando mucha gente pretende provocar tendencias en línea, este es un concepto esencial que debemos entender, pues nuestras respuestas emocionales y nuestra proyección sobre las personas les da a esos individuos una fugaz sensación de energía y poder.

Si reaccionas a lo que ellos hagan o digan, les estarás dando la atención que buscan, porque todos buscamos la aprobación en lo más profundo de nuestro ser. Con amor y validación seremos capaces de ver el sufrimiento en aquellos que expresan puntos de vista repletos de odio y, hasta cierto punto, ignorantes. Con esa consciencia podremos tener empatía por lo que sufren, no por lo que opinan. Si somos capaces de manejarnos a este nivel, no proyectaremos más sobre ellos nuestras propias sombras ni les cederemos nuestro poder. Si aceptamos lo más oscuro de nuestra sombra en el interior, como nuestro odio e ignorancia, ya no tendremos la necesidad de contar con una fuente externa para odiar.

En el fondo del océano

El océano es una representación metafórica de nuestra mente subconsciente. La mayor parte de lo que pensamos y sentimos es como la superficie de sus aguas, que vendría a ser la mente consciente. El nivel medio del océano sería donde residen nuestros pensamientos y sentimientos, que a veces se muestran en nuestra mente consciente. Por eso podemos ser conscientes de ellos, aunque sin llegar a experimentarlos plenamente, ni mediante palabras o historias.

En el fondo abismal, o sea, en el fondo del océano, encontramos nuestras sombras, aquellas partes de nosotros mismos que aún no salen a la superficie y de las cuales no poseemos información ni conocemos a nivel consciente. Durante mucho tiempo, el papel de los chamanes y varios artistas ha sido ofrecer símbolos que nos ayuden a acceder a las partes más profundas de nuestro ser. Es un hecho que la información está ahí, adentro, aunque aún no haya sido procesada por la mente-ego.

Al hacer tu trabajo de sombra asume que, al principio, las respuestas que surjan provendrán de la parte superficial de las aguas. Pregúntate cuáles podrían ser algunas de las respuestas, pero a nivel abismal. Pregúntate qué dice el fondo del océano. Pregúntate cuál sería su respuesta real y verdadera.

Al poco tiempo podrás preguntarte de qué "capa" del océano provienen las respuestas de tu interior. Mientras avanzas con los siguientes capítulos te darás cuenta de que cada vez tienes más acceso a tu océano medio; pero si te detienes a meditar las cosas, sentirás algo, una palabra o frase, que proviene de algún lugar más profundo y verdadero dentro de ti.

Al llegar al fondo del océano es típico sentir que algo te resuena o experimentar una sensación de rectitud o una respuesta emocional. En la medida en que trabajes con tus herramientas, tu fondo oceánico se convertirá en una parte del océano medio y acaso hasta en olas superficiales. Al ser una persona más autorrealizada, lo que alguna vez fue inconsciente dentro de ti ahora será consciente. Por ello, aprende a confiar en tu intuición y en las cosas que sientas profundamente, aunque no las entiendas de manera lógica.

Aviso para los perfeccionistas: no hay una forma "incorrecta" de hacer este ejercicio ni ningún otro. Existe un proceso gradual de trabajo en todos los ejercicios, por lo que las herramientas serán cada vez más, y de por vida, parte de tu "caja de herramientas", mientras que su uso, con el tiempo, se volverá algo muy natural.

Magnificación

Si reaccionamos de forma emocional, es poco probable que lo hagamos de acuerdo con las circunstancias del momento, pues nuestra ira crece debido a la rabia del pasado, a nuestros miedos y a las añejas memorias de pánico. Si reconocemos esto podremos empezar a separar lo que es apropiado que sintamos en el momento en que se magnifica en nuestro interior. Con el paso del tiempo sentiremos realmente lo que es útil para nosotros en su momento, y podremos validarlo. Solo entonces seremos capaces de procesar o liberar las emociones del pasado que puedan surgir.

Estamos destinados a sentir todas nuestras emociones. Si alguien cruza nuestros límites sentimos enojo o irritación. Si se nos pasa por alto una oportunidad de trabajo sentimos frustración y dolor. Todas las emociones son mensajeras y comparten nuestra mente consciente, porque son los aspectos más profundos de nuestra alma los que nos hablan. Solo hay que recordar que el trabajo de sombra no pretende eliminar las emociones "malas". Nuestras emociones nos vinculan indefectiblemente a nuestras pasiones, por ende, solo si nos permitimos sentirlas plenamente podremos sentirnos vivos.

Por ejemplo, si un hombre se le mete a una mujer en la fila para pagar sus comestibles, ella se enojará y con razón. No solo porque es un acto grosero, sino porque resurgen en ella episodios pasados en los que otros tomaron la delantera en su detrimento, incluidos recuerdos de hombres que hablaron mal de ella en el trabajo y sentimientos de su infancia, donde se creía ignorada.

Ella no es consciente de eso. De lo que es consciente es de que está increíblemente enojada por algo que no debería molestarla tanto. Y no solo eso: como se le enseñó que no debía enojarse ni demostrar su ira, su enojo se magnifica aún más, así que logra reprimir esta ira, al igual que las anteriores. O tal vez se encuentra en un lugar más seguro y sano, donde puede desahogarse con alguien sobre el hombre grosero, y liberar su ira actual.

Si contara con las herramientas necesarias, podría reconocer que tiene derecho a estar enojada, y también se daría cuenta de que está magnificando su ira. Entonces podría preguntarse qué tanto la está magnificando. En este sentido, es bastante útil trabajar con números. ¿Está justificado el veinte por ciento de su enojo o debería ser el noventa por ciento? ¿Qué porcentaje de su ira responde al momento presente?

Si somos capaces de hacernos estas preguntas podremos reconocer si están justificadas nuestras emociones, sin importar cuáles son, o si están magnificadas. Solo así seremos capaces de validar las emociones que sentimos e identificar qué tipo de situaciones solemos magnificar.

Es posible que descubras que algunas situaciones hacen que surja tu enojo a tal grado que estaría justificado un noventa y nueve por ciento. En otras situaciones el noventa y nueve por ciento de tu enojo será exagerado, según el caso. Al notar situaciones en las que tu enojo, o cualquier otra emoción, se magnifica de forma drástica, podrás comenzar a reconocer patrones.

Si alguien te ignora, tal vez sientas un intenso dolor y hasta desesperación, así que anótalo en algún lado; seguramente te será útil. Al anotar cosas así podrías detectar un patrón repetitivo que te muestre lo que no está sanado dentro de ti. Descubrirías patrones o bucles repetitivos presentes en tu vida, sobre los que podrías trabajar.

La sola práctica de fijarte cuando tus sentimientos se magnifican aumentará tu inteligencia y madurez emocional. Al sentir internamente algo y cuestionárnoslo, comenzamos a ganar dominio sobre nuestras emociones y, con el tiempo, podremos aprovechar esta herramienta para procesar nuestra ira y heridas, de modo que no les sumemos la acumulación de emociones no sanadas en nuestro interior. En pocas palabras, podrás trabajar con las partes no sanadas de ti que desencadenan tal o cual tipo de emociones, y con el tiempo podrás reaccionar al momento sin sumar ninguna emoción magnificada.

¿Qué edad tengo?

Cada uno de nosotros carga con una constelación de diversas consciencias. Esto significa que hay partes de nosotros que se relacionan con nuestro mundo infantil o adolescente, o incluso con lo que éramos hace apenas unos meses. Pero hay una parte de nosotros que opera en el presente, en nuestro cuerpo actual.

Al preguntarte "¿Qué edad tengo?", podrás ver cómo reaccionas ante cualquier situación con la que te topes. Esta pregunta ganará más profundidad cuanto más la formules. Al principio tal vez estés confundido o carezcas de una respuesta precisa. A medida que te hagas esta pregunta podrás darte cuenta de que, ante ciertas situaciones, respondes como un niño o adolescente.

Con el correr del tiempo te percatarás de que algunas situaciones específicas te hacen sentir como un niño pequeño de quien siempre se burlaban, o como un adolescente deseoso de rebelarse contra todo. Incluso podrías sentirte como un bebé que solo quiere a su mamá, o como un veinteañero que quiere "comerse el mundo de un bocado", pero que, muy en su interior, no se siente como adulto.

Podrás identificar patrones. Si ciertas reacciones te hacen sentir como un niño de dos años, deberás tomarlo en cuenta. Si reaccionas en repetidas ocasiones como un niño de dos años, deberás observar ese patrón a profundidad, porque esa parte de ti, el niño de dos años, vive congelada en el tiempo y atrapada en esa etapa de desarrollo.

Mediante la pregunta "¿Qué edad tengo?", obtendrás una consciencia desarrollada y podrás identificar reacciones que provengan de tiempo atrás. Tal consciencia, en sí misma, es curativa. Cuando notamos ciertos patrones, de manera natural comenzamos a cambiar nuestro comportamiento. Si notas que reaccionas como adolescente a todo, con el tiempo cambiarás tus respuestas. Esto es para celebrar y darnos unas palmaditas en la espalda, porque notar que algo sigue atascado en nosotros es signo inequívoco de inteligencia emocional.

Mente contra corazón

El trabajo de sombra es un poco como jugar a los detectives. Nos cuestionamos a nosotros mismos y sobre las situaciones externas, hasta que cesa la necesidad de esos cuestionamientos y podemos sentir y experimentar la realidad desde un estado encarnado. Ya no nos proyectamos más en el mundo exterior. Para esto se requiere de un trabajo de sanación, el cual ocurre al hacernos preguntas frecuentes. Solo así tendremos la capacidad de sentir aquello que fluye a través de nosotros.

Tendemos a vivir atascados en nuestras cabezas. En el mundo moderno experimentamos una dicotomía entre mente y corazón, entre nuestros pensamientos y sentimientos. Marion Woodman entendía el trabajo de sombra y el trabajo de individuación como "volver a poner la cabeza en el cuerpo", porque se trata de permitirnos sentir profundamente algo y luego dejar que la lógica guíe esos sentimientos. Si consideramos el cuerpo como la contraparte del sentimiento y la intuición (típicamente, "lo femenino"), y a la cabeza como el dominio de la lógica y el orden (entendido como "lo masculino"), podremos ver por qué el mundo ha descuidado durante tanto tiempo la polaridad femenina en favor de lo netamente masculino.

El objetivo de esta práctica no es erradicar la polaridad masculina. Una intuición sin lógica estaría desligada de la realidad y se desconectaría del cuerpo y del mundo sensible. Del mismo modo, una lógica sin intuición nos llevaría a una vida sin magia y sin las maravillas de lo desconocido. Si alguna vez experimentaste éxtasis al probar una comida perfecta, se debió al hecho de estar profundamente conectado con el mundo de los sentidos y tu cuerpo.

En un sistema sano y plenamente realizado, la mente y el corazón trabajan juntos para sentir el flujo de nuestras emociones y apreciar profundamente la naturaleza de nuestros cuerpos, mientras que la cabeza ordena las acciones para sentir ese flujo. Imagina que tu mente es la orilla de un río, con límites y estructuras sólidas para que pueda fluir esa corriente de agua, y piensa que, sin esa estructura, tus flujos creativos no podrían hallar una manifestación adecuada en este mundo.

Es una herramienta simple: cuando sientas o pienses algo, pregúntate si proviene de tu mente o de tu corazón. Lo que pasa es que nos hallamos tan acostumbrados a estar en nuestra mente, que podría llevarte un poco de tiempo considerar algo que surja del corazón.

A menudo, lo que surge en nuestra mente son pensamientos de lo que debemos hacer y quiénes debemos ser. Algunos podrán ser pensamientos útiles, pero habrá otros completamente desagradables, falsos, o de plano inútiles. Entonces, cuando te surja algún pensamiento o idea, pregúntale a tu corazón. Poco a poco serás capaz de "escuchar" una respuesta que provenga de un lugar más profundo.

Tu corazón refleja lo que tu alma realmente desea. Tal vez te tome algo de tiempo distinguir esto de lo que te dicte el ego, pero lo que surge del corazón se siente profundamente y tiene resonancia. Se siente como la verdad irrevocable que no podemos negar; esa es la diferencia.

Cuando el corazón habla, llevas esa información a la cabeza, a la mente. Tu alma podría decirte: "Vamos a vivir a Hawái". Pero tu cabeza, tu mente, te dirá que tienes un pariente enfermo que necesita de tu atención y que, encima de todo, no tienes manera de mantenerte financieramente en esas paradisiacas islas. Si vuelves a tu corazón con dicha información, verás que este podría estar tratando de revelarte una verdad más profunda: acaso solo quieras escapar de la realidad. Entonces empiezan las negociaciones entre la cabeza y el corazón. Tal vez faltar un día al trabajo para irte de excursión o para visitar un nuevo restaurante, podría ser el tan ansiado escape.

Inicialmente debes preguntarte si la información que surge en ti proviene del corazón o de la cabeza, pero has de saber que ambas partes tienen su sabiduría, aunque la mente pueda susurrarte mentiras mientras el corazón te espeta una verdad sin lógica. El corazón es el lugar donde viven los sentimientos, a nivel del alma, dentro de nosotros. El corazón nos abre las puertas de entrada al resto de nuestro cuerpo, y nos ayuda a sentirnos y conocernos a un nivel más profundo. Podrás irte encarnando, gradualmente, al preguntarte si algo proviene del corazón o de la cabeza.

Superioridad, inferioridad y competencia

Para revelar más fácilmente tus sombras, cuestiona si tus acciones o pensamientos te hacen sentir superior o inferior a otras personas. Tal vez seas mejor que otros en ciertos aspectos de la vida, porque cada uno de nosotros es mejor y peor en varias cosas. Gracias a esto vivimos en un mundo en el que, con suerte, gente con ciertas aptitudes naturales sigue determinada carrera donde emplea sus dones.

Al ego le gusta defenderse a través de bucles de superioridad o inferioridad. Si bien esto se explica más a detalle en el capítulo referente a los bucles, por el momento basta con decir que el bucle de superioridad o inferioridad nos involucra en una competencia continua con los demás, en un intento por justificar nuestra propia existencia.

Podemos abandonar ese bucle si integramos plenamente nuestras sombras. No querremos sentirnos superiores o inferiores a los demás y ya no proyectaremos nuestras insuficiencias en otras personas. Si tenemos la capacidad de distinguir situaciones en las que nos sintamos superiores o inferiores con respecto a los demás, podremos ver con mayor claridad una parte de nuestras sombras.

Por lo tanto, podrás empezar a cuestionarte más profundamente todo aquello que hayas proyectado o contra lo que te hayas defendido, hasta que logres reclamar y reintegrar una buena parte de tus sombras. Por el momento, solo dedícate a observar en qué momentos te sientes superior o inferior a los demás, y toma nota de las circunstancias, pues es probable que te sientas más o menos en situaciones específicas. Tal vez te sientas inferior a las personas que tienen más dinero que tú, o quizá te sientas superior a gente con menos educación formal. El solo hecho de identificar esto será un gran paso para ir integrando tu sombra.

Imponte límites

A menudo se habla sobre imponer límites a los demás. Se dice que es vital aprender a decir "no", además de definir cuánto de nuestro tiempo y energía estamos dispuestos a gastar en amigos, familiares y seres queridos. De forma ideal, hablamos de relaciones recíprocas en las que podamos sentir que lo que damos equivale a lo que recibimos.

Claro que esto puede cambiar a lo largo de nuestras vidas y en la medida en que experimentemos alguna crisis o necesidad en particular, pues las amistades y relaciones duraderas pueden atravesar fases en las que se requiera de un apoyo más unilateral. Esto es distinto a soportar una relación en la que, de manera continua, nos sintamos consumidos o atrapados y nunca seamos escuchados.

De igual forma, debemos imponernos límites a nosotros mismos. Este es un elemento esencial que pasamos por alto al momento de imponer límites. Como estamos tan acostumbrados a hacer cosas y trabajar, no nos proporcionamos a nosotros mismos un descanso merecido, la relajación necesaria ni las diversiones adecuadas, y sin duda se trata de necesidades elementales en nuestra vida. De hecho, marcan la diferencia entre una vida que valga la pena vivir y otra, muy distinta, vivida con puro piloto automático.

Esto también es importante con el trabajo de sombra, porque a menudo me encuentro con personas con las mejores intenciones de cambiar pero que, en su propio detrimento, se exceden en el trabajo. Esto puede tener severos resultados, como el agobio emocional y hasta la completa desconexión de la realidad. Claro que lo anterior también podría ocurrir como consecuencia de una emergencia espiritual, si lo que surge del subconsciente es demasiado como para procesarlo de manera consciente. Por ello, al efectuar el trabajo de sombra es fundamental estar consciente de ambas posibilidades.

Ten presente que este trabajo ofrece una excelente oportunidad para imponernos límites a nosotros mismos. Habrá periodos de tu vida en los que puedas hacerlo con facilidad, y otros en los que te sientas forzado. Bastará con que desarrolles tu intuición y tengas la capacidad de decir "no". Reconoce si hay demasiadas cosas en tu vida externa, como el trabajo y la familia, o incluso una sana diversión, por lo que tus prácticas internas deban pasar a un segundo plano. La curiosidad, la voluntad o la necesidad de dar el siguiente paso en tu vida pueden ser la llamada de atención para continuar. Y, como se trata de un trabajo profundo que cambia vidas, integrarlo por completo podría llevarte algún tiempo.

A menudo recibo a pacientes que acuden a mí muy agotados y que no reconocen que tienen todo el derecho a estar exhaustos, pues sus vidas y lo que enfrentan, además del trabajo y la atención del hogar, son agotadores. Si no tenemos la capacidad de reconocer que enfrentamos muchas cosas, jamás nos daremos un respiro. Si reconocemos que procesar e integrar algunos cambios emocionales y espirituales es tan agotador como el mismo trabajo físico, podremos darnos tiempo para descansar, sanar nuestra alma y recalibrar nuestro cuerpo.

Si por alguna causa dicho trabajo se torna abrumador, habrá que reconocer que hacer más de lo mismo ya no resultará útil, porque al sentirnos abrumados es necesario que atendamos lo básico de nuestra vida. El ejercicio físico se vuelve necesario para volver a la realidad. Una larga caminata, pasar tiempo en la naturaleza o con amigos y familiares positivos, y participar en actividades placenteras, nos devolverán al momento presente y tendremos lo necesario para procesar lo que nos abruma.

A veces nos obsesionamos con, o incluso nos volvemos adictos a, trabajos emocionales o espirituales en busca de una catarsis. La catarsis puede ser una herramienta importante, sí, pero también solemos buscarla como los adictos buscan su próxima dosis. Una dependencia excesiva a experiencias catárticas nos conduciría a inflar nuestro ego y, en consecuencia, no tendríamos la capacidad de procesar adecuadamente lo que ha surgido o de rechazar cierto trabajo.

Cuando aprendamos a practicar los límites con nosotros mismos, nos daremos cuenta de que la vida tiene flujos. Piensa en esto como cuando la marea sube y regresa al mar: habrá instantes en los que puedas profundizar en tu trabajo interior, así como en todo tu cuerpo y tu vida, y puedas apreciar dónde estás bloqueado y qué debes buscar en tu interior. Habrá otras veces en que la marea vuelva al mar y, durante esos momentos, deberás centrarte en la integración de tu mundo exterior y en poner orden, de acuerdo con tus necesidades físicas básicas, como el descanso, la diversión y las relaciones.

Al reconocer el ir y venir de estas mareas, no tendrás que forzar este tipo de trabajo ni nada en tu vida. Sabrás aprovechar las oportunidades cuando la marea suba para trabajar con tus energías elevadas. Cuando la marea baje, podrás "darte permiso" de tomarte un descanso y no esforzarte tanto. Este ritmo te proveerá lo necesario para que te consientas y el trabajo vaya viento en popa.

Aunque todos tenemos aspectos en nuestras vidas que debemos atender sin menoscabo de cómo nos sintamos, si respetamos el continuo ir y venir de estas mareas veremos que la cultura del hacer y trabajar se desmorona. No siempre necesitamos crecer, hacer algo ni trabajar. Seremos más productivos y entusiastas en momentos en que la marea suba, y menos demandantes cuando haya bajamar, cuando sea más conveniente descansar o atender ciertas necesidades de nuestra vida, sin agregar nada extra a la situación.

Aceptación radical

A menudo cometemos el error de ver a las personas como quisiéramos que fueran, en vez de verlas como realmente son. Ya dijimos que es maravilloso ver las posibilidades de los demás y fomentar ese potencial; sin embargo, pedirle a alguien que se responsabilice de sí mismo antes de que esté listo, es algo inútil y tonto. La forma de amor más profunda que podemos ofrecerle a otro ser humano es aceptarlo por ser exactamente quien es, no por lo que solía ser ni lo que será, y tampoco por como lo imaginamos o por el rol que le hayamos asignado.

Una aceptación radical significa dejar de lado el deseo de cambiar a los demás para ajustarlos a nuestras necesidades. Muchas veces, quizá sin darnos cuenta, ofrecemos "amor transaccional" a quienes nos rodean, y eso no los hace sentir bien. Las personas con las que nos relacionamos quieren exactamente lo mismo que nosotros: amor incondicional y reconocimiento positivo.

A menudo confundimos la aceptación con la aprobación. Podemos aceptar que alguien es un drogadicto que probablemente robaría nuestro televisor si lo dejáramso; podemos aceptar que nuestro jefe sea un patán. Sin embargo, al hacer esto existe el peligro de ubicar a las personas en roles unidimensionales, ya sea como víctimas o villanos. El jefe podrá comportarse como un imbécil, pero podría ser por el estrés del trabajo; cabe la posibilidad de que, ya sea en vacaciones, con sus amigos o mientras pasea a su perro, sea un ser humano encantador.

Ver con claridad a las personas nos permite ir más allá de nuestros propios filtros, que no pocas veces encasillan a la gente. Solemos ver a los demás a través de diferentes lentes mentales, pero dichas visiones no incluyen la totalidad de lo que son. Solo si logramos verlos claramente podremos trascender la ingenuidad y las narrativas infantiles que nos enceguecen ante los rasgos indeseables de los demás. Solo si reconocemos, por ejemplo, que un maestro nos transmite una sensación incómoda y atemorizante, podremos aumentar nuestra capacidad para protegernos de él. Hay un regalo al reconocer plenamente nuestros miedos intuitivos, nuestros sentimientos y hasta nuestras primeras impresiones, y ese regalo es la capacidad de imponer límites y actuar y reaccionar según nuestro entendimiento mental.

La aceptación radical es la capacidad de ofrecer aceptación sin la intención de cambiar a alguien. Cuando aceptamos radicalmente a ese "alguien", lo encontramos a la altura que esté de su proceso; solo que no debemos hacer esto de manera condescendiente, como si se tratara de un menor. La aceptación radical es la capacidad de sentir dónde está alguien y hablarle exactamente en ese nivel. Quienes cultiven esta rara cualidad tendrán mejores relaciones, serán vistos más positivamente y se les comprenderá con más regularidad.

La aceptación radical nos brinda la claridad de ver a alguien por lo que realmente es, y gracias a esta claridad viene la capacidad de tomar decisiones con respecto a nuestra relación con esa persona. Si no estamos dispuestos a admitir que un amigo es un adicto, podremos ofrecerle dinero o invitarlo a nuestra casa para que nos robe. En otro caso, si estamos dispuestos a aceptar que nuestra pareja es distraída, dejaremos de exigirle que recuerde dónde dejó las llaves. Muchas veces, las pequeñas irritaciones que experimentamos solo demuestran la falta de aceptación de los demás.

Esta forma de aceptación acompaña la apreciación de que alguien cambiará solo si así lo desea. No podemos cambiar a los demás. Podremos cambiarnos a nosotros mismos y eso puede que motive, o no, a los demás a hacer lo mismo, pero será necesario, no solo estar en un punto en el que se desee el cambio, sino estar listos para cambiar. De lo contrario, la idea del cambio solo será un sueño.

Rara vez aceptamos que nuestros deseos por cambiar a alguien generan mucho estrés en una relación, pero es un hecho que podemos sentir cuando alguien no nos aprueba, por pequeña que sea su desaprobación. Podemos sentir cuando otra persona no nos acepta plenamente. Cuando aceptamos a alguien, simple y llanamente por lo que es, se le da el espacio necesario a esa persona para que sienta que puede ser quien es sin que nadie la juzgue. Además, así hay menos fricción y resentimientos, tanto tácitos como explícitos, en una relación. Irónicamente, aceptar a alguien por lo que es, a menudo ayuda a que esa persona se sienta amada y apreciada y se decida a cambiar su vida.

Es muy raro sentir el apoyo que proporciona la aceptación radical, pero esta puede sanar la ira y los resentimientos ocultos, además de darnos la esperanza de que quienes nos rodean se conviertan en algo distinto de lo que nos muestran. Si alguien te demuestra quién es, tómalo como una rotunda verdad, pues nuestra conducta, no nuestras palabras, es la que revela quiénes somos en verdad.

La aceptación radical conlleva paz y claridad. Cuando tengas fricciones con alguien, cuestiónate mentalmente si aceptas o no a esa persona por lo que es. Insisto: no tienes que aprobar quién es. Si acaso no aceptas a alguien por completo, pregúntate qué pasaría si lo aceptaras por lo que es, sin la idea de cambiar a esa persona.

Cuanto más te cuestiones si te acercas a los demás con una aceptación radical, más verás cómo deseas cambiarlos, aunque sea un poco, con el fin de satisfacer tus necesidades, gustos y disgustos. Si reconoces lo anterior, podrás darte cuenta de que los demás no necesitan encajar en un casillero específico. Solo cuando te percates de ello podrás liberar a la otra persona de la jaula en la que tú mismo la encerraste, y le permitirás prosperar tal como es.

Cuanto más radicalmente logres aceptar a los demás, más radicalmente te aceptarás a ti mismo.

Parte 2

Trabajo de sombra

*Si espero alguna ayuda que me saque de mi miseria,
provendrá del lado oscuro de mi personalidad.*

Robert Bly

*Si sacas lo que está dentro de ti,
eso que saques te salvará.
Si no sacas lo que está dentro de ti,
lo que no saques te destruirá.*

Evangelio de santo Tomás

Capítulo 6

Cómo desarrollar tu inteligencia emocional

*T*odos estamos destinados a sentir la más completa gama de emociones, pero solo la inteligencia emocional nos permite sentir nuestras emociones de una manera saludable y de modo que nos permita reafirmarnos ante la vida. Al desarrollar la inteligencia emocional sabrás cómo liberar las emociones acumuladas dentro de tu cuerpo, y aprenderás a expresarlas de manera apropiada.

Si aprendemos a trabajar nuestras emociones podremos abandonar nuestro estado de impotencia y victimización para reconocer nuestro poder y capacidad. Solo algunos pocos pasan de mostrar reacciones infantiloides al pleno domino de la inteligencia emocional. En la infancia aprendimos a calmarnos mediante conductas dañinas y pensamientos y mecanismos de defensa destinados a lidiar con emociones que eran demasiado estresantes o abrumadoras. Reconocer que nunca aprendimos a trabajar nuestras emociones de manera inteligente puede ayudarnos a cambiar nuestra forma de relacionarnos, arraigada en nosotros desde temprana edad. Como adultos plenos podemos aprender habilidades que no aprendimos en la infancia o la adolescencia.

Cuando nuestras emociones impulsan nuestros comportamientos solemos responder de forma reactiva desde nuestro subconsciente. A fin de dominar nuestras emociones, debemos estar plenamente conscientes de ellas. Podemos ver a nuestras emociones como mensajeros que nos ofrecen información importante sobre la naturaleza de nuestro entorno y las personas, así como la manera como interactuamos. Si tenemos razones para sentir miedo, vergüenza, ira, tristeza, alegría o dolor, estas emociones nos quieren decir algo.

Si estamos fuera de contacto con nuestras emociones, a grado tal que sean ajenas a nuestro control consciente, les temeremos, pues se habrán vuelto sombra. Como resultado, tales emociones nos llevarán a reacciones que no seremos capaces de controlar.

En cambio, cuando nuestras emociones están encarnadas, las sentimos plenamente y en el momento presente; esto significa que ya no acumulamos emociones, no las almacenamos en nuestro cuerpo ni tampoco las proyectamos al exterior; simple y sencillamente reconocemos que son meras energías y que, por lo mismo, podemos decidir cómo responder a ellas.

Por ejemplo, si sentimos enojo, podemos optar por permanecer en silencio, abandonar la situación, discutir, ser diplomáticos o golpear a alguien en la cara. También podríamos dejar de lado nuestra ira y bailar o participar en otras actividades creativas y personales, en las que la ira nos sirva de combustible. Todas estas opciones estarán disponibles para nosotros si encarnamos nuestra sombra. Ahí radica el asunto: en la capacidad de emplear nuestras emociones como combustible para tomar decisiones conscientes sobre qué hacer con nuestra energía.

El propósito del trabajo de sombra consiste en integrar todos los aspectos de nosotros mismos para convertirnos en seres humanos completos y, gracias a esa integración, recuperar cada vez más las proyecciones e ideas que hemos depositado en el mundo para poder ver la realidad, así como a las personas que la habitan, con mayor claridad. Solo así podremos tomar decisiones conscientes sobre cómo actuar y quiénes ser.

Uno de los aspectos más importantes en la construcción de la inteligencia emocional radica en validar nuestras emociones. Tenemos razón al experimentar cualquier emoción que sintamos en el presente, así como también tuvimos razón al experimentar cualquier emoción sentida en el pasado. A menudo buscamos castigar, avergonzar o intimidar a nuestras emociones cuando surgen: No debería estar tan deprimido. ¡Es tonto estarlo! Tengo un techo, y muchas personas no cuentan con él. O: No debería enojarme, porque las personas espirituales no tienen esos sentimientos. Otro ejemplo de cómo nos avergonzamos a nosotros mismos, así como a los demás, es decir o pensar: Ya deberías haber superado este dolor.

Aunque tratemos de acallarlas y nos esforcemos por no sentirlas a plenitud, nuestras emociones no desaparecen. Residen en nuestro interior, buscando que las experimentemos en toda su amplitud. Tal como nunca criticaríamos a un niño por sentirse triste, no deberíamos avergonzarnos o lastimarnos por no haber "superado" cualquier sentimiento o situación que hayamos experimentado. Solo podremos dejar atrás nuestros traumas o emociones contenidas y no procesadas en nuestro interior si reconocemos nuestras emociones, porque tienen derecho a ser vistas, escuchadas y validadas.

Nunca "trascendemos nuestras emociones". Si no sentimos nuestras emociones plenamente, las estaremos pasando por alto espiritualmente. Muchos intentamos pasar al perdón y a la empatía, sin permitirnos sentir la ira y el dolor que, con toda justificación, debiéramos experimentar por lo que una persona o situación provocó. Hasta que no las sintamos a plenitud, no podremos aceptar lo que hemos experimentado. La aceptación, no el perdón prematuro, es lo que nos permite avanzar en la vida.

Algunas emociones son demasiado grandes como para que nuestro cuerpo las procese, por lo que se deben sanar a través de relacionarnos con los demás o con la familia, sea la familia biológica o no. Dichas emociones necesitan ser presenciadas por otros para verlas objetivamente y en su justa medida. Si logramos que nuestra vulnerabilidad sea vista de manera segura por alguien más, tendremos las bases para lograr una conexión auténtica, pues sin duda se trata de algo inmensamente curativo.

Aprendimos a no mostrar nuestra vulnerabilidad porque, lamentablemente, vimos que nuestros corazones pueden ser usados en nuestra contra. Tal vez aprendamos más tarde que ciertas personas pueden considerar sagrada nuestra vulnerabilidad más profunda, pero siempre y cuando se trate de las personas correctas.

Podemos y debemos hacer mucho por nosotros mismos de manera individual. Parte de la inteligencia emocional consiste en reconocer cuándo necesitamos que otra persona nos ayude a salir del estancamiento. Solo podremos perdonarnos a nosotros mismos cuando reconozcamos que nuestra carga emocional es lo suficientemente significativa como para buscar apoyo. No hay necesidad de sufrir solos cuando otros pueden ayudarnos.

Emoción

La palabra emoción proviene del verbo latino emovere, que significa mover, trasladar. Así, vemos que nuestras emociones están destinadas a fluir. Al igual que el clima, están destinadas a pasar. Podrá llover en nuestra campiña interior durante días, pero si nos permitimos sentir las emociones, la tormenta pasará.

A menudo nos resistimos a sentir nuestras emociones, sobre todo las más oscuras, como dolor, desesperación, rabia, pánico, depresión y soledad. Con el trabajo de sombra podemos aprender a enfrentarlas de manera "amistosa". Incluso ante el peor de los pánicos, o en la peor de las desesperaciones, podremos sentarnos con nuestras emociones y experimentarlas en el momento presente, en vez de ignorarlas, resistirlas o proyectarlas sobre los demás. Esto solo puede lograrse si reconocemos que incluso las emociones más difíciles pasan a través de nosotros, y que si nos permitimos sentirlas lo hacen más fácilmente.

Sentir nuestras emociones es, a menudo, un proceso que lleva tiempo. Si recién comienzas a hacerte "amigo" de tus emociones, permítete sentir pequeñas cantidades de ansiedad, celos o tristeza. No hay necesidad de ver el abismo más oscuro en tu primer día de trabajo de sombra. Recuerda que este trabajo implica imponernos límites y dar pequeños pasos un poco fuera de nuestra zona de confort, pero sin sobrecargarnos. Si surgen demasiadas emociones o una en particular que necesitemos procesar con otros en lugar de hacerlo nosotros mismos, podremos hacerle saber a nuestro cuerpo que tal vez no sea el momento adecuado para sentir tal o cual emoción. Por eso es importante imponernos límites que nos permitan autorregularnos y hacer que nuestra mente y cuerpo los aprendan. Tan solo se trata de una habilidad que quizás no habías aprendido.

Con la práctica, tanto tu cuerpo como tus emociones sabrán lo que tienes que hacer o decir. Si valoramos y sentimos nuestras emociones paulatinamente, podremos decir "no" a los demás y también a nosotros mismos (se abunda en el tema en este mismo capítulo). Aprenderemos a decir "sí" a sabiendas de que, sin importar cuán terrible sea lo que sintamos, eso pasará través de nosotros.

Con la inteligencia emocional podemos empezar a relacionarnos de manera hábil y sana con nuestras emociones. Si nuestras vidas están llenas de incertidumbre y estrés, tendremos los medios para afrontar lo que el futuro nos depare. Dejaremos de victimizarnos y nos volveremos adultos competentes, capaces de reconocer que si luchamos es por el solo hecho de que somos humanos. Sí, la lucha es inevitable, pero aprender a soportar los dolores de la vida, con resiliencia y habilidad, es la meta cuando somos emocionalmente inteligentes.

Intuición, instinto y emociones

Cada una de nuestras emociones tiene una razón de ser, una inteligencia innata y un mensaje que ofrecernos. Son como ondas que se mueven a través de nosotros, y nos otorgan información sobre quiénes somos y acerca de todo con lo que interactuamos. Si estamos dispuestos a escuchar, podremos reconectarnos con nuestra intuición y fuerzas internas, pues no podemos procesar a través del intelecto y la lógica la información instintiva que nos ofrecen.

Muchos hemos anulado nuestra intuición debido a que el mundo nos enseña que esta y los sentimientos son ilógicos o que, de plano, son algo que no vale la pena escuchar. Así se soslaya el hecho de que nosotros desarrollamos instintos por una buena razón. De niños, nuestra intuición es anulada por los padres, la escuela y los amigos que tienen diferentes sistemas de valores, los cuales seguimos "solo para pertenecer". Es una táctica de supervivencia, ya que en un modo más profundo e instintivo asociamos que, por ser atípicos, corremos el riesgo de ser expulsados de nuestra tribu, sea la familia o nuestro círculo social, lo que nos llevaría a una supuesta muerte. Aprendemos a oír a los demás, en vez de oírnos a nosotros mismos.

Por ejemplo: por temor a ser descortés, una mujer que viaja en el autobús decide ignorar la sensación que le provoca el extraño actuar de un hombre. A continuación, este la agrede. Un hombre puede albergar sentimientos extraños sobre la madre de un amigo de su hijo y no logra impedir que este vaya a su casa; más tarde se entera de que la mujer es violenta y abusiva. Son ejemplos extremos, pero nos enseñan la gravedad de lo que pasa si no prestamos atención a nuestra intuición e instintos.

Por otro lado, como resultado de un trauma no resuelto podríamos vivir en un estado de hipervigilancia, donde nuestra intuición nos advirtiese incorrectamente sobre personas o situaciones que no son peligrosas. Esto podría ser consecuencia de haber sido victimizados y, por lo tanto, no actuar de acuerdo con nuestros instintos. En este caso, viviríamos atascados en nuestro propio sistema, con una luz intermitente gigante que parpadea cada vez que enfrentemos circunstancias que nos recuerden la situación original.

Por ejemplo, si un padre está enojado todo el tiempo con su hijo, el niño tendrá miedo de correr y esconderse, porque sabe que será castigado si lo hace, y eso lo conducirá a tener respuestas instintivas confusas más adelante en la vida. Ya como adulto, tendrá dificultades para salir de ciertas situaciones, aunque intuitivamente sepa que debe hacerlo. Incluso en circunstancias menos traumáticas, cuando aprendemos de las figuras de autoridad, como padres, escuela, compañeros y cultura popular, que lo que sentimos y sabemos de modo intuitivo está mal, aprendemos a anular nuestros instintos e ignorar lo que nuestro cuerpo nos quiere decir a través de nuestras emociones. En muchos sentidos, el trabajo de sombra consiste en aprender a escuchar nuestros sentimientos e instintos. Como escribió Shakespeare, "sé fiel a ti mismo". Desarrollar el yo implica ir más allá del mar de pensamientos, opiniones y percepciones de los demás para descubrir lo que realmente sentimos, queremos y necesitamos.

Emociones de cuerpo y alma

Nuestra vitalidad se encuentra en la más oscura de nuestras emociones. La rabia encarnada da lugar a la vitalidad y pasión; sin ira no tenemos vida, nos falta la chispa de la creatividad que nos permite vivir nuestros días con sentido. Dentro de nuestra tristeza y el dolor de todo lo que hemos perdido yace la pureza del amor.

No podemos conocer la felicidad, a menos que tengamos algo con qué contrastarla, como la melancolía, la estupefacción, el estupor o la angustia. Nuestra desesperación revela nuestra disonancia cognitiva, por lo que la manera como vivimos entra en conflicto con nuestros verdaderos valores. Lo que creemos ser y en lo que nos hemos convertido entran en desacuerdo.

El enojo nos indica que hay una violación a los límites: leve, si sentimos irritación; moderada, si sentimos ira; grave cuando sentimos rabia. Cuando le prestamos atención a la ira, entendemos nuestros límites y creamos otros que honren lo que somos.

Nuestro odio y nuestra ignorancia evitan que veamos lo que es intolerable en nosotros mismos. Las divisiones más marcadas en nuestro interior siempre se manifiestan en nuestro aborrecimiento a "los otros". Si logramos ver la humanidad en los demás, la fuerza del odio retornará a su fuente original: el odio hacia nosotros mismos.

A medida que hacemos el trabajo de sombra surge el dolor de la separación, además de otros sentimientos, como miedo y rabia, que tanto reprimimos por mucho tiempo.

Nuestras emociones constituyen una forma de energía vital en nuestro interior. Todo aquello que no nos hemos permitido sentir o expresar se estanca en nuestro cuerpo. Las emociones son puertas hacia la sombra, y nos llevan a una mayor comprensión del yo.

Nuestras emociones son increíblemente multifacéticas. El duelo no es simplemente dolor; es dolor con rabia, dolor con desesperación o incluso dolor con añoranza. Cuando finalmente nos sentamos con nuestras emociones, nos encontraremos con nuestra voz y con algo que desea ser escuchado. Solo hasta entonces podremos escuchar los verdaderos mensajes. Bajo la voz de la ira a menudo encontramos amargura, decepción y dolor, y nuestra melancolía no revela sino una falta de sentido y propósitos. Si podemos oír esas voces y hacerles caso, podremos encontrarnos con nuestra alma.

El secreto para recuperar nuestra pasión, vitalidad y creatividad está en nuestra oscuridad. Solo si abrazamos nuestro lado oscuro y vivimos nuestras emociones seremos capaces de liberarnos. Solo a través de la exploración de nuestras emociones más oscuras podremos recuperar nuestro entusiasmo por vivir, nuestro poder y la pasión por la vida.

Solo a través de nuestras emociones podemos saber lo que nuestra alma nos dicta. Se trata de una tranquila voz interior que nos dice no solo lo que está mal en nuestras vidas, sino también lo que está bien. Nos dice cuán apreciados y valiosos somos y cómo podemos contribuir al mundo, con el deseo de que vivamos verdaderamente. Esta voz es individual, nunca es como la de otra persona, porque la forma de crear significado en tu vida no es algo que te dé la sociedad o tus padres; es algo guiado por el alma, de manera individual. Acceder a esta voz, a través de nuestras emociones, significa llenar el agujero en el alma que crea soledad, aislamiento y desesperación dentro de cada uno de nosotros.

Aunque en la superficie la inteligencia emocional tiene que ver con procesar emociones pasadas y permitir que se sientan las presentes, en un nivel más profundo tiene otras implicaciones. Fluir con nuestras emociones y permitir que se muevan a través de nosotros nos permite tener acceso a nuestra vitalidad y creatividad innatas. Podemos pensar en nuestras emociones como una fuerza creativa mal canalizada, pero trabajar en concierto con esa fuerza nos realinea con nuestras emociones a fin de sentir toda nuestra vitalidad y expresar libremente nuestra creatividad.

Nuestras sombras representan grandes aspectos de nosotros mismos que gobiernan nuestras vidas, aunque no lo reconozcamos de manera consciente. Cuando una parte de nosotros mismos no está integrada, permanece fuera de nuestro control consciente. Solo cuando logremos integrar nuestras sombras seremos capaces de entenderlas y podremos trabajar con esa parte de nosotros mismos.

Por ejemplo, si crees que enojarse no es propio de una dama, sin importar tu género podrías tener una gran reserva de ira no procesada y no integrada que se ha vuelto sombra. O tal vez quieras demostrar a los demás que el mal llamado "sexo débil" está lleno de rabia, por lo que actuarías de acuerdo con esa rabia, la cual puede entrar en erupción y lanzar ríos de lava. De tal suerte, algo realmente pequeño podría provocar que hiciera erupción un volcán de rabia reprimida.

Cuando tenemos la capacidad de sentir que la ira fluye a través de nuestro cuerpo —ira aceptada y validada por lo que es—, podemos dirigir ese flujo para que se convierta en creatividad, pasión o combustible para sanar injusticias. En su forma más pura, nuestras emociones son el lenguaje de nuestra alma, por lo que sentirlas todas plenamente nos da acceso directo a un flujo creativo, pasional y vital.

El sistema nervioso

Imagina tu sistema nervioso como una serie de cables que transmiten información desde abajo, desde el sistema digestivo y el sistema nervioso entérico al cerebro, y desde el cerebro al cuerpo.

En el cerebro, las estructuras del hipotálamo y el sistema paralímbico, incluida la amígdala, resultan cruciales para tu regulación emocional. Son como el puesto de mando o los reguladores de nuestro sistema nervioso, encargados de transmitir mensajes como respuesta a su entorno, los cuales experimentamos como emociones intensas, por ejemplo, la ira y el miedo. Tales mensajes se perciben como una respuesta ante amenazas percibidas en el entorno tras activarse el sistema nervioso simpático. Todo esto da lugar a ciertas reacciones fisiológicas, como el aumento de la frecuencia cardiaca, problemas digestivos y demás respuestas de tipo endócrino.

En pocas palabras, si experimentamos una amenaza en nuestro entorno, nuestro cerebro responderá dando origen a la emoción del miedo, y este comunicará a nuestro cuerpo el mensaje de que debemos luchar, huir o congelarnos para sobrevivir. Un cerebro sano responde adecuadamente a las amenazas, por lo que hay razones para pensar que necesitemos sentir una oleada de adrenalina y miedo, acompañada de latidos cardiacos rápidos, siempre que requerimos encontrar a un hijo perdido, por ejemplo, o trasladar a un ser querido al hospital. Nuestra mente y cuerpo son maravillosos y, cuando funcionan bien y en sincronía, pueden responder a nuestro entorno y a cualquier situación de una manera adecuada.

Si nuestro cerebro se ve afectado por un trauma, los mensajes pueden ser confusos o estar fuera de sincronía, y podríamos instalarnos en un estado de agobio continuo debido a traumas pasados, por lo que "se nos quemarían los cables" y no se transmitirían con precisión los mensajes. Incluso podríamos optar por congelarnos en una situación en la que huir sería lo más conveniente y la mejor respuesta. O es posible que tengamos una respuesta arraigada, como la adulación (que comentaremos más adelante), lo que nos impediría reconocer las amenazas y a las personas que puedan causarnos daño.

Durante la infancia, una parte diferente de nuestro cerebro se desarrolla cada cuatro años. Pero si se produce un trauma causado por alguna negligencia emocional, por la falta de seguridad o por la ausencia de modelos positivos, una parte de nuestro cerebro no se desarrolla por completo. Y no solo eso, sino que el cerebro no espera y pasa a la siguiente etapa de desarrollo. Cuando revisamos a nuestro niño interior (véase el capítulo ocho), podemos identificar partes de nosotros mismos que no se desarrollaron adecuadamente, y trabajar en ellas.

Recordemos que nuestro cuerpo es un depósito de emociones que transmiten mensajes al cerebro. Si esos mensajes son emociones que siguen sin integrarse, podrían manifestarse como avisos continuos de miedo o como sentimientos de inmenso dolor enviados una y otra vez. También podría aparecer un diálogo interno negativo, como "No soy digno de…" o "Todo el mundo me odia".

Solo si sanamos las emociones que subyacen en nuestro cuerpo, los mensajes de este tipo cesarán y los veremos claramente, tal como son. Si vemos que un mensaje como "Estoy solo" o algún otro sentimiento de desesperación se activan continuamente en nuestro sistema, podremos ir directamente a ese sufrimiento central para resolverlo.

La amígdala es el amplificador del cerebro y se encarga de procesar lo que es importante en su entorno, incluidos los factores estresantes y el miedo. El hipotálamo y el sistema límbico son los reguladores emocionales de nuestro cerebro que, al igual que la amígdala, pueden aprender a regularse de nuevo. Esto se logra si sanamos traumas pasados y nos volvemos hábiles para trabajar con las respuestas emocionales que damos en el presente.

Nuestro cerebro consta de tres "capas". La primera capa, la más antigua, es nuestro cerebro reptiliano, que contiene nuestras respuestas instintivas y animales. El sistema límbico es la segunda capa, que en buena parte es responsable de la emoción. Y la corteza cerebral es la tercera capa, responsable del pensamiento superior y la lógica. Cuando estamos en un estado de sobrecarga emocional, de pánico o incluso de estrés, la corteza cerebral, nuestro "cerebro pensante", se apaga y operamos desde las otras dos capas.

Si vivimos en un estado constante de miedo e hipervigilancia, a todo lo trataremos como una amenaza, lo cual significa que no seremos capaces de reconocer ni responder a las amenazas reales que haya en nuestro entorno. Si nos adentramos a fondo en nuestra actual realidad emocional, nuestro sistema nervioso responderá mejor y con mayor precisión a los estímulos que nos rodeen y podrá medir claramente las amenazas y la gravedad que representen. Esto se debe a que no se atascará en mensajes repetitivos del pasado, pues nuestros "cables" nerviosos transmitirán mensajes claros de la actualidad.

Nuestro sistema nervioso adopta diversos estados cuando se siente amenazado, y algunos de ellos pueden salvar vidas en determinadas situaciones. Podemos congelarnos si un depredador peligroso está cerca, o huir si alguien pretende asaltarnos o nos dispara. Siendo menos drásticos, también podemos abandonar una situación alejándonos o huyendo si nos damos cuenta de que podría estallar una discusión o un pleito.

El sistema nervioso de cada persona tiene una tendencia dominante con respecto a cómo reaccionar. Esto es algo para tener en cuenta, pues puede no ser la mejor respuesta en todas las situaciones. En pocas palabras, abstraerse o congelarse puede ser una respuesta automática ante una pareja molesta, pues así se evitan discusiones a corto plazo. Pero, a largo plazo, aprender a ser hasta cierto punto agresivo y pelear (discursivamente) te sacará del congelamiento y te llevará a una capacidad de respuesta saludable para cada situación.

Todos podemos aprender a tener acceso completo a nuestro sistema nervioso. En los siguientes apartados conocerás herramientas que te ayudarán a responder ante diversas situaciones.

Luchar

Luchar puede ser una respuesta muy física, como cuando se golpea a alguien. Pero también puede consistir en una discusión o un conflicto interiorizado, en cuyo caso se convierte en una guerra entre dos partes de ti mismo. Ver esta pelea con claridad puede hacer que ambas partes hallen una solución y que el conflicto termine.

En su forma más saludable, la lucha es la respuesta correcta a toda amenaza. Si no tuviéramos acceso a este recurso seríamos incapaces de golpear a quien nos golpeó. Tampoco podríamos discutir con quien necesita que alguien le haga frente. Si no contáramos con suficiente disposición a la lucha en nuestro sistema, seríamos pasivos y nos limitaríamos, infructuosamente, a esperar que los conflictos desaparecieran.

Darla quiere que los demás la vean como una persona buena y amable, y no comparte sus opiniones por miedo a lo que los demás piensen de ella. En el fondo, Darla desea ser auténtica y compartir sus opiniones y pensamientos, pero permanece pasiva y congelada. Gracias al trabajo de sombra, Darla reconoce que ya no desea ser pasiva y silenciosa en su vida, así que comienza a compartir sus opiniones y pensamientos con los demás, aun cuando a algunas personas pueda no gustarles lo que tiene que decir. Al volverse más asertiva, ha aprendido a "luchar" de una manera saludable, pues se muestra como es en verdad y logra conectarse con los demás. Se da cuenta de que tal vez a la gente no le guste si es pasiva y dócil, y también puede que no le guste si es plenamente ella misma… por lo que decide sencillamente ser auténtica.

Uma reacciona a cualquiera que le diga algo negativo, por lo que se enoja y responde de mala manera. Cree que la gente se aprovechará de ella si se descuida, así que una y otra vez se encuentra en situaciones en las que siente que los demás se aprovecharán de su persona y, como respuesta, discute, calumnia y corta el contacto con quienes siente que pueden dañarla o ya le han hecho daño. Si Uma examinara a la niña interna que le hace sentir que necesita pelear, liberaría su ira y reconocería que los conflictos no tienen por qué conducir a rabietas u otro tipo de respuestas inmaduras.

Para participar en una pelea resulta útil aprender a luchar físicamente. Entrenarnos en prácticas como el boxeo, el levantamiento de pesas o las artes marciales nos ayuda a fomentar ese instinto biológico. De igual forma, trabajar con las partes de nosotros mismos que dudan o se resisten a pelear, puede permitirnos acceder a ese instinto cuando sea necesario.

Aprender sobre conflictos y sobre cómo resolverlos puede fortalecer nuestro instinto de pelea o lucha verbal. Debemos observar las partes de nosotros mismos que tienen dificultades para ser asertivas o beligerantes cuando es necesario.

Huir

Escapar de un atacante o de un animal salvaje es, muy a menudo, la manera como imaginamos el acto de huir. Esto es cierto, sí, pero no es así como se presenta la huida en nuestra realidad cotidiana. Abandonar una situación, salir a caminar, pasar más tiempo en el auto, ensimismarnos en el celular, quedarnos en la oficina o la escuela hasta tarde o escondernos en nuestra habitación, también son formas de huir.

Naveed está increíblemente estresado por su trabajo y por la vida familiar. Su esposa, Medina, se queda en casa con sus dos hijos pequeños, pero vive arrepentida por esa decisión, por lo que suele estar frecuentemente enojada y denigrar a su marido. Por ello, Naveed pasa una hora después del trabajo, todos los días, en su automóvil, fumando y viendo su teléfono, en vez de ir a casa.

Sara odia volver a la casa paterna para las vacaciones, porque su madre siempre la crítica y su hermano la molesta por su peso y su forma de comer. Cuando Sara visita a sus papás, sale con frecuencia o se ofrece para hacer mandados y escapar de la situación.

En sus formas más leves, huir es un método de evasión y puede ser una habilidad saludable. Salir a caminar es una solución completamente positiva para Sara, sobre todo si una parte de ella quiere pelear. A Naveed le convendría buscar una solución para ayudar a Medina y su familia, solo que necesita reunir considerables recursos internos para enfrentar una realidad en la que se siente miserable. Reconocer que su actitud es una huida le permitiría apreciar claramente su miseria y, eventualmente, tomar medidas para resolverla.

Congelarse

Nos congelamos cuando resulta biológicamente ventajoso. Queremos permanecer ocultos por miedo a que un depredador nos encuentre, así que nuestro sistema nervioso se congela al verse abrumado con tanta información por procesar. Es como tratar de beber un batido demasiado espeso que no sube por la pajilla. Nos conviene sentarnos y esperar a que las cosas se tranquilicen para poder procesar los estímulos.

También nos congelamos cuando no podemos tomar una decisión o cuando surge un conflicto importante dentro de nosotros y nos quedamos atrapados entre dos opciones: quedarnos o irnos. ¿Deberíamos hacer esto o aquello? Nos congelamos cuando no estamos seguros de lo que debemos hacer a continuación. También nos congelamos cuando sabemos, de manera instintiva, en qué dirección debemos ir, pero tememos darle un giro a nuestra vida. Hay personas que permanecen en una relación mucho después de que esta se terminó, y si lo hacen es simple y sencillamente porque se quedan congeladas por miedo.

Monique sabe que su relación con su pareja, Wendy, ha terminado. Ya no se hablan y ni siquiera se gustan, pero el hecho de ser copropietarias de una casa y tener un hijo, ese razón suficiente para que Monique permanezca en la relación. Aunque se siente miserable y sabe que su creciente desprecio por su pareja no es una buena señal, como no quiere lidiar con la carga emocional de Wendy se dedica a ver televisión en exceso y a beber, con la finalidad de sobrellevar la situación. Si Monique reconociera que su relación se terminó, lo cual ocurrió hace mucho tiempo, sería capaz de salir con éxito del congelamiento para pasar a la acción y tomar decisiones.

Cuando uno está en modo de congelamiento es útil moverse tanto como sea posible. Sal a caminar, mueve los dedos o al menos inhala y exhala lentamente. Estos pequeños movimientos ayudan a salir del estado de congelamiento, que nos convierte en seres pequeños y timoratos. La mejor manera de evitarlo es recuperar nuestro poder: actuar, tomar decisiones y debemos trabajar cualquier parte de nosotros que desee permanecer pequeña e impotente hasta que se sienta lo suficientemente segura como para ser vista y escuchada.

Indiferencia

Mientras que pelear, huir o congelarse son respuestas del sistema nervioso ampliamente conocidas, la indiferencia es otra de ellas que, aunque menos popular es increíblemente común.

Cuando funcionamos a un nivel básico en nuestras vidas, sin resiliencia y sin entusiasmo, vivimos un estado de indiferencia. No es un estado de congelamiento, porque congelados no podemos funcionar bien. En un estado de indiferencia seguimos los derroteros de nuestras vidas, pero sin aportar nada más. Los pasatiempos, los amigos y los intereses disminuyen o desaparecen. Es una manera de pasar nuestro tiempo hasta la inevitable muerte.

Mark se describe a sí mismo en un continuo estado de melancolía. Va a trabajar, llega a casa y ve televisión o juega videojuegos hasta que se va a la cama… Al día siguiente repite el ciclo. No obtiene alegría alguna del trabajo y se siente desolado y adormecido mientras ve televisión o juega videojuegos. Si come, solo es como sustento. Mark no tiene sentido ni propósito alguno en su vida; se siente como si estuviera en piloto automático la mayor parte del tiempo.

Es un hecho que hay muchas cosas en la vida que necesitamos superar, como el estado de indiferencia, porque millones de personas están atrapadas sin reconocer que podrían redescubrir el significaco y el propósito de su existencia. Aprender a conectarse con los demás y con el mundo le serviría a Mark para salir de ese estado. Tener a alguien que atestiguara el peso de sus sombras le ayudaría a descubrir, de nuevo, algo de vitalidad no solo en su vida diaria, sino también en su organismo.

Adulación

La adulación surge a partir de un patrón aprendido que consiste en poner a los demás antes que a uno mismo. Cuando adulamos es porque aprendimos, en algún momento, que tenemos que agradar a los demás o cuidar de ellos para estar seguros.

Si alguien se vale de la adulación o el halago es porque aprendió que no es importante y necesita hacerse lo más pequeño posible. A menudo se trata de personas que se sienten frustradas por el solo hecho de ver y oír a individuos más ruidosos que ellas, por lo que se hacen invisibles. Lo que no saben es que se han hecho invisibles como un mecanismo de defensa, porque adular representa convertir en sombra grandes partes del yo. Las personas que tienen la adulación como rasgo dominante tienden a seguir carreras de ayuda, las cuales les permiten poner a los demás en primer lugar. De este modo, evitan tomarse la molestia de establecer una personalidad individual o descubrir sus necesidades y deseos personales y aprender a expresarlos.

Roberto es un terapeuta al que le encanta que su trabajo sea dar servicio, aunque frecuentemente se encuentra agotado y molesto por las necesidades de sus clientes. Siempre está a disposición de sus pacientes y muchos le agradecen por esto, ya que incluso les envía mensajes de texto, correos electrónicos o les ofrece algo de tiempo entre sesiones. Cuando Roberto va a terapia, se da cuenta de que siempre pone a los demás primero y eso le impide vivir su propia vida: se ha entregado en cuerpo y alma a sus pacientes. Si Roberto fijase límites apropiados y considerara lo que quiere para su propia vida, sería capaz de pasar del agotamiento continuo a cuidarse a sí mismo y considerar sus necesidades y deseos.

Servir a los demás es un hermoso detalle en nuestras vidas, pero poner a los demás primero, eclipsando cualquier sentido del yo individual, es sumamente perjudicial. Además, la gente que adula se encontrará con su némesis, con su arquetipo opuesto: individuos conflictivos que solo buscan atención. De este modo, se cumplen los roles opuestos que ambos individuos han asumido: el que busca ser el centro de atención y el cuidador ávido de halagar.

Salir de este estado de complacencia implica reconocer la importancia vital de ponernos en primer lugar. Al establecer un sentido del yo y descubrir sus propias necesidades, deseos y límites, el adulador puede seguir siendo un maravilloso cuidador de otros; sin embargo, ya no será un mártir dispuesto a sacrificarse para confortar a los demás.

Iniciación a la edad adulta

Resulta difícil que alguien trascienda sus respuestas condicionadas por la infancia. Al convertirnos en adultos iniciados podemos reconocer todo lo que hemos dejado atrás, todo lo que permanece en la sombra, y acogerlo de nuevo en nosotros. En la sombra no solo descubrimos nuestro dolor, nuestro miedo y nuestros traumas, sino también nuestra inocencia, nuestros juegos, nuestra alegría y nuestro entusiasmo por vivir.

Hay una gran diferencia entre la perspectiva del yo adulto y la consciencia de un niño interior de cinco años, pues el adulto puede entender, con claridad, por qué el niño de cinco años está lleno de rabia, y diseccionar las circunstancias con perspicacia psicológica. El adulto puede contar una y otra vez la historia sobre lo que experimentó ese niño de cinco años. Pero, a menos que ese niño de cinco años pueda expresarla corporalmente, esa rabia seguirá ahí. Sanamos mediante las sensaciones auténticas.

Todos tenemos partes de nosotros mismos completamente iniciadas en la edad adulta, pero también hay partes de nosotros que siguen atrapadas en la infancia, la niñez o la adolescencia, o la persona que éramos hace seis meses. El "niño interior" de una mujer de sesenta años podría ser su yo de treinta y cinco años, que lucha con su iniciación en la maternidad. Necesitamos tiempo y espacio para reconocer con claridad a nuestros antiguos yo, y descubrir cuáles de sus necesidades siguen insatisfechas.

Cualquier momento de desarrollo es un tipo de iniciación. Nos casamos, damos a luz, nos mudamos, nos graduamos, nos divorciamos, sufrimos la pérdida de un trabajo, la muerte de seres queridos y nos enfermamos, y todas son situaciones en las que un yo anterior puede quedarse atascado en su desarrollo. De hecho, podemos estancarnos en una parte significativa de nuestra identidad que todavía se siente incompleta o insatisfecha. Por ejemplo, aunque había querido dar a luz por vía vaginal, una mujer se vio obligada a someterse a una cesárea. El primer encuentro sexual de un sujeto fue decepcionante. Una niña no recibió el pastel de cumpleaños que quería porque su hermana, la favorita de su madre, eligió otro sabor. Una corredora se lesionó la rodilla, lo que puso fin a sus planes de tener carrera atlética en la universidad. Un hombre se pregunta cómo, a sus cincuenta años, terminó como gerente de ventas, cuando su yo infantil quería ser bombero.

Las iniciaciones más grandes a las que nos sometemos están en los extremos de la existencia: el nacimiento y la muerte. Entre ellos tenemos iniciaciones en muchas etapas distintas de desarrollo, incluida la infancia, la niñez, la adolescencia, la edad adulta y la ancianidad.

Probablemente conozcas a gente atrapada en alguna de estas etapas de desarrollo. Está, por ejemplo, el amigo que siente que por principio debe rechazar todo lo asociado con la cultura pop, porque se quedó atascado en la adolescencia; el miembro de la familia que continuamente rompe en llanto porque carece de la capacidad de regular emocionalmente sus propias necesidades y gratificaciones, por lo que es un niño eterno; el vecino que vocifera sobre política solo porque sigue atascado como bebé; o el amigo que no ha desarrollado un sentido del yo, pero que absorbe las emociones y los estados de ánimo de los demás, solo por vivir atrapado en la infancia.

Solo si notamos estas etapas de desarrollo en los demás podremos ser empáticos con ese tipo de gente. Debe ser difícil habitar un cuerpo de adulto y vivir atrapado en etapa infantil del desarrollo. Debe ser difícil vivir como adulto y luchar continuamente como adolescente para no sentir todo de manera tan dramática.

Identificar estas etapas de desarrollo en nosotros mismos nos ayudará a saber dónde podríamos estar atascados y proceder a una sanación. Para que todas las partes de nosotros mismos sean iniciadas en la edad adulta, debemos satisfacer las necesidades esenciales que no fueron satisfechas a una edad más temprana, como ser escuchados, apoyados o amados. Si algo se queda incompleto, al trabajar con el niño interior (*véase el siguiente capítulo*) y preguntarnos "¿Qué edad tengo?", tendremos la capacidad de empezar a reconocer e integrar esas partes de nosotros mismos.

Al trabajar con el niño interior también es importante entender el impacto de iniciar el trabajo demasiado pronto. Por ejemplo, una adolescente que se emancipa de sus padres a los quince años puede ser "empujada" a la edad adulta, y es probable que muchos años después siga sintiéndose como esa jovencita que trata de actuar como adulta sin saber cómo lograrlo.

Estas podrían ser otras iniciaciones tempranas: tener la primera menstruación a los ocho años, o un encuentro sexual a los diez, o en cualquier momento, si no estamos listos. Durante nuestra infancia estamos destinados a vivir en una especie de "cápsula de la ignorancia". Si por alguna razón conocemos antes los males y la oscuridad del mundo adulto, habrá problemas con nuestro desarrollo emocional.

Por ejemplo, Moira tenía ocho años cuando sus padres se divorciaron y, como su madre se quedó en una profunda depresión, Maira tuvo que cuidar de ella y, sin quererlo, empezó a actuar como su terapeuta. El impacto de asumir una responsabilidad tan adulta a una edad tan temprana hizo que Moira se quedara atrapada como la niña de ocho años que cuida de su madre… solo que esa madre ahora tiene diferentes rostros y nombres.

Paul fue el mayor de siete hermanos; cuando tenía dieciocho, su madre tuvo a su último hijo. Fue iniciado en la edad adulta demasiado pronto, así que era incapaz de tener amigos, participar en actividades extraescolares o incluso asistir a la universidad, por tener que jugar el papel de padre para todos sus hermanos. Hoy Paul siente una profunda ira por la vida que se le arrebató.

También hay un impacto importante cuando no pasamos por las etapas de iniciación en absoluto o lo hacemos demasiado tarde. Lauretta acude a un sanador espiritual después de hacer consultado a una larga lista de médicos y terapeutas. Sufre de un misterioso dolor que nadie ha podido diagnosticar y, aunque una parte de ella quiere sanar, la molestia vuelve a aquejarla después de cada intento. Lauretta admite que tiene un profundo temor a convertirse en adulta, con las responsabilidades y presiones que ello entraña. Una gran parte de su yo quiere seguir siendo niña y, mientras no esté lo suficiente sana, no tendrá necesidad de iniciarse en la adultez.

Andrew fue mimado demasiado por su madre por lo que, ya como adulto, ignora cómo cumplir siquiera las tareas más simples, como lavar la ropa o cocinar. Espera que su pareja y su madre sigan ocupándose de estas tareas por él, en vez de aprender a hacerlas. Desea seguir siendo un niño, protegido para siempre por su madre.

Ser un adulto iniciado significa vivir en el momento presente, con inteligencia emocional y un fuerte y desarrollado sentido del yo. Ser un adulto es saber quiénes somos como individuos y cuáles son nuestras necesidades, deseos y gustos, aparte de las necesidades, deseos y gustos de los demás.

Esto implica asumir un cierto grado de responsabilidades que, de manera comprensible, no querríamos contraer. Si seguimos comportándonos como niños es porque queremos aferrarnos a un sentido de esperanza y magia en el mundo, algo que tendemos a perder a medida que entramos en la edad adulta. Pero, con inteligencia emocional, la edad adulta aún puede contener la magia y la juguetona alegría de la juventud.

Como adultos, tenemos una mayor capacidad para tomar decisiones. De niños estábamos a merced de los caprichos y deseos de nuestros padres y maestros. Trabajar con nuestro niño interior suele ser más fructífero si le ayudamos a reconocer las ventajas de iniciarse en la edad adulta.

Capítulo 7

Herramientas para la inteligencia emocional

*H*ay muchas herramientas disponibles para desarrollar la inteligencia emocional. Recuerda que, al observar y trabajar con nuestras emociones, recuperaremos gran parte de nuestras sombras y nos iniciaremos en la edad adulta.

Siéntate con tus emociones

Un paciente me preguntó una vez qué significaba "sentarse con sus emociones". Fue entonces cuando me di cuenta de que, a veces, es necesario explicar hasta las cosas más simples para lograr una plena comprensión.

Sentarnos con nuestras emociones significa ofrecernos un poco de espacio y tiempo, así como un poco de tranquilidad, para permitir que las emociones que experimentamos surjan en nuestra consciencia. Para ello no hace falta ningún rito o práctica espiritual; simplemente te sientas (o te acuestas) en un espacio que te ofrezca seguridad. En la medida en que progreses con esta práctica, descubrirás que puedes hacerla casi en cualquier sitio, aunque por lo general nos sentimos más dispuestos a abrirnos en un lugar de nuestra propia casa, donde nos sintamos seguros y cómodos.

Inhala y exhala lentamente unas cuantas veces. Inhala por la nariz, llena tu abdomen de aire, y exhala también por la nariz. Algunas personas cuentan del uno al cuatro mientras inhalan, aguantan cuatro tiempos el aire y exhalan contando nuevamente hasta el cuatro.

Es probable que surjan algunas emociones, pero este ejercicio no es para jugar al detective. Si te lo estás preguntando, el propósito es que entres en tu mente en lugar de sentir con tu cuerpo. La dificultad de esta herramienta es que nos pone en modo receptivo. Como estamos acostumbrados a "hacer" cosas, más que permanecer serenos aunque sea por unas cuantas respiraciones para ver qué surge de nuestro interior, puede resultar difícil al principio.

Cuando surjan emociones, ofréceles el tipo de empatía que le ofrecerías a un niño pequeño o a un entrañable amigo. Dales la bienvenida a tus sentimientos y ofréceles tiempo y espacio para que se presenten y se manifiesten. Podrían surgir recuerdos junto con los sentimientos; aun cuando no dejan de ser importantes, para este ejercicio debes reorientar tu mente y dejar de pensar en ellos. Por lo pronto, procura mantenerte en el espacio de los sentimientos.

Otra manera de realizar este ejercicio es trabajar con una emoción específica que te cause molestias. Por ejemplo, si estás abrumado, estresado, enojado, ansioso o sientes cualquier otra emoción que te parezca difícil enfrentar, simplemente ofrécele este espacio y siéntate para encarnarla y encararla con intención. Por ejemplo, podrías decir: "Está bien, duelo, vamos a tener cinco minutos juntos". Y permítete sentir tu duelo. Mantén tus límites: no necesitas pasarte de la raya para llegar a la catarsis, porque podrías acabar innecesariamente exhausto. La valoración te ayudará con esto (ver líneas adelante).

Cuando comiences a trabajar con esta práctica, considérala como un músculo que ejercitas. De cinco a quince minutos de práctica diaria es todo lo que te hace falta. Con el tiempo podrás procesar las emociones del pasado, además de estar seguro de que procesas las emociones del momento presente de manera adecuada y saludable.

Recuerda enfrentar con empatía cualquier emoción que surja en ti. Sea lo que sea que estés sintiendo, es correcto, o lo fue la primera vez que lo experimentaste. No invalides ni descartes ninguna de tus emociones, pues no es raro que seamos proclives a tratarnos, tanto a nuestras emociones como a nosotros mismos, de manera terrible. A toda costa nos intimidamos y deseamos borrar las emociones de nuestra existencia. Si las tratamos con la cortesía y el respeto debidos, habrán de compartirnos su mensaje.

Si alguna vez te sientes abrumado, ponte límites. Dile a tu mente que por hoy ya terminaste el trabajo. Practica la valoración. Reoriéntate realizando una actividad práctica. Con el tiempo aprenderás que puedes trabajar con tus emociones siempre que te parezca apropiado. Cuando descubras esto, te sentirás empoderado en vez de indefenso y víctima de tus emociones.

Respiración con colores

A tu respiración de cuatro tiempos (inhala por la nariz, mantén el aire y exhala por la nariz), puedes añadirle un color.

1 Imagina la emoción como un color. Como no hay colores establecidos para eso, tu miedo puede ser un día negro y otro día morado. Tu estrés podría ser una mancha gris gigante. No dudes de ti: cualquier color que te venga a la mente será maravilloso.
2 Mientras respiras (inhala en cuatro tiempos, mantén el aire cuatro tiempos y exhala en cuatro tiempos), imagina que el color elegido sale de tu cuerpo con la exhalación.
3 Haz estas respiraciones el tiempo que te parezca adecuado. Si las haces correctamente, notarás un cambio palpable en la emoción que estés trabajando.

También puedes practicar la respiración con colores en situaciones de alto estrés, como en una cena familiar o durante el trabajo. Si sientes que un colega o familiar te molesta, primero registra la sensación; luego dale un color a esa molestia y expúlsala de tu cuerpo con la exhalación.

Valoración

Si sentimos la mar de dolor, no es útil trabajar con todo ese océano de una sola vez: es algo abrumador e innecesario. Además, tal vez solo estemos preparados para trabajar con una sola gota de dolor o enojo. Aunque, claro, no faltará quien esté listo para sentarse frente a una cubeta llena de rabia o incluso un pequeño estanque de miedo.

Evalúa dónde te encuentras hoy y cuánto tiempo tienes para hacer tu valoración. Si estás completamente estresado y solo tienes cinco minutos, eso limitará lo que puedas hacer, pero bien puedes destinar ese tiempo para sentarte con tu estrés y trabajar lo mejor que puedas. Solo recuerda sentarte tranquilo e inhalar en cuatro tiempos, aguantar el aire cuatro tiempos más y exhalar a la cuenta de cuatro.

También podrías imponerte límites y entender que tienes varios océanos llenos de depresión, y que tal tipo de oscuridad sería demasiado para manejarla de una sola vez. Insisto: tal vez solo puedas enfrentar un pequeño vaso de depresión. Reconoce la emoción dentro de ti, establece que solo trabajarás con un vaso pequeño de esa emoción y respira.

Cuando te establezcas límites, cíñete a ellos. Es posible que se presente otro vaso lleno de dolor y también es posible que tengas tiempo para atenderlo, pero podrías sentirte incómodo, estresado, ansioso o desconcertado, y tales sentimientos son señales inequívocas de que has terminado con tu trabajo.

A veces tendemos a ir más allá y hacemos las cosas con la idea de que lo correcto es forzar una catarsis. Tener paciencia y respetar tanto los límites como lo que sucede internamente son algunas de las mejores herramientas con las que podemos contar. Nuestro cuerpo nos avisará cuando hayamos terminado con algo; solo tenemos que aprender a escucharlo.

Cuando tu sesión con una emoción, debes agradecerle por estar contigo: "Gracias por procesar un estanque lleno de ira conmigo". Esto establece claramente un principio, una parte media y un final para esta práctica. Tu cuerpo y mente reconocerán esto con el tiempo, y eso te llevará a una práctica más exitosa.

La valoración nos permite autorregularnos de forma adecuada. Nos sentimos empoderados al saber que podemos trabajar con éxito con nuestras emociones, y al darnos cuenta de que los sentimientos son saludables, en vez de amenazantes. Nos sentimos cada vez más seguros al saber que desarrollamos herramientas para la regulación emocional y que aprendemos a trabajar con las emociones que eventualmente vayan apareciendo.

La esfera de la posibilidad

Nuestras emociones más arraigadas suelen ser las más resistentes al cambio. No imaginamos una vida en la que nos sintamos o nos veamos a nosotros mismos y al mundo de modo diferente. Esto puede ser correcto. Aun después de sentarnos con nuestras emociones por un tiempo determinado, nuestra emoción de referencia tiende a ser la ansiedad. Dicho de otra manera, la ansiedad podría ser una emoción continua que forme parte de tu vida por el resto de tus días.

Esto no significa que la ansiedad, la ira o cualesquiera de nuestras emociones no puedan cambiar o transformarse, y tampoco que no podamos dominar otras herramientas para manejar la ansiedad; significa que nuestras emociones tienen un profundo miedo al cambio y que nos defienden contra un daño mayor. Si las entendemos como elementos protectores que nos ayudan a mantener lo que ya sabemos y sentimos, comprenderemos por qué son reacias al cambio.

Una de las cosas que ocurren cuando nos sentamos con nuestras emociones es que una pequeña voz interior nos dice que nuestro pánico, ira, miedo o depresión no pueden cambiar. Que estamos atascados. En tu trabajo de sombra es benéfico contrarrestar esa voz.

Seamos realistas: seguramente no podrás verte a ti mismo como una persona completamente feliz, llena de luz y esperanza, si estás profundamente deprimido. Si acaso te sentirás más tranquilo, o al menos mejor de cierta manera, durante algunos días al mes. Por eso debes empezar a trabajar donde estés y con lo que imagines que te sucede. A esto se le conoce como esfera de la posibilidad. Solo imagina cosas que creas que realmente pueden llegar a ocurrir, porque con esta esfera podrás ver un cambio posible y positivo en tu vida, sin que ello amenace tus defensas.

Cuando oigas la voz que te dice que nada cambiará, siéntate con tu esfera personal de la posibilidad. Tal vez creas que siempre serás una persona enojada, pero bien podrías imaginarte a ti mismo como alguien que ya no golpea paredes ni le grita al televisor. También es posible que te sientas completamente desconectado de otras personas, y en tu alienación puedes pensar que nunca le agradarás a nadie. Si enfrentas dicho sentimiento, podrás sentir que tal vez no seas monedita de oro para todos, pero verás que hay personas de tu pasado y presente que se llevan bien contigo. Sin duda, tu esfera de la posibilidad incluye el desarrollo de más conexiones humanas.

Como nuestra esfera de la posibilidad crece a medida que trabajamos con ella, podemos aprender a manejar nuestras emociones y ver los resultados. Pasado el tiempo, podemos imaginar más para nosotros mismos. Solo ten presente que al hacer este ejercicio es bueno tener una actitud esperanzada, pero realista. Nadie está feliz hasta el éxtasis todo el tiempo; estamos destinados a sentir nuestras emociones. Nuestra vida tiene altibajos y, si lo permitimos, sentiremos todo el rango de emociones. Por sí sola, cada emoción tiene un mensaje y una razón de ser.

Cómo reconocer lo que sientes

1 Empieza por establecer un límite de tiempo para tu práctica. Por lo general, diez minutos está bien para cualquier persona, ya sea principiante o alguien avanzado. Configura una alarma para respetar ese límite y establece, con plena intención, que solo te dedicarás a sentir durante diez minutos.

2 Luego, pregúntate cómo te sientes: estresado, enojado o con cualquier otra emoción. Acaso te sientas confundido, desconcertado, apático o estupefacto. Podría ser una amalgama de emociones que no resulte del todo clara: "Me siento un poco enojado, pero también triste y desesperanzado; siento como si quisiera acurrucarme o hacerme un ovillo para que nadie me viera". También podrías sentirte abrumado, a grado tal de no reconocer tus emociones. Eso está bien. Podrás pensar: "Estoy abrumado y desconectado y no tengo idea de lo que estoy sintiendo, aparte de estar estresado y muy asustado". Esas son emociones con las que ya podrás empezar a trabajar.

3 Ahora, elige una emoción con la que quieras trabajar. Si necesitas comenzar de manera más abstracta, puedes pensar: "Siento como si alguien me hubiera dado un puñetazo en el estómago" o "Siento un remolino de confusión, tristeza y desesperación, como si estuviese en una cueva oscura y no pudiera salir".

4   Acto seguido, haz un escaneo corporal. Empieza por los pies, sube hasta la cabeza y baja por los brazos. Pídele a la emoción que te abruma que te muestre dónde se encuentra en tu cuerpo.

5   Posiblemente notes que resalta en algunos lugares, así que pregúntate en qué área deberías enfocarte y trabaja allí.

6   Describe físicamente esa área. ¿Se siente tensa? ¿Pesada? ¿Vacía? ¿Inflamada? Si tu mente interviene y comparte algo más que la mera sensación física, pídele que describa tal sensación y "ánclala" en tu cuerpo; así te permitirás sentirla, más que pensar en lo que estés sintiendo.

7   Después, detalla cuánto espacio ocupa dicha sensación física. ¿Es una bola grande? ¿Ocupa todo el pecho? ¿Es un nudo pequeño?

8   Valida la emoción, no importa cuál sea, por ejemplo: "Ira, te veo y te siento. Tienes todo el derecho a existir y merezco sentirme molesto por esto".

9   Por último, siéntate diez minutos con lo que sea que estés sintiendo, y si percibes que te distraes o piensas en otra cosa, regresa de inmediato a la sensación física en tu cuerpo.

Cuando haces esto durante diez minutos estableces límites saludables para ti mismo y vas dándole forma a tu propia "caja de herramientas emocionales". Imponer límites de este tipo evitará que te sientas abrumado por tus emociones. Si te parece que te enojas o sientes cualquier emoción difícil de manejar, podrás hacerle saber a tu cuerpo que trabajarás con ella mediante este ejercicio, aunque sea un poco más tarde. Eventualmente comenzarás a darte cuenta de que tienes la habilidad y la capacidad de manejar cualquier emoción.

Cómo desarrollar un "yo" adulto

Parte de enfrentar la iniciación adulta consiste en reconocer nuestros propios gustos y disgustos. Para algunos de nosotros, esto podría no representar problema alguno, pero se convertirá en una verdadera dificultad si nos sentimos confundidos por lo que les guste a nuestros padres y compañeros, o si estamos hipnotizados por la publicidad. O tal vez ni siquiera hemos tenido tiempo suficiente para pensar en lo que nos gusta o nos disgusta.

Puedes comenzar de forma muy sencilla. ¿Te gustan los pepinillos? Si es así, ¿qué tipo de pepinillos te gustan? Porque tus gustos pueden cambiar. Una semana pueden volverte loco los pepinillos y a la semana siguiente ya no. Esto es perfectamente normal. Descubrir lo que te gusta, en áreas no amenazantes de tu vida, es bastante divertido y consolida tu identidad personal en el arte, la música, los libros y el cine, por ejemplo. Tal vez sepas lo que es popular, lo que les gusta a tus compañeros o lo que debería gustarle a alguien de tu edad. ¿Qué películas, música y libros te agradan?

A veces cambiamos de opinión basándonos en lo que vemos en internet. Por ejemplo, puede que nos haya gustado mucho una película, pero, si buscamos en línea y vemos que fue mal calificada por los cinéfilos, de seguro rebajaremos nuestra propia opinión sobre la misma. Puede ser al contrario: si no nos gustó una película o libro pero ha ganado premios, o todos nuestros amigos hablan de lo sensacional que es, podríamos actualizar nuestra opinión. Solo fíjate cuando esto suceda, porque te servirá para separar tu opinión de la de los demás. Es fenomenal que te guste una película que otros piensan que es terrible, pues tienes mente y discernimiento propios.

Aunque esto suene por demás simple, al comenzar a cuestionarte tus gustos y disgustos sentarás las bases para poseer una identidad individual. De esta manera podrás pasar a terrenos más difíciles, como pensar en tus límites y cuáles son tus necesidades y deseos, hasta llegar a cuestionarte tus metas personales y apreciar lo que da sentido y propósito a tu vida. Tener una idea clara sobre el emparedado que te gusta y saber cuáles son los ingredientes que prefieres es, a no dudarlo, parte importante para comenzar con este proceso.

Fíjate cómo responde tu sistema nervioso

Cuando entiendas cómo responde tu sistema nervioso, podrás descubrir patrones dentro de ti mismo. De manera natural, gravitarás hacia una o dos respuestas. Si observas la frecuencia con la que respondes de determinada manera, podrás cuestionártela y, en última instancia, serás capaz de cambiar tus respuestas.

Simplemente observa qué respuesta dominante tiene tu sistema nervioso. ¿Pelea, huye, se congela, adula o se muestra indiferente?

Luego de que te des cuenta de esto, manifiéstalo en voz alta cada vez que hagas lo mismo, pero hazlo sin juzgarte. La idea es notar lo que haces: "Ah… de nuevo me estoy congelando".

Tras hacer esto por un tiempo, pregúntate con sinceridad y sin agravios si podrías responder de otra manera. ¿Qué pasaría si hablaras en vez de congelarte y bloquearte? Puede que no fuera seguro hablar cuando eras niño, pero las personas que te rodean hoy tal vez quieran saber qué es lo que quieres decir y qué necesitas.

Si siempre huyes, piensa qué pasaría si decidieras quedarte y resolver las cosas. ¿Qué pasaría si discutes o expresas abiertamente cómo te sientes?

Si tu respuesta siempre es pelear, piensa lo que podría pasar si te fueras a dar un paseo.

Si siempre pones a los demás en primer lugar (adulación), ¿qué pasaría si te pusieras a ti mismo primero? ¿Cómo sería un día típico?

Si tu vida pudiera tener significado y propósito, ¿qué harías? Decídete a salir de la indiferencia y crea tu propio significado y propósito en la vida. Comienza por formular algunos objetivos simples y actúa en consecuencia. ¿Quieres saber cuáles? Cepíllate los dientes todas las mañanas o ve al gimnasio. O, incluso, reafirma a diario algo positivo sobre ti mismo y el mundo. Si te comprometes con la vida, ella se comprometerá contigo y tu pasión por la vida volverá.

Identifica tus mecanismos de defensa

Otra herramienta que debes aprovechar consiste en identificar los mecanismos de defensa que utilizas. Revisa el listado que aparece a continuación, pues es probable que haya uno o dos mecanismos que sean dominantes en ti, y fíjate si utilizas alguno. Solo recuerda no juzgarte a ti mismo.

A menudo es más fácil ver fuera de nosotros mismos y detectar en los demás algunos mecanismos de defensa. Si acaso lo haces, no se los señales a la gente; bastará con que te fijes en los mecanismos de defensa que emplean las personas a tu alrededor. Esto te dará una visión única sobre quiénes son y con qué podrían estar lidiando. También te servirá para hacer crecer tu empatía, pues es probable que tanto tus amigos como familiares, sin olvidar a otras personas que te rodeen, se valgan de los mismos mecanismos de defensa que tú tienes.

Cuando identifiques con claridad tales mecanismos de defensa desarrollarás empatía y verás cómo todos nos saboteamos y nos metemos el pie en nuestro propio camino. Lo hacemos porque luchamos mucho y sentimos la necesidad de protegernos a ultranza. Así que, en la medida de lo posible, integra a tu persona mecanismos de defensa saludables. Recuerda que hay una razón por la que enmascaramos las cosas, negamos la realidad y nos cerramos. No fuerces nada, trata con amabilidad a las partes de ti mismo que deseen evitar el cambio o retroceder, pues hacen lo mejor que pueden.

He aquí algunos mecanismos de defensa comunes. Comprueba si se aplican en tu persona o, como se dice, si "te suenan":

- Negación
- Intelectualización o racionalización
- Disociación
- Vacío
- Fantasía
- Evitación
- Bloqueo o adormecimiento
- Enmascaramiento
- Regresión

- Represión
- Blindaje o armaduras
- Disonancia cognitiva
- Manipulación y mentiras
- *Gaslighting*
- Distracciones
- Deflexión o desplazamiento
- Proyección
- Transmutación
- Integración

Capítulo 8

El mundo como un espejo

*P*iensa en el mundo como un espejo. Lo que ves reflejado es solo una pequeña fracción de la realidad. Si notamos cosas en las demás personas y el mundo que nos rodea es por una razón: somos los observadores definitivos y extremos de la realidad. Esto nos ofrece cierto grado de control, el cual no tenemos cuando somos observados. Estamos sujetos sujetos a las representaciones, proyecciones y roles que los demás nos imponen.

Cuando nosotros somos los que observamos, continuamente proyectamos nuestras sombras sobre lo Otro, es decir, sobre lo observado. Lo que no podemos o no queremos notar en nosotros mismos se lo achacamos a los demás. Nos convencemos fácilmente de que el problema está fuera de nosotros mismos. Sin embargo, la raíz de esto es nuestra propia insatisfacción y el odio que tenemos hacia nosotros mismos. Nos vemos reflejados en el mundo exterior, así como en otras personas, hasta que nuestra propia naturaleza interior cambia y, en consecuencia, cambia también lo que vemos reflejado en el mundo.

Una y otra vez, reproducimos en el mundo exterior las divisiones que hay en nosotros. Individual y colectivamente, reproducimos el dolor que todavía no hemos sanado. El mundo, junto con las personas que lo habitan, reflejan nuestro propio dolor interno, del que aún no somos conscientes.

Lanzamos hacia afuera lo que no estamos listos o dispuestos a tratar internamente, para luego lamentar que el mismo tipo de cosas sigan sucediendo en nuestras vidas o que continuemos topándonos con la misma clase de personas. A esto se le llama "bucles" (*véase el capítulo 14*) y nos muestran exactamente lo que necesitamos sanar.

Al darnos cuenta de nuestras proyecciones podremos recuperar gran parte de lo que somos y lo que hemos desechado, pues rara vez tenemos una consciencia clara de que nuestro odio o aversión hacia los demás proviene de las propias cualidades internas que hemos repudiado. En consecuencia, al observar a los demás podemos comenzar a ver las partes de nosotros de las que nos hemos apartado de manera inconsciente.

Cuando identificamos nuestras proyecciones podemos sanar y resolver conflictos y desarrollar empatía. Donde antes percibíamos una separación entre nosotros y lo Otro, entre el observador y lo observado, ahora podremos ver nuestra humanidad compartida. Tal es el objetivo que persigue la recuperación de nuestras proyecciones.

La parte benéfica de arrojar al exterior los aspectos que repudiamos en nosotros mismos, radica en que podremos observarlos mejor. Seremos capaces de reconocer nuestras partes separadas y nuestros propios conflictos internos al notar cómo reaccionamos cuando vemos a los otros e identificamos qué conflictos recurrentes surgen en nuestras vidas.

Este trabajo, si se hace bien, dura toda la vida. Al principio, el mundo se llenará con nuestras sombras, pero, a medida que sigamos con el trabajo, recuperaremos más de nuestras sombras de los demás y las notaremos menos en el mundo exterior. Esto nos dará la capacidad de ser menos reactivos con los otros para desarrollar una conexión y una intimidad genuinas.

Identifica tus proyecciones (parte I)

- Durante la siguiente semana, fíjate en los consejos que te ofrezcan las personas y considera que en realidad están dirigidos a ellas.
- Una semana después, fíjate en las creencias o ideas que las personas, de manera repetida, sienten que necesitan compartir, y considera que están tratando de convencerse a sí mismas de tales creencias o ideas. Porque, cuando sabemos que algo es verdad, no tenemos la necesidad de convencer a los demás.
- Acto seguido, fíjate en lo que la gente les advierte a otras personas y considera que esto tiene que ver con su propio miedo interiorizado.

Si alguien le advierte a otra persona que no haga algo, considera que podría decirlo porque ella misma no quiere o no puede hacerlo.

- Por último, fíjate en lo que la gente dice de otras personas. Si alguien dice lo mismo varias veces, es algo a tomar en cuenta, aunque no necesariamente demuestre sus proyecciones. Lo que buscas son las llamadas repeticiones. Por ejemplo, si tu jefe llama a todos "idiotas" o un amigo tuyo etiqueta a todos de "superficiales".

Recuerda observar a las personas sin juzgarlas. Lo que buscas es detectar patrones, no comentar sobre los mismos. Tu poder como observador hará que identifiques las sombras de los demás con bastante claridad. Al observar esto podrás dar un paso atrás e identificar tus propias sombras.

No es preciso que hagas nada mientras exploras tus propias sombras. Ser consciente de ellas es siempre el primer paso.

- Fíjate en el consejo que ofrezcas y considera que es para ti.
- Fíjate en las creencias o ideas que quieras compartir repetidamente con los demás para tratar de convencerlos.
- Fíjate en lo que adviertas a los demás y considera que eso es una señal de tu propio miedo.
- Fíjate en lo que afirmes sobre otras personas; no solo los comentarios que hagas una o dos veces, sino repetidamente.

Como veremos en el siguiente capítulo, no dudo de que tengas muchas y muy buenas razones para creer que algunas personas son idiotas, sobre todo si se comportan como tales. Por otro lado, lo cierto es que estás rodeado por mucha gente con características negativas. Si identificas a los idiotas y te molestan de manera particular, es por una razón específica.

Después de practicar por algún tiempo estos ejercicios iniciales de identificación, es posible que notes que tus reacciones se transforman. Cuando observes detenidamente a los demás, verás sus limitaciones y sabrás contra qué lidian y cómo ven la realidad. Al observarte a ti mismo, tendrás la oportunidad de ver tus propias sombras y cómo permean tu realidad. Ambas perspectivas te ayudarán a reconocer tus sombras y comenzar a recuperarlas.

Identifica tus proyecciones (parte II)

Ahora que has notado algunas proyecciones básicas en ti mismo y en los demás, puedes empezar a trabajar con tus propias proyecciones. Para ello nos basaremos en las herramientas que aprendiste en el capítulo cinco, sobre todo "Magnificación" y "En el fondo del océano".

- Fíjate cuando alguien te provoque alguna molestia, por cualquier razón, y ve si reaccionas y de qué manera lo haces.
- Ahora, nombra tres razones por las que te molesta. Pueden ser palabras sueltas, como "egoísta", "narcisista" o "grosero". Puede ser una frase como "Me incomoda su presencia".
- Dichas particularidades probablemente tengan lugar en ti entre las olas de la superficie y el nivel medio del océano, pero es bastante improbable que sean la verdadera razón por la que te molestas, así que hurga más en el fondo del mar. Piensa en realidad por qué te molestan ciertas cosas y menciona dos o tres razones.
- De este listado que has confeccionado, es probable que haya una razón que resuene en ti y que te parezca la principal por la que esta persona realmente te molesta o al menos hace que experimentes una cierta reacción emocional.

Por ahora, simplemente crea una lista de algunas particularidades que te molesten de la gente. Tras observar a otras personas y tus reacciones hacia ellas a lo largo del tiempo, notarás que emerge un patrón. Es posible que reacciones de manera extrema al egoísmo, a las personas que se victimizan o al machismo. Solo te pido que no te juzgues por tener estas reacciones; el simple hecho de estar dispuestos a notarlas no es algo que muchos alcancen.

Como pasa con cualquier otra herramienta, te llevará un poco de tiempo acostumbrarte a ella. Lo que ayuda a muchos de mis estudiantes es visualizar o sentir ese océano de emociones. Siente tus impresiones y respuestas iniciales como olas superficiales o a nivel medio del océano, mientras te sumerges más y más hacia el fondo de las aguas, donde emergen las verdaderas razones de tu disgusto o reacción hacia tal o cual persona.

Te será más fácil comenzar con personas con las que interactúas pero con quienes no tienes mucha historia compartida. Me refiero a colegas, conocidos y gente que conozcas poco; estas son buenas personas para comenzar a observar, porque proyectamos más en amigos, cónyuges, parejas y familiares. Debido a que juegan papeles importantes en nuestra vida, podría tomarte algún tiempo aprender a ponerte en el modo observador y estar dispuesto a ver tus proyecciones en ellos.

Identifica tus proyecciones (parte III)

Ahora consideraremos si una proyección es simple, directa o indirecta.

- Una proyección simple ocurre cuando ponemos todo nuestro dolor y sufrimiento en otra persona. Considera esto como una "válvula de escape"; no es algo específico respecto de la otra persona, es solo un intento de encontrar un objetivo en el mundo exterior donde podamos depositar nuestro sufrimiento interno. Por lo general, la proyección simple se dirige a alguien que está en una posición de menos poder que nosotros; no podríamos descargar nuestra ira en nuestro jefe, al menos no sin consecuencias.
- Una proyección directa ocurre cuando proyectamos partes repudiadas de nosotros mismos en otra persona. Por ejemplo, una mujer puede obsesionarse con los cuerpos de otras mujeres por no estar a gusto con el suyo; o un hombre puede llamar a su hijo y a muchas otras personas "perdedores" porque así es como él se siente.
- Una proyección indirecta ocurre cuando proyectamos cualidades que aún no notamos dentro de nosotros mismos, acaso porque nunca hayamos tenido la capacidad de expresarlas y hacerlas parte de nosotros. Ejemplos: un hombre puede ver regularmente programas de comida en la televisión porque no sabe cocinar, o una mujer llama con frecuencia a las personas "egoístas" y, cuando llega al fondo de su océano, reconoce que nunca ha tenido la oportunidad de ser egoísta porque siempre tuvo que pensar primero en los demás.

Estas categorías son útiles porque revelan más fácilmente cómo nuestras sombras pueblan el mundo. No solo nos separamos de nuestras cualidades negativas, sino que también nos separamos de nuestras "sombras de luz", que significan posibilidades y alegrías de nuestra existencia. Si notamos nuestros celos, odio y forma de reaccionar hacia los demás, podremos notar todas nuestras sombras y la manera en que se desarrollan frente a nosotros.

Mediante el trabajo de sombra es probable que veamos muchas sombras indirectas para que luego, con el correr del tiempo, podamos verlas directamente. Por ejemplo: Marisa tilda de "enojados" a todos los que la rodean. Al principio, ella ve esto como una sombra indirecta, porque nunca fue capaz de expresar su enojo, pero pasado el tiempo ve que ella también está bastante enojada, por lo que se trata de una proyección directa. Lo que pasa es que, al principio, estaba tan aislada de su ira que no podía identificarse con ella. Tras desarrollar su inteligencia emocional y conectar con su ira y adueñarse de ella, ya no ve al mundo lleno de personas enojadas.

Identifica los celos y la envidia

Ahora fíjate en las personas hacia las que sientas celos o envidia y haz el mismo ejercicio del fondo del océano: nombra tres de sus cualidades y descubre una razón de peso por la que puedas estar celoso o sentir envidia de ellas. Podría ser porque "tienen dinero" o "estoy celoso de que estén en la playa mientras yo estoy en medio de una tormenta de nieve". Estas son razones simples y comprensibles para sentir celos o envidia.

También podrías usar una frase como: "¿Por qué él tiene todo y yo no consigo nada?". O incluso: "Ella no se lo merece… ¿Por qué su vida es tan perfecta mientras que la mía es una basura?". Estas ideas comunes surgen al ver a alguien que tiene experiencias o una calidad de vida que nosotros envidiamos.

En la mayoría de los casos se trata de sombras de luz. Hablamos de cualidades de alegría, riqueza, paz, felicidad, estabilidad o éxito que son un mero reflejo externo de lo que no tenemos y deseamos para nuestra existencia. También es posible que se trate de sombras indirectas. Por ejemplo, alguien podría interesarse en una mujer porque es muy hermosa y porque nunca se ha sentido así. Esa cualidad no es parte de esa persona, es una sombra que aún no conoce ni reconoce y de la cual no ha podido adueñarse plenamente.

Fíjate en los noticieros, las redes sociales y las figuras públicas

Solemos colocar los aspectos más rechazados de nosotros mismos, aquellas partes con las que menos nos identificamos, en celebridades, personalidades de las redes sociales, políticos y figuras públicas. Fíjate no solo cuando te surja odio o aversión, sino también cuando sientas asco o vergüenza hacia una figura de esa índole. Nos sentimos seguros cuando proyectamos nuestro odio interno en objetivos que están distantes de nosotros; así podemos decirnos que esos "extremistas" son dignos de nuestra repugnancia, sin reconocer nuestra manera silenciosa de separarnos de los demás.

Fácilmente entregamos nuestro poder a través de proyecciones. Sin darnos cuenta ofrecemos nuestra belleza interior, espiritualidad, musicalidad, sexualidad, fiereza, audacia, gracia y voz a los que están en el ojo público. Cada vez que nos proyectamos en ellos les damos nuestro poder. Con las celebridades, así como con las figuras públicas, las proyecciones de muchas personas se combinan para crear un tipo específico de glamur y poder. Tales proyecciones grupales contribuyen a la destrucción o caída de figuras públicas. Sobre esto trataremos más en el capítulo concerniente a las sombras colectivas.

En nuestros televisores, computadoras y celulares proyectamos nuestras vidas no vividas. Podemos ver eventos deportivos para vivir nuestro atleta interior o *reality shows* para vivir nuestra reina del drama interior. Aunque podemos empezar a ver nuestras sombras en lo que elegimos mirar, esto no significa que veamos programas sobre asesinos en serie porque deseemos convertirnos en un asesino serial.

A veces es saludable interactuar con una parte de nuestras sombras desde una distancia segura, para entender las partes de nosotros mismos que buscan dañar, matar o crear estragos. Ver películas de terror puede ayudarnos a aceptar los aspectos más oscuros de nuestra naturaleza, mientras que negarse a verlas puede deberse al miedo a encontrarnos con esos aspectos de miedo de nosotros mismos, incluso desde esta distancia. También podría significar que somos conscientes de la oscuridad y los horrores que la realidad ofrece, por lo que ya no tenemos la necesidad de explorarlos a través de la separación entre observador y observado, pues ya vivimos y encarnamos esa parte de nosotros mismos.

Muchas veces también nos entregamos a "placeres culpables" que muestran aspectos que rechazamos en nosotros mismos. Tales placeres pueden ir desde ver lindos videos de animales, porque deseamos las cualidades de dulzura y conectividad que ofrecen, hasta proyectar nuestra luz interior en un video de un cantante específico. Es un hecho que a través de nuestras pantallas podemos proyectar y observar nuestras necesidades insatisfechas. Esto puede ser tan simple como ver un *reality show* para tener un escape saludable de nuestras vidas, o ver películas románticas, puesto que nuestra relación no nos ofrece el "amor perfecto" que vemos en pantalla.

Podemos negarnos a ver tales programas porque nos creemos superiores a esos aspectos de la vida. Sin embargo, admitir esos "placeres culpables", y ver la humanidad en ellos, nos servirá para reclamar buena parte de nuestras sombras. Tal vez simplemente no deseemos ver *reality shows* o películas de terror, pero si nos oponemos vehementemente a ellos es por una razón. Por eso, examina tus aversiones y los "placeres culpables" a los que te entregues pero que nunca admitirías ante el mundo; así dejarás la vergüenza y el odio hacia ti mismo y aprenderás a aceptar hasta la última parte de tu persona.

Observa bien tus "placeres culpables". ¿Qué parte inaceptable de ti mismo ves en la pantalla? ¿Hacia qué videos o películas gravitas y luego te avergüenzas? Haz el ejercicio del fondo del océano: si pudieses nombrar una cualidad que aporten a tu vida, ¿cuál sería? ¿Qué pasaría si aceptaras que necesitas esa cualidad en tu vida? ¿Qué pasaría si pudieras ver la humanidad en cada persona que observas? ¿Qué pasaría si pudieses aceptar plenamente cualquier parte de ti mismo de la que te sientas culpable o avergonzado? Esto no significa que esa parte de ti no esté sana, pero podría ser destructiva, así que reclamarla para ti mismo te dará claridad y podrás abrirte al cambio.

Solo al aceptar completamente una parte de nosotros mismos podemos alejarnos de la intimidación, la vergüenza o la separación respecto de ella. Si descuidamos o nos avergonzamos de alguna parte de nosotros mismos, esta prospera en la oscuridad y actúa separadamente de nosotros. Por ejemplo, cuando no aceptamos nuestro enojo, podemos actuar con berrinches o golpear la pared. Dichas acciones son espontáneas y no están guiadas por la consciencia.

Si no aceptamos los aspectos más oscuros de nuestra naturaleza, como lo erótico, lo destructivo y lo atávico, podremos complacernos con puras fantasías o ver películas donde los personajes vivan "eso" por nosotros. Por otro lado, nuestra creatividad, dinamismo y poder se sumirían en la apatía y la impotencia, porque la encarnación de nuestras emociones significa que forman parte de nuestro ser y pueden fluir a través de nosotros. Recuerda que podemos estar en relación directa con nuestras emociones, en vez de estar a su merced.

La plena aceptación de todas las partes de nosotros mismos nos permitirá tomar decisiones conscientes sobre cómo proceder. Solo llegaremos a ser más auténticos y completos si abrazamos cada parte de nosotros mismos.

Identifica tus proyecciones en objetos y animales

A menudo proyectamos nuestras emociones y deseos en los objetos: pateamos una puerta con rabia o compramos un par de zapatos para sentirnos a la moda. Si nuestros deseos de amor y aprobación no se cumplen en otros seres humanos, los proyectamos en objetos materiales, como un auto, una casa o ropa. También proyectamos nuestro deseo de perfección y salud en talleres o sesiones de ejercicio.

Es seguro derramar el amor que tenemos en nuestros corazones sobre un objeto o una mascota. Amar un auto o amar a un perro no conlleva el miedo al abandono o al rechazo. Es posible que los miembros de una pareja tengan miedo de dejar se amarse mutuamente, pero podrá derramar su amor de manera segura en sus mascotas o su trabajo.

Si sentimos que seremos aceptados después de nuestro último logro (título, trabajo o estímulo monetario), proyectamos nuestra necesidad de amor y aprobación en esos objetos. Si creemos que estaremos sanos una vez que consigamos una bicicleta estática, es probable que descubramos que nuestras proyecciones resultan falsas, pues aún nos faltará la motivación para montarnos en ella y pedalear.

Aunque siempre es posible que nos sigan gustando los autos o los zapatos a la moda, cuando retiramos del mundo nuestras proyecciones ponemos en el lugar correcto el amor y la aceptación que les brindamos a los objetos materiales, o incluso a las experiencias, y abrimos nuestros corazones a otras personas, en lugar de tratar de cumplir esas conexiones de forma material.

Identifícate a ti mismo en tus proyecciones

Ahora es tiempo de empezar a trabajar más directamente con nuestras proyecciones. La forma más sencilla de hacerlo es viendo cualquier cualidad que proyectemos desde nuestro interior, por ejemplo: "Esa persona es imbécil… Aunque yo, a veces, también me comporto como un imbécil".

Esto podrá sonarte demasiado sencillo, pero las herramientas más extraordinarias a menudo son así, y la efectividad de esta radica en que asumimos esa cualidad dentro de nosotros mismos.

Veamos cómo funciona esto de otra manera, tanto con proyecciones directas como indirectas.

De manera implacable, Mark se queja con sus colegas sobre una nueva contratación, un tipo al que llama "pedante y arrogante". Mark continuamente les recuerda a todos que estudió en una prestigiosa universidad con profesores eméritos.

Si le pidieras a cualquiera de sus colegas una opinión honesta sobre las cualidades de Mark, de inmediato lo calificarían como "pedante y arrogante". Por si esto fuera poco, ninguno de ellos describiría al nuevo empleado con esos términos. Si Mark estuviera dispuesto a ver esta proyección directa podría reconocer, con cierta vergüenza, su propia arrogancia y los sentimientos de inseguridad que subyacen en su interior. No solo eso, podría experimentar una chispa de reconocimiento: "Supongo que también soy pedante y arrogante en ocasiones".

Es poco probable que alguien como Mark esté dispuesto a hacer un trabajo de sombra, pero este es un claro ejemplo de una proyección directa. Todos hemos conocido a un Mark en nuestras vidas.

Derek está realmente molesto con una mujer de su grupo de apoyo. Él hace su trabajo inicial de sombra y la describe como "irritante e insoportable", así que se sumerge hasta la mitad de su océano y descubre que lo que verdaderamente le molesta es que ella se tome demasiado tiempo en las reuniones y finja saberlo todo. Al irse al fondo del océano surge la palabra "humildad". Él reacciona con disgusto porque, dice, ella no tiene nada de humilde. Lo que pasa es que Derek siempre fue humilde y le restó importancia a sus logros. Al ver esto como un patrón descubre una larga lista de personas que le han disgustado, o que ha odiado, solo porque carecían de humildad.

Derek no recuerda un solo momento de su vida en el que le haya faltado humildad. Al darse cuenta de esto reconoce que nunca se ha permitido estar completamente orgulloso de sus logros; siempre se le enseñó a ser humilde, al grado de desestimar sus triunfos. Tras este reconocimiento, el patrón se rompe y ya no se siente disgustado con las personas que carecen de humildad y, además, comienza a trabajar para reconocer sus logros y enorgullecerse de ellos. Al recordar momentos de su vida en los que actuó sin humildad, logra reclamar todavía más su sombra.

Cuando notes una cualidad en alguien que no te guste o que envidies, búscala dentro de ti y recuerda los momentos en que viviste algo parecido. Eventualmente, las personas que has colocado en un plano unidimensional para que encajen en tus sombras no integradas se volverán más humanas. Lo que veas en ellas cambiará por el solo hecho de que tú has cambiado.

Trabaja tu niño interior

Este trabajo se basará en algunas de las herramientas del capítulo cinco, como "Magnificación" y "¿Qué edad tengo?". La idea es que, cuando veas una emoción que se magnifica, seas capaz de reconocerla.

Es probable que dentro de ti haya un niño interior que esté reaccionando a las personas en función de su dolor. Tu yo adulto podrá estar bien con la gente, pero una parte de ti, atrapada en una etapa más temprana de desarrollo, ve su dolor reflejado en los demás. Cabrá, entonces, preguntarte: "¿Qué edad tengo?". Tu respuesta podría ser: "Tengo quince años". O podría ser más general, algo como: "Aún soy un adolescente".

Pregúntate qué cualidad te molesta más. Si hay varias, no te preocupes, pues el mundo te ofrecerá siempre el regalo de mostrarte tus sombras hasta adueñarte de ellas. Por lo pronto, elige una.

- Pregúntate en qué parte de tu cuerpo almacenas esa cualidad y la razón por la que eres reactivo. Si hay muchos lugares, elige uno.
- Utiliza las habilidades de "Cómo reconocer lo que sientes? para anclarte físicamente. Observa cómo se siente en tu cuerpo la cualidad que elegiste y cuánto espacio ocupa esa sensación en tu cuerpo.
- Ahora, pídele a tu niño interior que dé un paso adelante. Imagínalo lo mejor que puedas. ¿Qué corte de cabello trae? ¿Qué ropa lleva puesta? ¿Dónde está?
- Acto seguido, hazte una idea de lo que está viviendo. Es posible que esté estresado, abrumado o traumatizado, o que esté sufriendo de alguna forma, así que pregúntale qué está pasando.
- Pregúntale también qué necesitaría para sentirse mejor o para hallar la sanación. Tal vez tenga alguna necesidad insatisfecha. A menudo dicha necesidad consiste en ser visto, escuchado, amado o aceptado, aunque bien podría tratarse de cualquier otra cosa.
- Una vez que te lo diga, imagina que tu yo adulto que se lo ofrece.

En tu etapa infantil eras un ser impotente ante las circunstancias. No podrías haber salido de casa y conseguir un trabajo a los cinco años. Tampoco podrías haber cambiado a tus padres ni obligarlos a amarte y aceptarte, ni mucho menos lograr la paz en un hogar estresado. Tal vez no podías demostrar tus emociones porque había una "cultura" de silencio en tu hogar. o porque tu personalidad era distinta de la de tus hermanos o padres. Sin embargo, ya como adulto, puedes ofrecer esas cosas a tu niño interior y también puedes asegurarle que han quedado atrás las circunstancias de la infancia y ahora, como adulto, tiene varias opciones. Tú eliges cómo vivir tu vida.

Si sientes que tu niño interior está atrapado en algunas etapas de su desarrollo, pregúntale qué necesita para pasar de la infancia o de la adolescencia a la edad adulta. Lo más probable es que el miedo a la responsabilidad y a los cambios sea lo que le impide avanzar, así que si alivias esos miedos lo ayudarás a pasar por la puerta de iniciación hacia una nueva fase de su ser. Puedes imaginar que tu niño interior camina a través de una puerta hacia su nueva etapa de desarrollo.

No te cuestiones a ti mismo durante este trabajo; solo confía en tu intuición. Si el trabajo se hace bien, tu vida mejorará, ya sea de manera significativa o tan solo un poco. Esto se debe a que el niño interior puede resurgir muchas veces para volver a sanar, lo cual no quiere decir que fracasaste, sino que una edad específica puede requerir de muchas etapas y capas de curación.

Paulina se encuentra continuamente irritada por una mujer en su oficina, así que trabaja con sus observaciones en su océano particular. Resulta que le molesta su ruidosa risa (a nivel de las olas), le irrita su presencia (parte media del océano) y la forma en que interrumpe continuamente a los demás (fondo del océano… al menos por ahora).

Paulina, entonces, se da cuenta de que un poco de trabajo con su niña interior le será útil, así que le pregunta, molesta con la situación, qué edad tiene. Resulta que se trata de una niña de seis años. Paulina intuye que las molestias con la mujer de su oficina están a nivel de su corazón. Siente, en ocasiones, una irritación en el pecho. Su niña interior es ambivertida, o sea que es tanto introvertida como extrovertida, pero Paulina recuerda a su hermana mayor, que era extremadamente ruidosa y extrovertida. La interrumpía continuamente cuando estaban sentadas a la mesa. Y, con la molestia de dicho recuerdo, Paulina le pregunta a su niña interior qué es lo que necesita. Ella le responde que le basta con ser escuchada. Paulina se ofrece a escuchar lo que su niña interior tiene que decirle. Sin embargo, se da cuenta de que aún sigue irritada por la mujer de la oficina, aunque ya no le molesta a un nivel tan profundo. Paulina solo tiene que interactuar con la mujer en cuestión de ser necesario, pero es una persona con la que quiera entablar una amistad.

Esteban se da cuenta de que, de la nada, le surge una profunda rabia. Un día ocurrió porque una persona en el gimnasio cuestionó si estaba usando las pesas de manera correcta. Así pudo darse cuenta de que la menor duda de su capacidad le provoca rabia y siente en el fondo de su océano mucha ira e impotencia.

En su vida adulta actual, Esteban está en forma y hace todo lo posible por exorcizar su ira mediante el boxeo, el levantamiento de pesas, el trote y hasta la terapia. Aunque ha ido a terapia por años, continúa increíblemente enojado, así que activa su niño interior y le pregunta qué edad tiene… Es un adolescente de unos quince años.

Él sigue sintiendo que la rabia lo consume, así que se sienta con este sentimiento y le pide a su niño interior que dé un paso al frente. El adolescente se manifiesta y le dice lo enojado y avergonzado que está porque su familia se quedó sin hogar cuando su padre perdió el trabajo. Adicionalmente, le comparte que no podía mostrar sus sentimientos a esa edad, porque necesitaba ser fuerte para su familia. Sentía que debía arreglar la situación, pero no podía y eso lo hacía sentir impotente.

Esteban le hace saber que tenía todo el derecho a sentirse impotente y enojado, pero que era un trabajo demasiado grande para un adolescente. Le dice que no era su obligación arreglar eso. Así, el adolescente interior se siente mejor y Esteban le pregunta qué necesita, a lo que responde que solo quiere sentirse digno, porque su padre siempre lo hizo sentir como un inútil. Esteban le pregunta si está dispuesto a ver su vida ahora, ya como adulto, y atestiguar lo fuerte y capaz que es hoy, a lo que el adolescente interior responde con un "sí", y se sorprende de que Esteban pueda pagar comida, ropa, alquiler y elija cómo vivir su vida.

Esteban descubre que su rabia disminuye y se da cuenta de que pueden enojarlo otras cosas, pero al mismo tiempo sabe que puede trabajar en ellas con su niño interior.

Otra forma de trabajar con tu niño interior es identificando un patrón destructivo cuando te relacionas con el mundo, por lo que debes preguntarte dónde vive ese patrón en tu cuerpo. Ánclate en esa parte del cuerpo, invoca al niño interior y echa a andar el mecanismo de afrontamiento. Sé empático. Como dijo la escritora Maya Angelou: "Haz lo mejor que puedas hasta que lo domines… Y cuando lo domines, hazlo aún mejor". Ten presente que tu niño interior solo trata de sobrevivir y sobrellevar la situación de la mejor manera posible. Ahora, como adulto, tienes la oportunidad de desarrollar mejores estrategias de afrontamiento y cuestionar el origen de todos los patrones de comportamiento destructivo.

Para tener instrucciones más detalladas sobre cómo dialogar con tu cuerpo, con tus emociones y con el niño que llevas dentro, te recomiendo consultar mi libro *El deva corporal*.

Di cosas agradables

Esta es otra herramienta simple pero extremadamente efectiva. Cuando notes que alguien en verdad te molesta, es probable que se convierta en un personaje unidimensional para ti. Ya no será Jennifer, quien tiene un perro, ama a su madre y es fanática de la pesca; ahora simplemente será una insoportable chismosa. Esto reducirá a Jennifer a la calidad de "los otros" y la despojará de su humanidad. Porque no somos singularmente buenos o malos, no somos Batman o el Guasón, somos seres humanos completos. Esto significa que somos seres humanos con matices y muchas cualidades interiores.

Entonces, si te das cuenta de que te proyectas en alguien, no solo podrás observar y trabajar con esa parte de la sombra, también le devolverás algo de humanidad a tus observaciones. O lo que es lo mismo: deberás descubrir en Jennifer tres cualidades que te agraden.

Al principio pueden ser superficiales, sobre todo si la "cubriste" con una sombra gruesa y no la conoces bien. Tal vez te guste su pelo o su ropa, pero con el tiempo tu lista podría incluir su sonrisa, el amor que le tiene a su perro o la forma en que habla cuando se emociona.

Cuando te des cuenta de que alguien no te agrada, nombra tres cualidades de esa persona que te gusten. Si eres genuino, descubrirás que cambia lo que ves en la otra persona. A un nivel más profundo, cuando estés más dispuesto a notar las cualidades positivas de los demás, estarás más abierto a ver las cualidades positivas que tienes dentro de ti mismo.

Regálate tiempo de calidad

Cuando notamos una sombra indirecta, como podría ser una cualidad que aún no poseemos en nosotros mismos, una de las mejores formas de familiarizarnos con ella es pasar tiempo con alguien que encarne esa cualidad. Conocí esta técnica gracias a W. Brugh Joy, quien señala en su libro *Avalanche* cómo nuestra capacidad de reflejarnos en el sistema de otros nos proporciona una clara ventaja.

Si nunca hemos sentido paz en nuestras vidas, podemos buscar y pasar tiempo con alguien que realmente encarne esa paz. En algún punto, nuestro sistema reconocerá que es posible que nosotros también la experimentemos.

Debes pensarlo con una clara intención: "Me encanta cómo María se lleva bien con casi todo el mundo". Claro que debes ir más allá de los celos (haz tu trabajo de sombra) para que realmente aprecies una cualidad en María.

Siéntate en un lugar tranquilo, lleva tu consciencia al área de tu corazón y pregúntale si reconoce a María dentro de sí misma. Recuerda trabajar con tu esfera de la posibilidad. Puede que no seas capaz de llevarte bien con todo el mundo, ¿pero podrías tener menos conflictos con los demás o ser un poco más pacífico? Pregúntale a tu corazón si está dispuesto a encarnar esa cualidad y considera lo que podría necesitar para encarnarla, ya sea terapia, un curso de resolución de conflictos o, de plano, dejar de identificarse como alguien que no es ni puede ser pacífico en sus interacciones.

La forma como esta cualidad se vea en ti y en María puede ser distinta; de hecho, debería verse diferente. Si no tienes a una María en tu vida, busca a alguien en la pantalla o en línea que tenga dicha cualidad, aunque lo mejor es empezar con alguien que conozcas. Pero no importa si no lo haces así; la idea es empezar de algún modo, y un personaje ficticio podría abrirte a la cualidad que buscas encarnar.

Debes saber que, cuando encarnamos plenamente nuestras sombras, recuperamos todas las cualidades que tenemos. Incluso el más tranquilo de nosotros tiene un lado aventurero y espontáneo, así como el más extrovertido tiene un monje en su interior. La manera como se nos identifica en el mundo, así como lo que hemos experimentado en nuestras vidas, contribuye a la forma como nosotros mismos nos consideramos. Aunque muchas de las etiquetas sean limitantes, podremos encontrarnos con nuevas partes de nosotros mismos, siempre y cuando estemos abiertos y dispuestos.

Al mundo le encantará mostrarte dónde se encuentran todas tus sombras. Cuando vemos al mundo como un reflejo de lo que sucede dentro de nosotros mismos, recuperamos el poder y la vitalidad que hemos perdido debido a nuestras proyecciones.

Cuando estés dispuesto a ver, cambiará lo que ves. Esto se debe a que tú mismo empezarás a cambiar. Solo necesitas, mientras haces este trabajo, tomar nota no solo de lo que te queda por trabajar, sino también de lo lejos que has llegado. Celebra cada paso, cada hazaña y a todos los personajes que conozcas y te molesten, pues ellos serán los mejores maestros y sanadores que llegues a conocer a lo largo de toda tu vida.

Capítulo 9

Entiende tu obra de teatro

El mundo es un escenario y todos,
hombres y mujeres, son meros actores.
Todos tienen sus entradas y salidas y todos,
a lo largo de su vida, interpretan muchos papeles.

William Shakespeare

Imagina que lo que ves como realidad es, de hecho, una obra de teatro en la que has elegido participar. Claro que, originalmente, fuiste seleccionado para la obra por tus padres o tutores, pero con el tiempo tu propia obra se desarrolla e interpretas una cierta trama y varios papeles en ella. Eliges a villanos, haces el papel de héroe (a veces de víctima), y "contratas" a actores principales y secundarios.

Todo el tiempo buscamos elenco para nuestra obra; nos aferramos a los temas, creencias y narrativas que abarcan los principios centrales de nuestros dramas, según nuestra realidad exterior. Nuestras obras de teatro, así como sus temas y el elenco principal, están ambientados en nuestra infancia. Por eso salimos al mundo a elegir nuevos repartos entre las personas que nos rodean, para que interpreten el papel de nuestra madre, padre, hermanos y otras figuras de nuestra infancia.

Es decir, proyectamos nuestra dinámica familiar general y los papeles individuales de cada uno. Y si nosotros desempeñamos un papel en nuestra familia, es probable que sigamos siendo protagonistas fuera de nuestra estructura familiar primaria, ya sea que se trate de la hija favorita, el olvidado hijo del medio, la oveja negra, el chivo expiatorio o cualquier otro rol que nos hayan impuesto de niños y que aún ejerce un profundo efecto en nosotros como adultos. Y así como hallamos a nuestros padres y hermanos en el mundo exterior, también podemos seguir con nuestro papel de la infancia. Si, por ejemplo, éramos la oveja negra, lo seguiremos siendo en nuestro lugar de trabajo y en las relaciones adultas.

Proyectamos los papeles de nuestra niñez en otros, hasta que podemos ver lo que estamos haciendo; entonces reclamamos el poder y la energía que entregamos a los demás cuando les otorgamos esos papeles en nuestra obra. En algún momento, alcanzamos el punto en el que ya no necesitamos la obra de teatro. Podemos ver a las personas como son, en lugar de verlas interpretar un papel. Entonces podemos ver la realidad tal cual es, y no a través del filtro de nuestras creencias.

Cuando proyectamos papeles en los demás perdemos un poco de nuestro poder y vitalidad, pues se necesita esfuerzo y energía para mantener nuestra obra en marcha. Lo que subyace en nuestros dramas son heridas primigenias que desarrollamos en la infancia. A quienes más frecuentemente buscamos representar en el mundo exterior es a nuestros padres. Hasta que sanemos nuestras heridas primigenias, seguiremos sintiéndonos impotentes ante los roles que proyectamos en otros.

He aquí un ejemplo: Cody busca representar a su madre una y otra vez en sus relaciones. De niño, su madre no estaba disponible y no mostraba emociones, por lo que ahora Cody con mujeres que encajan en este modelo. También descubre que su jefa, algunas de sus amigas y su idea arquetípica de la "mujer" encajan en el papel de una mujer no disponible e incapaz de satisfacer sus necesidades emocionales.

Estefanía, por su parte, tenía una buena relación con su padre y su madre. De hecho, describe su infancia como idílica y se califica a sí misma como "la niña de papá". Sin embargo, más adelante se interesa en la espiritualidad y encuentra un mentor que encaja en el papel del padre cariñoso. En sus relaciones con los hombres, al principio estos juegan el papel de padre amoroso, pero luego, en algún punto, descubren las imperfecciones de Estefanía y su adoración por ella disminuye. Entonces, Estefanía se aburre de la relación y la da por terminada para buscar otro maestro o compañero que pueda ofrecerle, una vez más, el tipo de devoción que su padre tenía por ella.

Si bien históricamente se habla mucho sobre la interacción con un padre del sexo opuesto en roles del mundo exterior, la proyección no se limita a un padre de género contrario o a los sistemas familiares "tradicionales", pues todos aquellos con quienes convivimos en la primera infancia y la adolescencia formarán parte de nuestra obra de teatro. Me refiero a abuelos, tutores, padres adoptivos, padres biológicos, padres del mismo sexo y hasta compañeros en el mismo hogar viviendo una situación comunitaria.

Reclama tu valía inherente

De modo ideal, todos deberíamos nacer en familias que aprecien nuestras cualidades únicas y que las fomenten mediante elogios y reconocimientos, pues esto nos crea autoestima y la consciencia de que somos amados por lo que somos, no por lo que podamos ofrecer. Pero, por desgracia, muy pocos de nosotros somos criados en familias así. Allí radica la importancia de reclamar nuestras sombras, pues solo así conoceremos nuestra valía inherente.

El concepto de "valía inherente" fue desarrollado por Carl Rogers, quien entendió que todos los seres humanos somos inherentemente dignos de recibir amor y aceptación por ser, simplemente, quienes somos. En una infancia ideal recibiríamos este profundo sentimiento de amor y aceptación.

No obstante, con mucha frecuencia experimentamos el valor condicional y el amor transaccional, en vez del amor incondicional. Es decir: en lugar de ser amados precisamente por lo que somos, se nos enseña que solo somos dignos de ser amados y aceptados si cumplimos con ciertas condiciones.

El amor transaccional depende de lo que podamos ofrecer a los que nos rodean, ya sea mediante nuestras acciones o incluso nuestros gustos. También puede tener lugar si asumimos un papel específico en la familia, como el chivo expiatorio, el terapeuta familiar, la niñera (en su versión miniadulta) o el hijo favorito, o si perseguimos intereses y adoptamos creencias que se alineen con los intereses y creencias de nuestros padres o tutores.

Pero el amor transaccional se siente diferente del amor incondicional. El amor transaccional conduce a sentimientos de baja autoestima y a la necesidad de ser perfeccionistas y mantener el control.

Como seres humanos, nunca seremos perfectos. El trabajo de sombra tiene que ver con aceptarnos como somos. Cuando llegue el día en que nos sintamos aceptables podremos renunciar a la búsqueda de la perfección y a la imposición de metas arbitrarias. No por ello dejaremos de tener objetivos, deseos y trabajo a realizar con nosotros mismos. Operar desde un lugar de "beneplácito" en donde practicamos la aceptación radical y la bondad hacia nosotros mismos es muy diferente de sentirnos dañados o no lo bastante buenos. Podemos aceptarnos tal cual somos, humanos imperfectos, en lugar de seguir luchando en la creencia de que un día seremos lo suficientemente perfectos como para amarnos y aceptarnos.

Las personas que tienen grandes logros a menudo muestran un patrón subyacente de querer la aprobación o aceptación de los padres, algo que se combina con un sentido de baja autoestima. De hecho, pueden sentirse como fraudes (síndrome del impostor), ya que muchas veces sus grandes logros van seguidos de una sensación de vacío, pues lo que consiguen es amor transaccional, por medio del cual se aprueban sus logros, mas no su valor intrínseco.

Al tener amor incondicional y consideraciones positivas somos amados sin importar lo que hagamos, lo que nos interese o quiénes seamos. Claro que esto no significa que un padre no castigue las travesuras, ni que apruebe todo lo que haga un hijo; significa que hay una subcapa de amor profundo y conexión que llena esos vacíos en el alma del niño para que salga al mundo confiado de sus capacidades.

Cuando no sentimos amor incondicional aprendemos a ocultar quiénes somos. Aprendemos a enmascararnos. Y el enmascaramiento crea un conflicto esencial entre quién es una persona y lo que cree que el mundo exterior quiere que sea. Este conflicto, eventualmente, crea una separación insalvable entre el individuo y lo que realmente siente y experimenta. De hecho, ese individuo aprende a desconfiar de su verdad interior porque sus padres, junto con el mundo, le han enseñado que su intuición es "errónea" o "mala". Esto se enseña explícitamente cuando los padres le gritan o lo reprenden por actuar de tal o cual manera, aunque también puede enseñarse de formas más silenciosas e implícitas. Muchas veces, lo que creemos que es verdadero o falso, o incluso correcto o incorrecto, es lo que nuestros padres pensaban que era verdadero o correcto. Si pensamos de una manera distinta, asumimos que estamos equivocados.

Por eso, parte de la individuación consiste en considerar lo que crees que es verdadero o moralmente correcto, en vez de asumir inconscientemente creencias de tus padres.

De niños, vemos a nuestros padres como modelos a seguir que nos muestran cómo actuar y quién debemos ser. Si somos distintos de nuestros padres, nuestros cerebros infantiles no entienden que esa diferencia está bien y por eso solemos ocultar quiénes somos a través de una máscara, aun cuando nuestros padres no hayan sido unos abusadores ni nada por el estilo.

En la primera infancia recibimos la mayor parte de nuestra "programación", pues aprendemos cómo ser y cómo comportarnos en este mundo. Ya de jóvenes, nuestro universo sigue siendo reducido y nos acostumbramos a pensar únicamente en blanco y negro. Por ende, a menudo creemos que los errores que ocurren en la casa son nuestra culpa, pues carecemos de la consciencia o la capacidad, desde un punto de vista evolutivo, de entender que nuestros padres no son perfectos. Se trata de una poderosa programación biológica, puesto que precisamos que nuestros padres nos nutran física y emocionalmente durante largos periodos de tiempo.

Si no nos ofrecen cuidados básicos, somos incapaces de ver que el problema es de los padres, no de nosotros, por lo que resulta normal llevar ese sentimiento de yerro o culpa hasta bien entrada la edad adulta. Los poderosos impulsos interiorres que procuran nuestra supervivencia no nos permiten culpar a nuestros padres, porque no podemos valernos por nosotros mismos en la infancia o la adolescencia.

Pero si el amor incondicional y consideraciones positivas están presentes en nuestro hogar, adquiriremos la confianza suficiente como para aventurarnos en el mundo sin máscaras y sin papeles por actuar.

Nuestro papel en la familia

A cada uno de nosotros se nos asigna un papel en nuestra familia, y mucho después de la infancia, ya en la edad adulta, seguimos desempeñando el mismo papel. Si somos afortunados, ese rol coincide con lo que somos. Por ejemplo, si de niño alguien es naturalmente cariñoso y bondadoso, es probable que estudie una carrera que precise de tales características.

Sin embargo, dicha persona se podría quedar atascada en ese papel, en esa identidad, y no ser más que un simple "cuidador" o cualquier otro rol unidimensional, aun cuando se trate de un ser humano complejo con muchos rasgos e identidades. El papel de cuidador también puede ser destructivo para el individuo ya que, por otro lado, es posible que ese personaje haya aprendido, desde un principio, a cuidar de los demás antes que de sí mismo, lo que conduce a un intenso agotamiento.

Alguien podría quedar atrapado en un papel que no se ajuste a la persona. Si un padre siempre deseó un hijo con quien pudiera jugar futbol e ir de pesca, y al hijo no le interesan esas cosas y de todos modos las cumplió, es porque se vio obligado a hacerlo o porque la narrativa tácita en la casa era "si no haces esto o aquello, tu padre no te querrá".

Es fácil identificar el abuso directo y la cultura del miedo en un hogar, lo que provoca que un niño se ponga una máscara y asuma varios papeles. Esto también puede suceder en un hogar supuestamente "normal" de acuerdo con los estándares sociales que dictan no cometer abusos directos. Es posible que hayamos crecido en un hogar donde técnicamente todo era perfecto, pero con muy poca conexión emocional, por lo que aprendimos a usar una máscara, al igual que nuestros padres, para evitar que hubiera una cercanía verdadera.

Veamos este caso: si un niño crece en un hogar donde todo se habla a un nivel superficial y los temas familiares se tratan en secreto o simplemente no se discuten frente a los hijos, aun cuando los padres de ese niño vayan a verlo jugar basquetbol o fomenten su interés por la música, no habrá una conexión emocional con ellos a un nivel más profundo y no se sentirá seguro de sí mismo.

Otro caso: un niño emocional aprende, en su hogar falto de emociones, que estas no son apropiadas, así que las reprime y se pone una máscara para no expresar ni demostrar emoción alguna.

Si no somos capaces de experimentar el amor incondicional viviremos en un estado continuo de búsqueda de aprobación y validación del mundo exterior, mientras que cualquier atisbo de crítica, refutación o imposición severa lo experimentaremos de forma desgarradora. Esto se debe, en parte, a que el rechazo a cualquier edad es doloroso. Pero también es porque nuestro niño interior, esa parte de nosotros que deseaba recibir amor incondicional de nuestros padres, nunca lo recibió. En consecuencia, nos quedamos en un estado de soledad y vacío, buscando en el mundo lo que no tuvimos durante la infancia.

Pero el mundo no ofrece, ya en la edad adulta, lo que nuestro niño interior realmente desea, que es ser visto y amado por lo que era a una edad más temprana. Recibir elogios a los treinta años no apaciguará a nuestro niño interior, o solo lo hará temporalmente, antes de que la soledad y el vacío se asienten de nuevo.

Eric Berne, creador de la teoría del análisis transaccional, describió lo que buscamos del mundo exterior como "refuerzos", y a esto se le entiende, popularmente, como "acariciar el ego". Nos manipulamos los unos a los otros, mediante cumplidos o elogios, para obtener algo a cambio. Y si no hemos experimentado la intimidad verdadera y el amor incondicional, nos convertimos en criaturas transaccionales, buscando la aprobación del mundo exterior. En pocas palabras, practicamos la reciprocidad, pero ofrecemos cierta cantidad de bondad a los demás a cambio de recibir lo mismo.

Los "refuerzos" que buscamos en los demás se convierten en gran parte de nuestro juego, en donde nuestras interacciones nos ofrecen la seguridad de que somos lo suficientemente buenos. Los "refuerzos" consisten en conexiones simples, como saludar al vecino para que él, a su vez, nos conteste con un "¡Hola!". Mediante esta simple interacción recibimos una pequeña aprobación y un "refuerzo" recíproco. Si el vecino ignora nuestro saludo, nos sentiremos mal y probablemente proyectemos pensamientos bastante desagradables hacia él.

Muchas de nuestras interacciones son transaccionales y así operan. Un hombre y su pareja pueden contar las tareas que hacen en casa para discutir quién hizo más durante una semana. Una mujer puede pasarse horas maquillándose y tomando cientos de *selfies* para obtener la foto perfecta y recibir elogios en las redes sociales. Algunos profesores suelen leer minuciosamente las reseñas que sus alumnos hacen de ellos al final de cada semestre, y aunque por un lado lamentan el tiempo invertido y lo desagradables e inconscientes que pueden ser los chicos, por otro lado saborean cada cumplido como si fuera oro. Una empleada puede estar devastada por ser ignorada en el trabajo, pero se le ilumina la cara cada vez que su jefe la mira.

Cuando en nuestro interior nos sintamos inherentemente valiosos, no solo con lo que somos, sino como somos, recobraremos bastantes energías del mundo exterior y las personas ya no tendrán el poder de considerarnos aceptables o dignos de ser amados. Seremos nosotros quienes determinen internamente si nuestras acciones y creaciones son dignas, y decidiremos lo que valoramos de nosotros mismos para elegir en qué debemos trabajar más.

Cuando abandonamos el juego de recibir "refuerzos" del mundo exterior, al fin dejamos de compararnos con los demás y ya no nos sentimos superiores ni inferiores a quienes nos rodean. Es cuando pasamos a un estado donde estamos bien y nos sentimos a gusto con nosotros mismos. Es entonces, y solo entonces, cuando reconocemos lo agotador y desgastante que era probarnos a nosotros mismos ante el mundo exterior, que en el mejor de los casos es voluble en cuanto a sus decisiones sobre si tenemos el debido derecho a existir y a ocupar un espacio.

En ese momento podremos ir más allá de los roles de la infancia, de los bucles (patrones repetidos de heridas) y las obras de teatro para ser, simple y llanamente, quienes somos. Solo así cerraremos el capítulo de nuestra infancia y podremos entrar con plenitud en la adultez.

Entrada a la edad adulta

Como adultos, podemos aprender a aceptar cualquier abandono, rechazo o abuso que haya ocurrido en el hogar de nuestra infancia, pero una vez que salgamos de la negación sentiremos plenamente la ira, el dolor, la depresión y otras emociones que se originan por no haber sido totalmente aceptados y amados por nuestros padres.

Por ello, convertirse en un adulto espiritual significa abordar las heridas de frente y reconocer con claridad la desesperanza de la situación. Lo más sanador que le puede suceder a nuestro niño interior es reconocer que nuestros padres no tuvieron la capacidad o voluntad de ofrecernos amor incondicional, con lo que dejaremos de lado la esperanza de que algún día puedan hacerlo. Solo así podremos seguir adelante con nuestras vidas, al llorar nuestra infancia y encontrar el amor en las relaciones con personas que realmente lo puedan ofrecer, incluido nuestro yo adulto.

Podemos ver a nuestros padres como seres humanos, con sus propios defectos y heridas, mas esto no significa perdonarlos por habernos hecho mal. Significa que nos alejamos de una relación infantil con ellos y equilibramos los poderes en tal situación. Porque, de niños, nuestros padres tenían todo el poder y nosotros éramos impotentes ante las decisiones más importantes de nuestra vida, pues no podíamos ejercer control alguno sobre nuestro entorno. Pero al recuperar ese poder, ya como adultos, podemos apreciar a los miembros de nuestra familia como personas, lo cual genera aceptación y nos brinda la capacidad de dejar atrás cualquier patrón, papel o necesidad perjudicial de enmascaramiento o aprobación. Eso no ocurrirá sino hasta que, inconscientemente, pasemos por este proceso, conocido como "compulsión de repetición", que es cuando nuestro niño interior experimenta negación, reprime sus emociones y repite el patrón infantil de esperar que nuestros padres nos ofrezcan el amor y la aprobación que incluso como adultos anhelamos.

Al soltar esta esperanza, el niño podrá seguir adelante, mientras que el adulto ya no necesitará ver reflejado el papel de sus padres en el mundo exterior. Solo entonces podremos ofrecernos a nosotros mismos el amor, la aprobación, la aceptación y las consideraciones positivas que nunca se nos dieron en la infancia.

A menudo, el primer paso para sanar al niño interior consiste en comprender las formas en que hemos sido dañados o victimizados. Esto, incluso en casos de abuso directo, puede resultar difícil de ver y es aún más difícil reconocerlo cuando un adulto sostiene que tuvo una infancia idílica o que no tiene nada en qué trabajar con respecto a su infancia. No dudo que en algunos casos resulte cierto, pero quienes más se aferran a los lazos de la infancia suelen ser los que fueron más dañados. Aquellos cuyas heridas de la infancia estuvieron envueltas en silencio, que crecieron en hogares donde técnicamente no pasaba nada, pero donde el amor y la aceptación incondicionales no estaban presentes, suelen requerir de curación tanto o más que cualquier otra persona. Tendemos a descartar muy fácilmente nuestro dolor al señalar a otros que sufren más o tienen un dolor peor. Sin embargo, persiste la necesidad de sentirnos valiosos y ser aceptados por lo que somos. Si aún no llegamos a tal punto, tenemos trabajo por hacer.

El siguiente paso consiste en que nuestro niño interior sienta todo el peso de nuestro victimismo, pues no avanzaremos más allá de identificarnos con el papel de "víctima" hasta que hayamos validado plenamente el dolor emocional de nuestras experiencias. Solo cuando sintamos y aceptemos plenamente que fuimos agraviados, podremos dejar de ser meras víctimas para avanzar a un lugar donde experimentemos más esperanza y poder.

El resultado final de trabajar con el niño interior radica en entender que nuestros padres son simplemente personas con defectos y fallas, e incluso es posible que hayan hecho cosas imperdonables. Pero, en la mayoría de los casos, nuestros padres son una mezcla de lo malo y lo bueno, en lucha con su propio condicionamiento infantil, al igual que ahora pasa con nosotros. Sacar a nuestros padres de los papeles estáticos de héroes o villanos significa quitarles nuestro poder. Porque así como ellos nos impusieron determinados papeles, nosotros los ubicamos a ellos en ciertos roles, y soltar todo eso nos permitirá ir más allá de las ataduras de la infancia y relacionarnos con el mundo ya como adultos.

Asignación de otros papeles

La mayoría de los papeles que buscamos ver reflejados provienen de nuestra infancia. Si bien los papeles de madre y padre requieren de un examen cuidadoso, también solemos proyectar otros roles. De hecho, cualquier figura de autoridad que nos haya importado nuestros años de desarrollo puede ser un personaje que queramos ver reflejado más adelante en la vida.

Veamos un ejemplo: Antonio encontró en su profesor de gimnasia una figura paterna. Su maestro era muy duro, pero bastante justo, y en verdad se preocupaba por Antonio. Sin embargo, por desgracia murió cuando Antonio seguía en el bachillerato. Cuando el joven adulto salió al mundo, descubrió que sus jefes, amigos y otras personas no estaban a la altura de su maestro. Muchas veces Antonio se sentía indignado por la conducta de los demás, sin darse cuenta de que intentaba imponer en los demás el papel del profesor fallecido.

Cuando elegimos a alguien para desempeñar un papel, por lo general nos encontramos con que nuestras proyecciones sobre esa persona no encajan del todo bien. Es probable que hayamos elegido a alguien para cumplir con un rol porque tiene los requisitos mínimos para ello, como una figura de autoridad o alguien con temperamento similar al de la persona que elegimos.

Cuando el papel no se ajusta a la persona, nos sentimos amenazados y perturbados por ella, porque no actúa como quisiéramos que lo hiciera. Las proyecciones que hacemos sobre ella, el papel para el que la elegimos, no encajan del todo con quién es y cómo se comporta. Entonces, actuamos inconscientemente de cierta forma, con el objetivo de que desempeñen el papel que queremos.

Dakota idolatra a su nueva profesora de arte, Olivia, a quien le platica sobre todos sus maestros previos y cómo la dañaron; además, le dice lo mucho que la ama y aprecia. Un día, sin previo aviso, Dakota comienza a comportarse de manera inapropiada, tanto con Olivia como con sus compañeros de clase. Dakota ha proyectado en Olivia la relación con su madre, y el ambiente doloroso de su hogar en sus compañeros y en la maestra. Dakota ofende a los compañeros actuando como su superior y le envía correos electrónicos a Olivia menospreciando su trabajo. Los papeles que les ha impuesto ocasionan que Dakota sea rechazada por Olivia y sus compañeros. Pero Dakota, por supuesto, no reconoce su proyección y se cree víctima de un mundo lleno de personas que la rechazan y quieren abusar de ella. Cuando Olivia saca a Dakota de la clase por su mal comportamiento, reconfirma la necesidad de la chica de ser abandonada y rechazada una vez más.

Pablo suele usar sus redes sociales para publicar comentarios negativos acerca de todo tipo de temas, desde el cambio climático hasta el sexismo y la apropiación cultural, y siempre lo hace imponiendo sus puntos de vista sobre los de personas mejor informadas respecto de esos asuntos. Pablo creció con un padre que era el pilar de su comunidad, un hombre que tuvo éxito en su matrimonio y en su carrera, y que era muy querido por amigos y familiares. En cambio, Pablo era tímido y torpe, y sentía que nunca podría estar a la altura de su padre. A pesar de que este nunca abusó de él y siempre fue amable y condescendiente, Pablo proyecta el papel de su padre en los demás, y le sienta mal si tienen éxito, porque le parece que él jamás lo logrará. En consecuencia, al interactuar en línea, Pablo espera recibir odio, amenazas y reacciones negativas, pues así es como se siente consigo mismo al compararse con su padre.

Estos intentos por encasillarnos a nosotros mismos y a los demás en papeles acordes a nuestro juego suelen funcionar, por eso nos sentimos reconfortados cuando otros interpretan los papeles que elegimos para ellos, ya que nuestro propio papel depende de que nuestro elenco de personajes actúe de una manera específica. Es decir: si alguien no cumple con su papel, toda la obra estará en riesgo. En este caso, si alguien llegase a tratar a Pablo con amabilidad o incluso con lástima, él tendría que cuestionarse todo su odio a sí mismo, lo cual serviría para recuperar parte de sus sombras. Pero, con el fin de que su obra continúe, Pablo se enfoca en aquellos que le expresan odio, mientras apela a la indignación moral. De hecho, destila odio para recibir las respuestas que busca inconscientemente.

Y si algún personaje no encaja con el papel asignado o no sigue la narrativa que pretendemos, apelamos al sentido de indignación moral para defendernos.

Apelar a la indignación moral es creernos, simultáneamente, tanto víctimas como héroes de nuestra realidad y encasillar a las otras personas en el papel de villano. Sentiremos repugnancia u odio por su conducta, al no encajar en el rol que les impusimos. Al hacer esto aislamos a los otros, negamos su humanidad y su derecho a ser considerados seres humanos ajenos a nuestras proyecciones.

Al hacer el trabajo de sombra comenzamos a comprender que aquellos individuos por los que nos sentimos moralmente indignados, pueden ser vistos como una parte de nosotros mismos con la que no nos hemos reconciliado. Por otro lado, nuestra necesidad de sentirnos moralmente superiores tiene un alto costo: una parte de nuestra sombra. Porque si no vemos la humanidad en los demás, nos separaremos de las partes de nosotros que nos desagradan u odiamos.

Sin embargo, si cuestionamos nuestra indignación moral podemos recuperar nuestras sombras y nuestra vitalidad robada por las proyecciones en las personas que elegimos para determinados papeles. Cuando podemos vernos reflejados en los demás, recuperamos la energía que antes poníamos en el exterior. Al reconocer los papeles que les impusimos, gradualmente dejamos de lado nuestra necesidad de elegir a otros como actores de nuestra obra.

Identificación

Hay una leyenda popular sobre un estofado de res a la olla. Una mujer cocina cada domingo un estofado, y tal como lo hacía su madre, corta los extremos de la carne antes de meterla a la olla. Un día, le pregunta a su madre por qué hay que cortar los extremos, a lo que esta responde: "No sé, así lo hacía mi madre". Entonces la mamá acude a su propia madre, la abuela, y le pregunta: "¿Por qué cortabas los extremos de la carne al preparar el estofado?". La abuela le dice: "Solo así cabía la carne en la olla…". Esta historia describe a la perfección cómo funciona la identificación.

Aprendemos a vivir el rol de adulto a través de un proceso de identificación con nuestros padres. Sin que seamos conscientes de ello, asumimos las formas en que ellos viven en el mundo. Esto puede incluir cosas simples, como la forma de pagar impuestos y su manera de ejercitarse, pero puede extenderse a todo, desde la cocina y las tradiciones navideñas hasta los peinados, la ropa y las prácticas de crianza. Es posible que llegue a definir cómo será nuestra familia y hogar en la edad adulta.

A menudo insistimos en hacer las cosas como aprendimos a hacerlas en la infancia solo porque nuestros padres así las hacían. Esto tiene aspectos positivos y negativos: nuestra madre pudo ser una cocinera fantástica y las vacaciones familiares pueden haber sido muy alegres, ambos ejemplos de lo que queremos continuar. Pero seguir el mismo patrón impone cierta rigidez. Muchos hacemos las cosas porque creemos, como adultos, que debemos representar el papel de adultos de la misma manera como lo representaron nuestros padres. De manera intuitiva, interpretamos el mismo papel que ya desempeñó uno o ambos padres, sin cuestionarnos si ese papel nos conviene.

Abel insiste en que el árbol de Navidad se coloque de una manera específica y que sus hijos abran los regalos en Nochebuena, dejando solo uno para el día de Navidad. También insiste en que para esa celebración se sirva un plato específico con papas, el cual debe ser degustado por la familia al mediodía. Asimismo, él debe recibir su plato servido al ocupar la cabecera de la mesa. Esa es la manera en que su familia, durante su infancia, celebraba la Navidad, y por eso insiste en seguir con la tradición.

Julia se empeña en asear su casa y encargarse del cuidado de los hijos, pese a que tiene un trabajo de tiempo completo que la agota sobremanera. Su madre era ama de casa y mantuvo su hogar siempre limpio y ordenado. De hecho, a su madre le molestaban los ruidos fuertes, el desorden y la suciedad, por lo que Julia creció sintiendo que no podía ensuciarse ni actuar como una niña normal en su propio hogar. Julia es más indulgente con los ruidos fuertes, pero aún siente la necesidad de que su casa se asemeje a la de su madre, además de asumir el cuidado de los niños y las tareas domésticas, a pesar de tener el dinero suficiente para contratar una niñera o alguien que le limpie la casa.

Ahmed insiste en que su esposa no trabaje, pese a que a ella le gustaría hacerlo, porque así entrarían ingresos extra al hogar. El padre de Ahmed supervisaba todas las finanzas de su casa y era bastante tacaño con los gastos. Por ende, Ahmed se vuelve igual, pese a que una parte de él desea tomar vacaciones y reconoce que si su esposa trabajara ayudaría las finanzas domésticas.

La identificación surge comúnmente en la edad adulta, al asumir el papel de nuestro padre del mismo sexo. La forma como llevamos nuestras vidas, quiénes somos y lo que consideramos como "mujer adulta" u "hombre adulto" implica, en gran medida, hacer el mismo papel que tenían nuestra madre, padre o tutor.

Esto sucede incluso con niños que juran y perjuran que nunca serán como sus padres. Muchos niños, en su primera infancia, hacen un pacto secreto de no parecerse a sus padres, pero acaban con una doble identificación: hacen el papel de su madre, padre o tutor sin darse cuenta, mientras cumplen con el voto de no ser como ellos. Como sea, todavía se identifican con el papel de sus padres y simplemente actúan en contra de él.

Radha creció con una madre joven, alcohólica y negligente. Su madre era bastante pobre, por lo que se casó varias veces con una serie de hombres violentos. En consecuencia, Radha juró desde temprana edad no parecerse en nada a ella. Decidió además que no tendría hijos cuando fuera adulta, y que se esforzaría por asegurar su éxito económico. No obstante, se vio involucrada con hombres adictos, aunque no violentos, que la descuidaban. Radha tenía que hacer todo por su cuenta, al igual que su madre. En otras palabras, conservó esa parte del papel materno.

Para que Radha se liberara tendría que renunciar a toda la identificación con su progenitora, incluida la promesa de no parecerse en nada a ella. Aunque este voto tiene sus beneficios, también es limitante, pues si nos oponemos a alguien, ese "alguien" nos sigue controlando, ya que es crucial que actuemos en oposición. Radha debe poder escoger por sí misma si quiere criar hijos y si quiere concentrarse en su éxito financiero, independientemente del papel que desempeñó su madre.

Vinculación traumática

A menudo nos relacionamos con los demás porque experimentan o han experimentado un dolor similar al nuestro. En ellos encontramos un espejo que refleja directamente nuestras propias experiencias y nuestro propio sentir sobre la vida. Existe una sensación de seguridad y certeza que se desarrolla al rodearnos de nuestras propias creencias y comprensión reflejada de la realidad.

Esto significa que es probable que te identifiques con alguien soportó un sufrimiento semejante al tuyo y que refleja el mismo dolor que llevas a cuestas. Esto puede crear empatía, amistad y estados de interconexión para apoyarse y conectarse entre sí.

Pero esto también podría significar que alguien no te guste o que no te lleves bien con tal o cual persona porque te recuerda alguna parte de tus sombras o algún dolor que no deseas admitir. Sin embargo, si dicho dolor ha sido reprimido y negado es por una razón.

Aunque ella no lo conoce, Olga realmente odia a Franco. Están en el mismo campo de consultoría y ella ve, con frecuencia, sus publicaciones y respuestas en línea. Cuando se cuestiona su odio hacia él, reconoce algo de sí misma: el mismo tipo de inseguridad e ineptitud, combinadas con una desesperación por lograr el reconocimiento.

Heather ama con locura a James, y hasta lo llama su "alma gemela". Mantienen una profunda amistad que se siente como si fuesen amigos de siempre, aunque apenas se conocieron hace pocos años. James comienza a ir a terapia y logra un trabajo significativo en sí mismo, por lo que Heather lo siente más distante; ya no son tan compatibles como antes. Esto se debe a que James ha sanado una buena parte de los traumas de su niño interior y ya no comparten las mismas heridas de abandono y soledad que llegaron a unirlos tan estrechamente.

Cuando proyectamos nuestras partes oscuras en alguien más, a corto plazo puede resultar algo positivo, pero eventualmente nos damos cuenta de cómo nos reflejamos en el otro y cómo usamos nuestras experiencias compartidas para conectarnos. Por eso, con el trabajo personal a veces abandonamos un papel, una amistad o una relación, pues ya no necesitamos proyectar y elegir papeles como antes lo solíamos hacer. Hemos cambiado, hemos sanado, y nuestra obra de teatro y sus roles y narrativa lo reflejan.

Claro que, en algunos casos, cuando una persona cambia, un amigo o pareja bien puede adaptarse a la nueva realidad con el paso del tiempo. Los dolores de crecimiento en las relaciones son muy reales, pues hay que aclimatarse de nuevo a los roles que vivimos y a los papeles que nos han impuesto. Pero una vez que la otra persona se acostumbra al cambio, ya sea en una relación amorosa o una amistad, soltar roles o modificarlos permite el crecimiento y la sanación de ambos individuos.

Sin embargo, en determinados casos dicho crecimiento podría generar dificultades en la relación, pues la otra persona estará acostumbrada a que sigas un guion específico y ahora ya no encajas en su obra, por lo que se sentirá incómoda y confundida. Incluso podría actuar de una manera determinada para devolverte a tu papel anterior. La pregunta, por tanto, sería: ¿mi pareja o amistad está en mi vida simplemente para reflejarse en mi dolor o para cumplir un papel específico, o existe una verdadera intimidad entre los dos?

Asignación de otros papeles en nuestra obra

Aunque los papeles de madre y padre, o cualquier figura de autoridad de nuestra infancia, son personajes con un considerable peso en nuestras obras, también elegimos a otras personas para otros papeles.

Si tenemos un trauma como adultos, podemos responder a la amenaza correspondiente asignando a otros el papel de perpetradores. Marla sufrió un allanamiento de su casa y quedó severamente conmocionada, por lo que ahora vive hipervigilante en su hogar por las noches y le teme a cualquiera que parezca ser un agresor. Tomás fue acosado en su primer trabajo y ahora reacciona, de forma exagerada, a cualquiera que se burle de él.

También terminamos asignando papeles como resultado de la cultura popular y nuestra relación con el ciberespacio. Cabe recordar que todo lo que hacemos en línea es rastreado y luego comprado y vendido por diversas corporaciones y anunciantes. Lo que llega a nuestra consciencia, videos, música, publicidad, se basa en quienes somos, lo que decimos y lo que buscamos en internet.

Cuando tenemos hijos, nuestra propia identificación con ellos y las proyecciones que hacemos sobre ellos pueden crear roles complejos. Ida, por ejemplo, estaba encantada de tener un hijo al que ama inmensamente. Por eso, cuando el hijo comenzó a tener citas románticas, para Ida ninguna mujer era lo suficientemente buena para él. No podía soltar el control de su hijo, porque quería ser la única mujer en su vida y aún lo veía como a un niño. Intentó sabotear sus relaciones y proyectó todo su odio sobre la esposa de su hijo, a la que denosta continuamente ante todos. Ida eligió a su nuera para representar el papel de "villana", pues no podía aceptar que su hijo hubiera crecido, se hubiera emancipado y, encima de todo, que su papel hubiera cambiado.

Reyansh amaba a todos sus hijos, pero no entendía al menor, Advik, que siempre estuvo interesado en las computadoras y pasaba largas horas jugando videojuegos. Reyansh quería que Advik fuera extrovertido, que se casara y tuviera un hijo, para poder ser abuelo. Y aunque la esposa de Advik era agradable, Reyansh lamentaba que ella y su hijo no pudieran tener descendencia, por lo que la culpó y proclamó, públicamente, su decepción, avergonzándola a ella y a Advik en las reuniones familiares, haciendo chistes sobre cómo su linaje terminaría con ellos.

Es típico que los padres proyecten papeles en las parejas de sus hijos, y que muchas veces estos sean extensiones de las proyecciones que hacen sobre sus propios hijos. Los padres tendemos a considerar a los hijos como una parte de nosotros, por eso cuando crecen, se independizan y viven su propia vida, hay momentos en los que los padres sentimos dolor, decepción y hasta desaprobación. Pero en una relación sana, a los padres les emociona que su hijo o hija se individualice, incluso si no están de acuerdo con las opciones de vida elegidas por sus vástagos adultos. De hecho, celebran su carrera, al cónyuge o la trayectoria de vida de su "pequeño", aun cuando no sea lo que ellos habrían elegido para sí mismos.

En las relaciones malsanas, los padres siguen viendo al niño como una extensión de sí mismos, y ejercen el control para que siga desempeñando el papel de niño, sin importar su edad. Al considerar a su hijo como parte de sí mismos, lo someten a su sombra, a sus esperanzas, a sus sueños no vividos y a sus emociones y traumas no reconocidos. Además, manifiestan su decepción por las decisiones independientes de su hijo, quien desarrolla su propia identidad.

Al proyectar un papel de "madre" o "padre" en nuestro cónyuge o pareja, proyectamos también las partes más grandes de nuestra sombra repudiada. Este es un tema en el que ahondaremos en capítulos siguientes.

Así, a medida que crecemos nos alejamos de la creencia de que cada jefe que tenemos es un "padre sustituto" y desarrollamos nuestra propia idea de lo que debería ser un jefe. Además, descubrimos grandes divisiones entre nosotros y los demás en política, ideologías, filosofía, religión, espiritualidad y hasta la forma de vivir. Y es que tales divisiones están sujetas a las proyecciones de los aspectos más oscuros de nuestro propio ser.

A medida que descubramos los papeles que hemos elegido, podremos ver claramente la obra que proyectamos al mundo y a las personas que lo habitan. En consecuencia, cambiará nuestra narrativa sobre la realidad, la forma como interactuamos con los demás, lo que vemos en ellos y lo que sabemos sobre nosotros mismos. Ya no nos limitaremos a una obra de teatro que, en buena medida, fue creada para nosotros desde nuestra infancia. O sea que, ya como adultos, podremos tomar medidas conscientes para soltar esa obra de teatro y movernos a otros espacios.

Capítulo 10

Asignación de papeles

Cuando elegimos al elenco de nuestra obra buscamos a gente que cumpla con papeles específicos, además de los de padre y madre. Estos papeles deben cumplir con una función en particular y tener ciertos rasgos de personalidad, formas de ser en el mundo y hasta características físicas establecidas por nosotros de manera inconsciente. Seleccionamos a gente que cumple con los patrones de dolor que se ajustan a los papeles requeridos para llevar a cabo nuestra obra de teatro. En el capítulo anterior vimos ejemplos de esto, como el de un hombre que busca a una mujer emocionalmente no apta, pequeña y regordeta, como su madre, para desempeñar el papel de "madre", mientras que él representa el papel de "niño".

Para este papel, él requiere de una mujer emocionalmente cerrada y que se parezca físicamente a su madre. Si ella cambiase de modo significativo para convertirse en una persona más cálida y abierta, o si decidiera cambiarse de peinado o bajar de peso, ya no encajaría en el papel impuesto y él se molestaría.

Cuando elegimos a alguien para desempeñar un papel, de alguna forma necesitamos que permanezca estático, que siempre sea una "madre", una "narcisista", una "villana" o una "bruja". Y si esa persona se sale de su papel, inconscientemente intentamos llevarla de regreso a su rol original. Por ejemplo, si la esposa de este hombre deseara intimidad, él, de manera inconsciente, podría irse a beber con sus amigos hasta que ella volviera a su papel estático de "madre emocionalmente no disponible".

Si su estrategia tiene éxito, ella retomará su papel original. Pero si su proceder falla, habrá problemas en su matrimonio. Dependerá de ambos definir si desean resolverla dificultad y crecer más allá de sus papeles, o si deciden que la relación ha llegado a su fin. Y si el problema no se resuelve, el hombre seguirá con su vida y buscará a otra mujer para representar su papel de "madre".

Cuando elegimos un papel lo hacemos para satisfacer necesidades emocionales y físicas específicas. Por ejemplo, una jefa busca colocar a una mujer en el papel de "empleada" pero, en su opinión, el rol de empleada debe ser ocupado por alguien que sea trabajadora, capaz de realizar tareas específicas relacionadas con la computadora y que también esté dispuesta a ceder a sus solicitudes, a veces irracionales. Y si la empleada contratada no accede a trabajar horas extras o se resiste a cuidar al hijo de la jefa cuando ella lo lleva a la oficina, la jefa se molestará, puesto que su empleada no cumple con el papel estático que ella le asignó como "empleada".

"Arquetipo" es una palabra de origen griego que significa "patrón original" o "modelo". Los arquetipos proporcionan una comprensión más amplia de un rol y representan características fundamentales de una imagen o pensamiento prototípico. De forma tanto colectiva como personal, creamos imágenes e historias en torno a nuestra comprensión más profunda de la experiencia humana, y nos valemos de tales imágenes e historias para darle sentido al mundo. Como seres humanos, nos gusta ver y reconocer patrones, por lo que los arquetipos nos ofrecen la oportunidad de ver de manera más amplia los roles representados en el escenario mundial. Por ejemplo, George Lucas utilizó como inspiración el trabajo de Joseph Campbell sobre el héroe arquetípico y el viaje del héroe para *La guerra de las galaxias*.

Los arquetipos son historias en torno a nuestros impulsos básicos. Nuestros instintos surgen en la consciencia popular como símbolos, mitos, sonidos (y música), historias y matemáticas. Desde tiempos inmemoriales, los cuentos de hadas, las leyendas populares y los mitos han ilustrado luchas y motivaciones de la naturaleza humana.

Muchos de nosotros podremos sentirnos a veces como Sísifo, que empujaba una roca colina arriba solo para verla rodar desde la cima hacia abajo cada vez. La idea de "no importa lo que hagamos, siempre acabaremos en el mismo lugar" está arraigada en nuestra psique y en algún nivel, pequeño o grande, todos vivimos este mito, que también muestra nuestro instinto humano básico de continuar con los mismos patrones habituales, aunque no nos ofrezcan nada a cambio. Cuando sentimos que luchamos contra el colectivo, o si pensamos que somos castigados por fuerzas externas, es como si empujáramos esa roca colina arriba, una y otra vez, pese a que sabemos que volverá a rodar hasta abajo. Que distinto sería ese relato si nuestros amigos o la comunidad nos ayudaran a empujar la roca, o si decidiéramos dejar de empujarla por completo.

Nuestros mitos y leyendas, junto con sus impulsos, se muestran hoy a través del cine, la televisión y las redes sociales. Personajes influyentes en las redes sociales, estrellas de *reality shows*, actores, políticos, músicos y demás famosos en nuestra esfera pública, nos enseñan nuestras figuras arquetípicas colectivas.

Lo que observamos en las figuras arquetípicas colectivas, son papeles y patrones estáticos en un escenario mucho más grande. Pero al igual que los roles que establecemos en nuestras vidas individuales, estos papeles colectivos carecen de cualquier tipo de matiz. Aparecen el héroe, la víctima, el villano, el amante, el creador y muchos otros roles que reflejan nuestros propios impulsos y luchas individuales.

A nivel individual, un rol y un arquetipo pueden tener una superposición significativa. Sin embargo, lo que un jefe decida considerar como "empleado" puede diferir notablemente de lo que otro jefe opine. Lo que decidas elegir como "novio" o "novia" será diferente de tu imagen arquetípica de un novio. Por ejemplo, inconscientemente podrías elegir que tu novio sea alto e inteligente, pero que también responda al patrón de tu infancia, en el que tus padres luchaban para comunicarse entre sí. Desde el punto de vista arquetípico, un "novio" podría ser caracterizado como estrella de cine no disponible, increíblemente guapo y de carácter libertino, que solo se dedique a ti. Por otro lado, quizá eres alguien que ha tenido malas relaciones con los hombres y, por lo tanto, tu hombre y posible "novio" arquetípico es egoísta y grosero, y nunca te ayuda con las tareas del hogar. Este tipo de relación satisface los papeles tanto del "novio" como del "hombre".

Un arquetipo es nuestro modelo conceptual de alguien o algo según las experiencias personales que tenemos de ellos. Esto puede ser tan simple como imaginar al perro arquetípico como un dálmata, quizá por una película que vimos de niños, o porque tuvimos un dálmata como mascota en la infancia. Además, muy a menudo los arquetipos son nociones románticas o ideales, perfeccionadas respecto de tal o cual rol. Un ejemplo común es el novio arquetípico que era "niño malo" y se vuelve bueno.

Cabe tomar en cuenta que nuestros arquetipos pueden estar sesgados por nuestras percepciones y experiencias personales. Por ejemplo, experiencias difíciles con hombres o mujeres harán que el hombre o la mujer arquetípicos proyectados sean un objeto de odio o dolor, en vez de una fuente de deseo o perfección. Y a un nivel aún más complicado, podemos tener una imagen arquetípica sesgada y perfeccionada de la misma cosa o persona, lo que nos resulta confuso y genera un conflicto en nuestro interior. Por ejemplo, un hombre puede odiar a las mujeres, pero también idealizar a mujeres específicas que considere "perfectas", con lo que somete a todas las demás al desprecio y la deshumanización. Ese hombre está dividido entre las mujeres arquetípicas con una belleza perfeccionada y el resto.

Todos llevamos las figuras y roles arquetípicos en nuestro interior, solo que algunos simplemente están inactivos o son menos activos; de igual manera, contamos con aspectos masculinos, femeninos y asexuales o ambiguos. Cargamos, asimismo, los roles del malvado, el explorador, el romántico, el estoico, el hedonista, el tirano, el adicto y todos los demás arquetipos. Pero solo si incluimos todos nuestros arquetipos y roles internos podremos ser seres humanos completos, capaces de disfrutar de una vida más plena y libre. A medida que reclamamos las partes de nuestra sombra proyectadas en el exterior, disolvemos el conflicto interno.

Por ejemplo, Edra tiene miedo a los aviones, pero le encanta ver documentales, sobre todo los que hablan sobre viajes a lugares lejanos. No puede reclamar su arquetipo de exploradora, así que observaba pasivamente cómo alguien más lo encarna en la pantalla. Pero si pudiera personificar al explorador a su manera, acaso con viajes que no requirieran volar, tal vez podría encontrar su exploradora interior.

A fin de recuperar figuras arquetípicas, a menudo necesitamos reconciliar aparentes paradojas dentro de nosotros mismos para reclamar nuestra multidimensionalidad. Por ejemplo, si un fisiculturista que se burla de aquellos que no hacen ejercicio y a quienes considera débiles, decide abrazar la sombra "débil" de sí mismo, no verá más un mundo dividido y dejará de gastar tiempo y esfuerzo en menospreciar a los demás. Por otro lado, será capaz de abrazar más plenamente su fuerza y convertirse en lo que realmente es, en lugar de algo que siente la necesidad de demostrar a todas luces.

Todos los roles y características que llevamos dentro tienen su opuesto. El hombre fuerte necesita señalar al hombre débil para desplazar su sombra interior de debilidad. Pero quienes tienen verdadera fortaleza ayudan a los que son débiles, porque saben que algún día también podrían ser débiles, ya sea por enfermedad o vejez. Aquellos que encarnan plenamente su fuerza, ven con claridad y aceptación las áreas de sí mismos que son débiles. Todos tenemos áreas en las que no podemos seguir adelante solos, por lo que necesitamos apoyo. Todos tenemos partes que no están completamente formadas o que son "débiles" por naturaleza, por lo que debemos aceptar roles aparentemente opuestos para salir de la jaula donde nosotros mismos nos encerramos.

Este trabajo no pretende cambiar los arquetipos; de lo que se trata es de convertirlos en su expresión más pura, pues muchas de las facetas de nuestra personalidad son fijas y, aunque logremos recuperar por completo nuestras sombras, siempre seremos tercos o algo melancólicos. Pero podemos desarrollar una buena relación con estas partes de nosotros mismos en vez de separarnos de ellas. Si nos identificamos plenamente con lo que somos, sin usar la intimidación o la humillación para obligarnos a ser otra cosa, podremos llegar a ser totalmente nosotros mismos.

Como nos definimos a nosotros mismos en un espectro tan estrecho y con roles y figuras arquetípicas tan específicas, nos sentimos legítimamente confinados. Pero estar aprisionados en un rol específico, con todas sus expectativas, significa que no podemos expresarnos o vivir de la manera que deseamos. Todo lo que queremos fuera de ese rol se proyecta en los demás, ya sea en personas cercanas o en figuras públicas. Nuestros deseos más profundos se manifiestan a través de nuestros principios religiosos y espirituales, o a través de las pantallas.

Pero consideremos los roles y arquetipos: el problema no es que existan dentro de nosotros, sino nuestra percepción de ellos se ve sesgada por la experiencia personal, y por eso no podemos librarnos de sus requerimientos estáticos. De hecho, al vernos a nosotros mismos viviendo tales roles, nos damos cuenta de cómo nos limitan, ya que no somos tan solo "madre" o "hijo" o "empleado". Podremos hurgar en las historias que vivimos y dejar de definirnos mediante paradigmas estrechos, además de reclamar arquetipos que se sienten distantes o inexistentes en nuestras vidas. Si reconocemos que todas las figuras y roles arquetípicos se desarrollan en nuestro interior, ampliamos nuestra percepción de quiénes somos, qué podemos hacer y quiénes podemos llegar a ser en este mundo.

La víctima

El papel que desempeñamos más frecuentemente es el de víctima. Y tenemos todo el derecho a ponernos en este papel, pues hemos sido agraviados muchas veces, tanto moral como física, sexual y emocionalmente. El daño y el sufrimiento en el mundo y en nuestras vidas nunca está ni estará bien, pero solo si aceptamos los alcances de nuestra condición de víctimas podremos traspasar los confines de dicho papel.

Nuestro victimismo requiere que seamos plenamente vistos y escuchados en nuestro dolor. En algún momento fuimos traumatizados y heridos, así que creamos mecanismos de defensa para que no nos volvieran a lastimar de la misma manera. Como carecemos de poder porque nos fue arrebatado, nuestras creencias son distintas, navegamos por el mundo de manera diferente, y somos diferentes.

Si hemos sido abusados, nuestros abusadores se confían en lastimarnos solo lo suficiente como para que sigamos siendo funcionales sin destruirnos, porque así podremos seguir desempeñando un determinado papel para ellos. Aún se nos necesita para cuidar a los niños, para trabajar, para hacer las tareas domésticas o para vernos lo suficientemente bien como para que el mundo piense que vivimos una vida normal y tranquila. El abuso depende de que permanezcamos en silencio, pasivos y rotos, hasta que la pila de rabia y resentimientos sin procesar se desborda un día, causando una incontrolable erupción de emociones. Si no salimos de la pasividad y la impotencia, de ese ciclo de amor y abuso, y nos hacemos cargo de nuestras propias vidas y recuperamos nuestro poder, arrebatándoselo a quienes nos lo robaron, nunca seremos los héroes.

Este proceso es más complejo en casos de abusos sistémicos y culturales, en los que el individuo solo puede liberarse hasta cierto punto de dichos ciclos. En tales casos el reconocimiento ayuda, así como ir más allá de las ideologías que proyecten pereza, insuficiencia, locura o inmoralidad debido a una opresión sistémica. Quienes trabajan en el cuidado de la salud, la docencia, las fábricas y la elaboración de comida rápida, hacen los trabajos más duros y sufridos del planeta y ganan poco de su experiencia.

El trabajo de sombra requiere que nos demos cuenta de que todos, de una manera u otra, somos víctimas y que como parte de la propia experiencia humana, además, todos sufrimos bajo el peso de un trauma colectivo. Todos hemos tenido alguna experiencia en la que nos sentimos impotentes o sometidos a la autoridad de otro. Al reconocer lo que tenemos en común con este arquetipo, que *todos hemos sido víctimas*, podremos avanzar y no sentirnos aislados en nuestro dolor. Podremos dejar de comparar nuestra condición de víctimas con los demás, ya que cada individuo o grupo ha tenido sufrimiento. Cuando estemos dispuestos a aceptar el papel de víctima dentro de nosotros mismos y veamos claramente cómo hemos sido agraviados y desvalijados de nuestro poder, tendremos empatía por el sufrimiento humano.

A fin de integrar plenamente dicho arquetipo necesitamos admitir, ante nosotros, el alcance total de nuestro victimismo. Tendemos a descartar muy fácil el dolos que hemos experimentado y, al mismo tiempo, siempre podemos señalar a alguien que la ha pasado peor. Y no podemos ver a nuestros padres o amigos como villanos, porque hacerlo implicaría salir de nuestra negación y enfrentar con denuedo el dolor que nos han causado. Cuando sintamos y validemos con plenitud el alcance total de lo que hemos experimentado, ya no viviremos más el papel de víctimas.

Cuando estamos dispuestos a vernos claramente a nosotros mismos como víctimas de la opresión financiera, cultural y espiritual sistémica, recuperamos las proyecciones e ideologías colectivas que se nos ofrecen con el fin de mantenernos complacientes. Los patrones colectivos requieren de una sanación colectiva.

La creencia de que no podemos ser víctimas implica que los demás pueden victimizarnos y estaremos ciegos ante eso. Los maestros espirituales y otras figuras de autoridad utilizan esta mentalidad porque les permite victimizar a sus seguidores sin cuestionarlos. Es decir: si no reclamamos nuestra condición de víctimas, no estaremos dispuestos a apreciar el alcance total de los daños que nos han causado a lo largo de nuestras vidas.

Representaremos como dominante el papel de víctimas hasta que realmente cerremos la puerta de nuestro pasado. Lo que vivimos en el pasado deja sus marcas; marcas emocionales, espirituales y físicas. Si no atendemos nuestro victimismo, se lo trasladaremos a alguien más y dañaremos al prójimo de la misma forma en que se nos dañaron a nosotros, lo cual cumple con la máxima de "las personas heridas hacen daño", porque es así. Pero no debemos dejar de lado la idea de que "la gente ignorante hace daño a la gente" o "la gente malvada hace daño a la gente". Lastimamos a nuestro prójimo más por ignorancia que por cualquier otra cosa. Es por eso que, cuando sabemos más, hacemos más, y podemos mirar hacia atrás y reconciliarnos con nosotros mismos por cualquier daño o dolor que hayamos causado en este mundo. Si nos damos la oportunidad, podemos reconciliarnos externamente, sin la necesidad de que las víctimas nos absuelvan o nos ofrezcan su perdón.

Cuando vivimos atrapados en el papel de víctimas, filtramos nuestra realidad para seguir siendo "las víctimas". No vemos los aspectos positivos de la vida ni las cosas buenas que se nos presentan. Habitamos una oscuridad espesa e impenetrable; consideramos al mundo horrible, la gente terrible y creemos que todo está en nuestra contra. Subconscientemente actuamos de una forma que haga que esto sea verdad.

Muchos comportamientos desagradables y malintencionados vienen de aquellos que están tan atrapados en el papel de víctimas desde su infancia que continuamente imponen a los demás el papel de victimarios. Por ejemplo, Willow cree que nadie se fija en ella porque sus padres solo lo hacían cuando era necesario, sobre todo cuando alguien hacía comentarios que daban una mala imagen de la familia. Hoy, ella hace comentarios inapropiados y se viste al estilo *punk*. Cuando recibe la retroalimentación negativa que secretamente desea, se refuerza su creencia de que es una niña descuidada y victimizada. Si Willow sanara esta dinámica infantil, su vestimenta y sus comentarios incomodos podrían seguir igual, pero cambiaría su bucle infantil de "pobre de mí", junto con la narrativa interna que lo acompaña. La gente se identificaría más con ella, al no proyectarse inconscientemente en el papel de víctima, en el cual debe actuar de forma inapropiada para recibir atención.

Shauna creció como una de las pocas niñas negras en un entorno escolar predominantemente blanco, por lo que fue intimidada y victimizada, aunque siempre mantuvo la calma y el silencio para evitar ser castigada. Por tal razón, creció enojada y desconfiada de las amistades. Aunque no fue fácil entender la diferencia entre sus sentimientos infantiles y los de su adolescencia, que requerían sanación, además de su justa ira contra el mundo y quienes la veían como una persona de color, al verse con mayor claridad pudo reaccionar de forma adecuada a sus circunstancias y desde una perspectiva adulta, en lugar de hacerlo desde el punto de vista de una niña malherida.

Solo cuando aceptemos que nuestro pasado quedó por completo en el pasado podremos ir más allá de la indignación moral y cerrarle las puertas a lo que pasó hace mucho tiempo. Sí, fue algo desafortunado, pero no por eso debe definir lo que hoy somos. Debemos seguir avanzando y no continuar viviendo las heridas de nuestra infancia.

El villano

La indignación moral que sentimos contra los demás se desvanece a medida que entramos en contacto con nuestro propio villano interior. Pero solo podremos reclamar plenamente a nuestro villano y perpetrador interior si entendemos que tenemos la capacidad de dañar, abusar e incluso matar. Claro que son las elecciones conscientes que hacemos con respecto a cómo actuamos lo que nos diferencia de aquellos que cometen tan nefandos hechos. Podemos hacer daño, mas elegimos no hacerlo. Al recuperar a nuestra víctima interior y a nuestro villano interior, el papel de víctima se desvanece.

Y es que tiene que haber un villano para que haya una víctima. Sin un "chico malo" no puede haber un "chico bueno" y no pueden existir las tan conocidas dicotomías entre lo bueno y lo malo, lo moral y lo inmoral y lo justo y lo injusto. Por ello, debemos trabajar las muchas capas de nuestro victimismo, hasta llegar al punto en que veamos al villano que todos llevamos dentro. Porque, por lo general y sin darnos cuenta, hemos causado dolor, hemos arrebatado el poder o hemos participado en injusticias para nuestro propio beneficio.

El papel del villano es el Otro en su máxima expresión. Sobre él proyectamos nuestras sombras más oscuras y, por lo general, es la última parte de nosotros mismos que reclamamos, porque es mucho más fácil convertir a nuestros villanos en personajes de caricatura, políticos, prisioneros y hasta asesinos en serie. A diario conocemos ejemplos extremos de conductas polarizadas gracias videos y noticias, y sobre esos personajes proyectamos nuestras sombras más oscuras.

Ver al villano más que como una presencia estrictamente maligna lo humaniza y lo atavía con una diversa complejidad. Todos somos héroes y villanos; todos somos perpetradores y víctimas. Al hacer esto, cejamos al empeño de ver al Otro de modo unidimensional, y nuestros villanos ya no son estrictamente malvados; ahora tienen matices buenos y malos, así como cualidades intermedias.

Reconocer las áreas grises dentro de nosotros representa un paso significativo en nuestro camino hacia una mayor autorrealización y sanación. La vida real incluye villanos que pueden ser amantes, creadores, sanadores, exploradores y proveedores. Cuando nos damos cuenta de esto, la fachada del supervillano de cómic se desprende y nos quedamos con los humanos (profundamente ambiguos, inconscientes, que solo se esfuerzan por hacer lo que pueden), y dejamos atrás la hipocresía. Reconocer tanto al villano como a la víctima que llevamos dentro, implica encarnar plenamente nuestra luz y nuestra oscuridad.

El héroe (o heroína)

Mucho se ha escrito sobre el "viaje del héroe", aventura arquetípica para superar cualquier tipo de oscuridad. Es la misión en la cual el héroe sale al mundo, se encuentra con el enemigo y regresa a casa cambiado. A un nivel más profundo, el viaje del héroe representa la toma de consciencia; las sombras de aquello que ha sido desconocido, reprimido y negado salen a la superficie y son reclamadas.

Podemos vernos como protagonistas de nuestras historias, como el héroe que sale triunfante luego de una batalla o prueba. Estar en el viaje del héroe significa encarnar la luz y luchar continuamente contra las fuerzas de la oscuridad. Ser héroes o heroínas significa tener siempre un enemigo o un conflicto y actuar con sentido y propósito, pues solo así venceremos a los monstruos y retornaremos cambiados. Solo así recuperaremos el tesoro robado y volveremos totalmente iluminados.

Pero el problema de representar el papel de héroe radica en que siempre tenemos que participar en una búsqueda, porque los héroes no descansan: siempre están en busca del próximo monstruo al que han de matar. En consecuencia, nunca están presentes consigo mismos ni con sus cuerpos, pues están en guerra, andan de viaje tratando de hallar el vellocino de oro o defendiendo a su comunidad.

Si bien nos gusta pensar que el viaje del héroe tiene un final feliz, los que vivimos al héroe arquetípico sabemos que esto no es verdad. Nunca llega la satisfacción porque siempre surge un nuevo monstruo, un nuevo destino que perseguir o un nuevo esfuerzo por acometer. Tan pronto alcanzamos una meta se plantean otras nuevas. Y nunca hay enseñanzas, solo hay viajes peligrosos, uno tras otro.

Cuando reconozcamos que no hay una misión, sino solo nuestra idea de un cometido, podremos liberar al héroe. Podremos apelar a nuestro heroísmo las veces que sea necesario, pero definirnos como héroes significa sacrificar nuestras vidas por un bien mayor, el cual nunca conocemos por completo.

Existe tensión entre crear un significado para nosotros, entender nuestro propósito en el mundo y librarnos del héroe arquetípico, pues nuestras búsquedas nos son conferidas por el mundo exterior en términos como: "si no logras ciertas cosas en este mundo, no tendrás éxito". Nos estancaremos en el nihilismo y la angustia al ver lo ilusorias que son tales búsquedas.

Crear significado y propósito para nosotros mismos es fundamental; de lo contrario no podremos vivir nuestras vidas. Sin embargo, si creemos que todo en la vida es una lección, estaremos ciegos ante el hecho de que hay cosas con las que simplemente debemos lidiar. No todas las experiencias son lecciones, ni siempre saldremos campantes de todas las misiones. Muchas veces, las experiencias solo generan dolor que debemos aprender a soportar.

Tal vez ese sea el verdadero papel del héroe: resistir, pese a todas las adversidades. Si logramos encarnar a nuestro héroe interior, sabremos que si la vida nos derriba podemos levantarnos y seguir en la lucha. Uno de los beneficios de envejecer es que somos capaces de reconocer que la muerte, el nacimiento, las enfermedades y las dificultades simplemente ocurren y, de una manera u otra, siempre nos las arreglamos para seguir adelante.

Así que cualquiera que sea la búsqueda en la que nos encontremos debemos renunciar a ella y reconocer su carácter fútil, pues nuestros objetivos son arbitrarios y suelen desaparecer una vez que cruzamos la meta. Cuando nos decidimos a abandonar la búsqueda y reconocemos que en sí misma es ilusoria, podemos sentir la inmensa fatiga de nuestro héroe interior. Por fin puede soltar, deja de pelear, y aprende a reposar y simplemente ser.

El triángulo dramático

Los roles crean patrones de interrelación específicos. Todos los papeles que forman parte de nosotros requieren de un Otro para ser plenamente experimentados. Jamás vivimos una producción unipersonal de nuestra obra; siempre reclutamos a personajes secundarios para representar los demás papeles.

Podemos entender el ego como una estructura organizadora de nuestra realidad. Pero como la realidad no permanece estática, la organización cambia cada vez que asumimos un rol distinto. Por ejemplo, un día despertamos muy optimistas, listos para "comernos el mundo", oímos el trinar de las aves y le sonreímos a todos. El día transcurre agradablemente y sentimos que todo está bien en el mundo.

Pero al otro día nos despertamos con depresión. Vemos a gente horrible haciendo cosas deleznables y nos enfocamos en las malas noticias. Participamos del *schadenfreude,* esa alegría vergonzosa que sentimos al regodearnos en el sufrimiento de los demás.

Como sea, en ambos casos nuestro ego organiza y filtra nuestra realidad de manera que coincida con el papel que vivimos ese día. También podemos cambiar nuestro papel más rápidamente debido a hechos específicos en el día. Por ejemplo, si Hawthorn derrama café sobre su blusa, podría cambiar rápidamente su papel de adulta mediadora (tranquila y agradable con todos) y asumir el de una niña que hace berrinche. Jackson desempeña un horrible papel de controlador/dictador en el trabajo, en donde nada cumple sus especificaciones; sin embargo, juega el rol de padre cariñoso tan pronto como regresa a casa.

Los roles que asignamos a los demás y la forma en que se cruzan hacen que representemos papeles con estructuras del ego, patrones de relación y narrativas específicos. El "triángulo dramático" es un modelo desarrollado por el psiquiatra Stephen Karpman, que muestra cómo los roles de perseguidor, salvador y víctima se relacionan destructivamente.

Y si bien un individuo podría encarnar uno de estos roles de manera estática, por ejemplo, siendo siempre la víctima, es más común que en nuestras relaciones los roles sean más fluidos. Cambiamos de uno a otro para cumplir con los requisitos de nuestro juego y nuestra obra. Es posible que sintamos cierta satisfacción al ver que los personajes de nuestro drama repiten sus líneas, pero a nivel más profundo nos damos cuenta de que eso es más destructivo que útil.

Este modelo indica que requerimos que otros vivan determinados roles para que haya un tipo de relación transaccional. No podemos ser un perseguidor si no tenemos a una víctima, y no podemos ser un salvador sin alguien a quien rescatar. Con el paso del tiempo veremos cómo cumplimos cada uno de los roles, pasando de uno a otro, dependiendo de la relación en la que nos encontremos.

En nuestro lugar de trabajo podemos ser el o líder, mientras que en casa podemos ser la víctima o el salvador. Contar con la fluidez para representar varios roles conscientemente y con un propósito, de manera sana y que reafirme nuestras vidas, tiene por objetivo considerar cómo interactuamos con los demás y cuáles son los papeles que ellos juegan.

Niño, adulto y padre

En su libro *Juegos en que participamos,* Eric Berne desarrolla un modelo de relación que incluye toda una constelación de roles, incluyendo los de niño, adulto y padre.

Nuestro niño interior se entiende como un aspecto de nuestra herida, atrapada en una etapa específica de desarrollo. Nuestro niño interior logra relacionarse con el mundo pero, al fin niño, llega a frustrar a quienes lo rodean. La negativa a cumplir con las tareas básicas de la edad adulta, más la inmadurez emocional propia del infante, crean problemas con las relaciones, los amigos y los espacios interpersonales.

No obstante, Berne tuvo cuidado de mostrar que el papel del niño no consta simplemente de un niño interior negativo y herido, sino también de una fuente de cualidades, tales como la alegría, el juego y el asombro. Recuperar la inocencia, la creatividad, el asombro y la apertura mental de la infancia, sin dejar de ser un adulto, integra los aspectos positivos del papel del niño en nuestras vidas.

Al relacionarse, el niño suele desempeñar el papel opuesto al de los padres. Si un amigo es el terapeuta estable del grupo, eso significa que los demás pueden permanecer en el papel de niños, emborrachándose, creando conflictos y teniendo crisis. El rol de padre asume la responsabilidad sobre el rol de niño. Esta dinámica crea bastantes fricciones en las relaciones y amistades: el padre se cansa de cuidar al hijo y de tener que ser siempre el adulto en la relación. Esto también puede suceder a una edad muy temprana.

Veamos este caso: los padres de Érica se divorciaron cuando ella tenía diez años. Su padre quedó devastado y, cuando ella lo visitaba, se quejaba en voz alta de su madre y colocaba a Érica en el papel de mamá. Érica debía preparar la comida, limpiar y asegurarse de que su padre se fuera a la cama y se despertara a tiempo para ir a trabajar. El padre de Érica se comportaba como un niño y se enojaba con ella cuando no realizaba estas tareas. A ella se le impuso un papel de adulto desde los diez años, mientras que su padre interpretaba el papel infantil. Hoy, ya en su vida adulta, Érica sigue desempeñando el papel de adulto con su padre, escuchando con frecuencia sus diatribas de odio hacia su madre, y deteniéndose en su casa para ejecutar las tareas básicas para él. También se encuentra en relaciones en las cuales ella hace todas las tareas domésticas, cuida a los niños y atiende a la pareja en turno.

Algunas veces, representar papel de padre puede sentirse bastante bien a cierto nivel. Si tratamos a otros como niños, de alguna manera nos consideramos superiores o más capaces que ellos. María es una maestra espiritual que, desde muy temprana edad cuidó de su madre enferma. Como maestra, hoy trata a todos sus alumnos como niños, y le hace sentir bien que sus "hijos" la necesiten y traten como su "madre". En realidad, si bien es cierto que los maestros saben que el desarrollo de algunos de sus estudiantes puede estancarse, su trabajo consiste en ayudarles a madurar, contando con que haya disposición de su parte. Pero María no quiere que sus alumnos maduren, porque le encanta que la vean como figura materna, y tiende a atraer a los estudiantes que desean que alguien desempeñe el papel de madre para que ellos puedan actuar como niños. María no impone límites con sus estudiantes y con frecuencia se encuentra cansada y enferma por ser la "madre" de tantos de ellos. No esta dispuesta a analizar las razones de su necesidad de actuar como madre de otras personas, ni a reconocer que esta actitud es resultado de haber cuidado de su madre cuando era niña.

Abandonar el papel de padre significa dejar de asumir la responsabilidad sobre el niño. Cuando hacemos esto, el niño trastabilla o crece. Si observamos nuestro deseo interno de criar a los demás, nos daremos cuenta de que eso nos genera una especie de resentimiento interno, debido a la necesidad que tenemos de representar ese papel, mientras que el niño actúa libre e irresponsablemente. El rol de padre es a menudo el papel de mártir, con la idea de que carga el mundo sobre sus hombros. Salir de este rol permite al individuo redescubrir su propio niño interior y olvidarse de la necesidad de criar a otros adultos.

El adulto es el individuo neutro y completo en esta constelación; es nuestro yo actual, libre del papel de padre o hijo. Actuar como adulto significa ver a los demás como seres humanos, al mismo nivel y hechos de la misma materia que nosotros, sin asumir demasiada responsabilidad por ellos ni descuidar nuestras propias responsabilidades por egoísmo infantil. O sea, hay equilibrio.

El favorito

El hijo favorito en una familia es el que a ojos de los padres no puede hacer nada malo. Cada logro y ocasión especial en la vida de este niño recibe toda la atención de los padres o tutores. Si este niño se vuelve difícil o crea problemas, la responsabilidad se desvía hacia el "chivo expiatorio" (*véase siguiente apartado*) o se niega por completo.

Aunque esta puede parecer una postura favorecida dentro de una estructura familiar, el niño preferido es limitado por las esperanzas y deseos de sus padres, pues generalmente se le pide que logre lo que ellos quieren de él; en consecuencia, el favorito no es visto como un ser independiente.

Es una extensión de los padres, quienes se identifican tan fuertemente con él o ella, que hacen suyos sus éxitos. Cualquier deseo insatisfecho de un padre que vive a través del favorito, así como cualquier logro de su juventud que desee revivir, se torna una necesidad que el hijo debe satisfacer.

El favorito suele sentirse presionado para cumplir con estándares muy altos, establecidos por los padres, por lo que sufre al no sentirse suficientemente bueno. Vive con una ansiedad muy arraigada debido a la continua necesidad de tener logros, así como al deseo de complacer a las personas, en particular las figuras de autoridad y las instituciones. Los niños favoritos a menudo crecen en posiciones en las que se espera que trabajen duro y sobresalgan, pero con mínimas quejas y nada de rechazo.

Con el niño favorito, a menudo es necesario trabajar en el desarrollo de límites y un sentido independiente de sí mismo. Porque estar tan enredado con las figuras paternas crea, comprensiblemente, confusión sobre los deseos, necesidades y objetivos individuales. Una forma de ver claramente cómo era el hijo favorito en la estructura familiar, es conectándose con los hermanos para hablar sobre su experiencia particular, pero entendiendo su propio sufrimiento.

El hijo olvidado

No hay mucho que escribir sobre el hijo olvidado pues, simple y llanamente, es alguien a quien no se le presta mucha atención. Lo que sea que hagan o digan los hijos olvidados, no suele ser recibido con atención, cuidado o siquiera consideración. Incluso las conductas negativas de estos hijos son ignoradas por los padres o tutores.

Hay una tendencia a que el niño olvidado sea el hijo de en medio o el más pequeño de una larga línea de descendencia. Y si se trata de una familia numerosa, se espera que los hijos mayores sean casi como padres de los menores. Aunque esto puede forjar vínculos fuertes, un niño cuidando a otro niño, aun si los separa una década o más, no es lo mismo que un padre que brinde amor, cuidado y atenciones. Además, es probable que el hijo mayor, en el papel de padre, sienta resentimiento por el cuidado del niño y que eso se convierta en parte de la dinámica de su relación. Esto también pasa en hogares donde un niño está enfermo o tiene alguna discapacidad y el niño sano, en contraparte, se convierte en el niño olvidado; se vuelve un "miniadulto" que ayuda al hermano enfermo o discapacitado.

Así, el niño olvidado se siente invisible, aunque ya de adulto luche por destacarse. Desempeña su papel invisible de manera convincente, con una apariencia física que asegura que nadie lo note. Hasta que este niño no sea capaz de hallar una voz y un sentido estable para sí mismo, permanecerá olvidado e invisible. Por ello, debe dejar el rol de su infancia y sanar cualquier herida para poder brillar.

De niños, muchos nos volvimos invisibles para no causarle dificultades a nuestros padres. Pensábamos que si no éramos una carga y nos volvíamos pequeños, nuestros padres se olvidarían de nuestra existencia, pero seríamos amados o al menos evitaríamos ser castigados o avergonzados por tener deseos y necesidades básicas. Ver, ya como adulto, lo terrible que es eso y reconocer que un niño merece ser apreciado, hará que el niño olvidado sea un adulto recordado.

El chivo expiatorio

En la antigua Grecia solía sacrificarse una cabra por el bien de la colectividad. La gente creía que amontonar los "pecados" energéticos y emocionales de una comunidad sobre un animal los absolvería. Estos rituales de chivo expiatorio continúan hoy en día en las familias.

En ellas, al chivo expiatorio a menudo se le conoce como "la oveja negra de la familia". Se trata del niño problemático o aquel que es diferente a los demás miembros de la familia. Y mientras que el hijo favorito no puede hacer nada malo, pues cada uno de sus logros se ve con orgullo, cada error que comete el chivo expiatorio se amplifica y se ve como una terrible ofensa.

Esto confunde y distorsiona la realidad del niño que es el chivo expiatorio, quien seguramente crecerá sintiéndose mal consigo mismo por haber sido avergonzado y castigado por "malas conductas" que, en realidad, eran perfectamente normales.

En consecuencia, el chivo expiatorio está condicionado a aceptar migajas de amor a cambio de ocultar quién es, en un intento por ganar amor y aprobación. Y debido a que su trabajo no es reconocido, debe lograr más y sacrificarse aún más para tener algo de reconocimiento.

El chivo expiatorio a menudo crece con un profundo miedo a su "maldad" y sus diferencias, derivado de la dinámica familiar de su infancia. Y es que, cuando un niño exhibe un comportamiento problemático, la reacción saludable de los padres sería encontrar la ayuda necesaria para su hijo, no avergonzarlo y culparlo por sus problemas. Un niño es el reflejo de sus padres y del hogar familiar, por lo que el chivo expiatorio se convierte en pararrayos de todas las culpas en la casa. Por ende, los problemas dentro de la familia, incluso con los hermanos y los padres, se desvían hacia el chivo expiatorio.

De tal suerte, los chivos expiatorios crecen sintiendo que todo es culpa suya y por eso asumen más responsabilidad de las que les corresponde en las situaciones interpersonales. El chivo expiatorio a menudo se encuentra con otros que desean negar sus problemas o que quieren utilizarlo como terapeuta. Como él aprendió tan fácilmente a absorber los problemas en su hogar, no faltará quien quiera usarlo para aprovechar tal capacidad. El chivo expiatorio requiere de límites y claridad para asignar correctamente las culpas en cualquier situación. Si bien la empatía es ciertamente uno de sus dones, el chivo expiatorio debe tener cuidado de no asumir la culpa, el drama o el dolor de los demás en su búsqueda por obtener aprobación y aceptación. Además, a menudo tendrá que modificar su tendencia a trabajar en exceso y obtener pocos beneficios. Solo al resolver el resentimiento hacia este patrón podrá avanzar en su vida con la capacidad de decir "no" y establecer mejores límites en general. Y lo más importante: el chivo expiatorio ha de entender que no hay nada malo en él o ella; simplemente se le hizo sentir de esa manera cuando era niño.

Encarnamos muchos roles, tanto en el hogar de nuestra infancia como en nuestro día a día, y tomar consciencia de los roles que asumimos en la infancia nos permite examinar los demás papeles que interpretamos en nuestras vidas. De esta manera podemos ver claramente cómo nos limitan dichos papeles y cómo se manifiestan en nuestra vida actual. Solo si actuamos de esta manera nos liberaremos de esos roles y nos decidiremos a vivir un papel que realmente nos sirva.

Capítulo 11

Replantea tu narrativa

En nuestra obra de teatro personal todos tenemos papeles centrales y una narrativa estructurada, mientras que el guion y los temas de nuestra obra, así como su elenco de personajes, se repiten en bucle. Si nos fijamos en esos bucles seremos capaces de romperlos y sanar el dolor que subyace en nuestro guion, modificar o ampliar ciertos papeles, e incluso terminar la obra por completo.

Por ejemplo, si el tema central de nuestra obra es "estoy solo", nuestra realidad nos demostrará, una y otra vez, que estamos solos y que no contamos con nadie más que con nosotros mismos, por lo que inconscientemente colocaremos a los demás en roles de rechazo, castigo o falta de confianza. Así nos demostraremos a nosotros mismos que tenemos razón, aunque no veamos que nuestro personaje principal siempre aleja a todos y les impone roles rígidos.

Nuestra mente nos repetirá la idea que le da cohesión a nuestra obra: "Estoy completamente solo. No le gusto a nadie. Nadie quiere ayudarme". Repetiremos eso una y mil veces más con la gente que nos permita sentirnos rechazados y aislados. Entonces, sin siquiera reconocerlo, proyectaremos pensamientos, ideologías y emociones en los demás. Por ejemplo: Sheila cree que está sola, por lo que se disculpa profusamente cada vez que pide algo. Y hasta es posible que no pida nada en absoluto para evitar ser rechazada, porque cuando interactúa con los demás asume que no la quieren e inconscientemente actúa para obtener la desaprobación de quienes la rodean. Sheila incluso podría creerse fuerte por no necesitar a nadie más.

Una parte de nosotros podría desear profundamente un cambio en nuestra narrativa, dando lugar a ciertas discrepancias: una parte podría estar profundamente involucrada en la obra, mientras que otra querría que la obra fuese diferente. Tal conflicto se repetirá en nuestra realidad externa hasta que lo reconozcamos y dejemos de necesitarlo.

Veamos otro caso, la narrativa central de Hudson es: "No le gusto a nadie". Hudson nació cinco años después que su hermana Valerie, pero desde un principio ella dejó claro que lo odiaba. Sus padres ignoraron la situación y la consideraron una rivalidad normal entre hermanos, pero Valerie asentó, durante toda la infancia de Hudson, que no le gustaba y que sus padres no lo querían. Hudson, entonces, asumió el rechazo de su hermana y la ambivalencia de sus padres y, consecuentemente, creó su propia narrativa central: "No le gusto a nadie". Ya de adulto, a Hudson se le dificulta hacer amigos.

Taoko fue hija única y sus padres le dijeron, desde temprana edad, que necesitaba tener éxito financiero para poder mantenerlos en su vejez, por lo que insistieron en que se convirtiera en médica o abogada. Debido a eso, desarrolló un estado de ansiedad en la escuela porque, sin importar qué tan bien se desempeñara, sus padres siempre le cuestionaban por qué no le iba mejor. Así, creció en ella la idea de que nada de lo que hacía era lo suficientemente bueno, y llevó esa creencia a su trabajo, como médica y a sus relaciones personales, incluida su relación consigo misma. En consecuencia, continuamente se reprende por no lograr sus objetivos, y no se da cuenta de que, después de cada logro surgen otros más complejos. Podría imponerse como meta correr cinco kilómetros en la caminadora, pero eso sería insuficiente, porque habría podido correr diez.

El crítico interno

Todos tenemos una voz interior que nos critica. Ser críticos con nosotros mismos puede ser saludable, pues evaluamos lo que hemos hecho y vemos si podríamos hacerlo mejor la próxima vez. Esa voz es útil e inspira nuestro crecimiento. Pero nuestro crítico interior rara vez es sano o nos reafirma, más bien nos intimida y busca degradarnos y castigarnos. Esa voz crítica nos dice que no importa lo que hagamos, nunca será suficiente.

Theodore Roosevelt dijo que esa voz era la ladrona de la alegría, porque nuestra voz crítica interior compara constantemente nuestra vida con la de quienes nos rodean. Tal vez sepamos, a nivel intelectual, que nunca podremos experimentar la realidad interior de otra persona, y tal vez también entendamos que las publicaciones en las redes sociales rara vez reflejan la realidad, pero eso no impide que nuestro crítico interno use ese material como combustible para atizar la envidia o el odio hacia nosotros mismos.

Nuestro crítico interno a menudo se forma a través de la "introyección", o sea, la interiorización de las voces de nuestros padres o del padre o tutor más dominante o crítico. Y a esto hay que agregarle los acosadores, profesores, amigos, celebridades y hasta los publicistas, los cuales contribuyen a su formación. Por último, se añaden al coctel nuestras experiencias de vida, nuestros éxitos y fracasos, así como nuestra percepción del mundo exterior y nuestro lugar en el mismo.

Como adultos, nuestro crítico interior se convierte en su propio animal, susurrándonos palabras y frases de odio hacia nosotros mismos y tachándonos de inútiles. Ese animal es a menudo como una cinta que repite los mismos mensajes en nuestra mente. Sin embargo, no deberíamos sentirnos obligados a repetir algo cuando sabemos que es verdad; ya es una de nuestras creencias. Pero el simple hecho de que este bucle se repita muestra un conflicto dentro del yo. Este conflicto en realidad es bueno, porque una parte de nosotros entiende que nuestro crítico interno no nos está diciendo la verdad.

No importa cuán enferma esté nuestra mente, porque todavía tenemos partes sanas. Cada uno tiene un motivador interior, un sentido interno de positividad y bondad, aunque esta parte de nosotros a menudo es ahogada por la negatividad. Hay una razón válida para esto: debido a nuestra programación biológica básica, le damos prioridad a los mensajes de miedo y negatividad, para poder reaccionar adecuadamente a las amenazas en nuestro entorno. Sin embargo, a menudo la mente termina dañando nuestra salud y bienestar al no evaluar adecuadamente los peligros actuales.

Con esto presente, resulta por demás útil exteriorizar a nuestro crítico interno, dibujando o visualizando cómo luce. Puede cambiar de un día a otro, pero generalmente se verá de forma similar, hasta que se produzca una sanación significativa. Ponle a esa imagen un sombrero divertido, anteojos extraños, un traje de payaso o algo ridículo. Y cuando tu crítico interior comience a intimidarte, imagina que esa voz proviene de la figura que inventaste. Suena simple y tal vez hasta extraño, pero con este ejercicio romperás la dominación que tu crítico interior tiene sobre tu vida y podrás contextualizar las palabras que diga a fin de reexaminarlas.

Digamos que tu crítico interior es una abuela de aspecto feroz que te mira con severidad mientras te reprende por ser alguien "horrible" e "inútil". Si lleva un sombrero de copa grande y zapatos de payaso mientras habla, esa voz tendrá menos poder sobre ti.

Desarrolla empatía hacia el sufrimiento

Algunas personas están tan heridas que no pueden evitar reaccionar ante el mundo como un animal lastimado, indefenso y atacado, y con sobrada razón, pues el mundo ha lacerado tanto a su alma que, con el corazón roto, han perdido la fe en la humanidad. Sienten como si se hubiera roto una confianza esencial, un vínculo, y puede tomar mucho tiempo para que esa confianza y fe resurjan después de traiciones inenarrables.

Pero la traición tiene cura cuando se la ve en su justa dimensión, permitiendo que las personas sepan que tienen razón de sentirse heridas. Si algo injusto ocurre, las emociones que rodean esa injusticia deben ser validadas y no dejarse de lado. Igualmente, si alguien nos hace daño, debemos sentir ira, decepción y aflicción, además de experimentar la inquietante y profunda soledad y miedo que acompañan la experiencia de no sentirnos deseados ni amados.

Cuando se nos dice hasta el hartazgo que estamos equivocados, nos escondemos y no mostramos al mundo nuestra singularidad ni brillantez. ¿Cómo podríamos hacerlo en un entorno lleno de individuos que buscan depositar su miedo y autodesprecio en cualquier persona y en cualquier cosa, en vez de sentirlo en su interior? Por ello, al ver a los demás, a menudo detectamos sus mecanismos de defensa, además de nuestras propias proyecciones sobre ellos. Cuando retiramos nuestras proyecciones podemos ver claramente su sufrimiento. Sabremos que hemos llegado a ese punto cuando, en lugar de juzgar o criticar a la persona por ser quien es, la vemos como una persona con dolor. Eso es empatía. Si salimos de un encuentro una de esas personas sintiéndonos heridos, podremos reconocer que siempre llevan ese dolor en su interior, y nos daremos cuenta de que nosotros podemos elegir si queremos cargar con ese sufrimiento o no, pero ellos no pueden hacerlo.

Solo viendo a las personas de esa manera podrás desarrollar empatía e incluso amor. Debe ser difícil sufrir tanto. La gente que lo hace espera ser juzgada con la misma dureza con que se juzga a sí misma. De hecho, podría actuar de esa manera para recibir el tan ansiado juicio que espera en su contra, y reafirmar así cada uno de sus mecanismos de defensa y sus pensamientos autodestructivos y de odio. No hay necesidad de que contribuyas a las ideas negativas que esas personas tienen hacia sí mismas y hacia la realidad.

La aceptación radical nos libera de ser encasillados en su drama y proyectar nuestro propio dolor interior sobre ellos. Solo así dejaremos de estar "enganchados" a situaciones que generan caos.

Cuando trabajamos el tiempo suficiente con nuestras propias proyecciones, comenzamos a reconocer cómo otros se proyectan sobre nosotros. No puedes hacer el trabajo de sombra para nadie más; cada uno de nosotros es responsable de su difícil labor de crecimiento personal. Así que, a medida que comiences a ver las proyecciones que otros imponen sobre ti, los roles que intentan asignarte, podrás elegir no participar en su obra ni entrar en su juego. Porque lo que desean es que actúes de determinada manera y que los trates de una cierta forma para que reflejes sus creencias sobre sí mismos y sobre la realidad.

Cuando tratas a alguien con empatía, o incluso de manera neutral, es posible que se sienta frustrado, puesto que no lo tratas como quiere ser tratado. Así que cuando notes que otras personas se proyectan sobre ti, establece límites internos y no actúes como esperan que lo hagas, ni mucho menos participes en las conversaciones que esperan que tengas con ellas. En resumen: no satisfagas su deseo de que reflejes sus cualidades negativas y trátalas de manera distinta de lo que esperan. Incluso podrían agradecértelo.

Abandona los roles de madre y padre

Si te crees muy iluminado,
ve y pasa una semana con tu familia.

Ram Dass

Es común que vivamos como adultos mientras proyectamos nuestra relación con nuestros padres en amigos, seres queridos, parejas y demás. Hay varias formas de indagar sobre esto.

La primera es ver si sigues relacionándote con tus padres como si fueras un niño. Si todavía están vivos, pregúntate de qué edad te sientes mientras estás en su casa y fíjate en el papel que te han asignado. Lo más probable es que tanto tú como tus padres se relacionen como si todavía fueras adolescente o incluso niño. Las vacaciones representan la oportunidad de notar nuestra regresión a edades más tempranas.

La segunda forma es detectando patrones o bucles en el mundo exterior. ¿Has notado que siempre te sientes atraído por el mismo tipo de mujer u hombre? Esto podría responder a una preferencia por ciertas características físicas, pero bien podría ser producto de un patrón emocional específico al relacionarte. Mucha gente sigue tales patrones incluso si no tuvo una figura paterna en su infancia. Por ejemplo, el padre de Kyra se fue cuando ella tenía apenas cinco años. Era un alcohólico que siempre prometía visitarla, pero nunca aparecía. Más tarde, con el correr de los años, Kyra se dio cuenta de que se involucra en relaciones con su "padre ausente": hombres que no solo se parecen a su padre físicamente, sino que también son adictos y prometen bajarle el sol, la luna y las estrellas, pero nunca cumplen.

Otro ejemplo es Ramona, cuyo padre tenía un trabajo importante y por eso nunca estaba en casa. Cuando no estaba trabajando, tampoco interactuaba mucho con ella. Ramona vio que en sus relaciones adultas salía con mujeres muy talentosas que priorizaban el trabajo antes que a ella.

Fíjate en tu relación con la autoridad; eso te revelará muchas cosas sobre la relación con tus padres. ¿Desconfías de la autoridad? ¿Te rebelas contra ella? ¿Quieres que alguien te dé todas las respuestas? ¿Continuamente pones a los demás por delante de ti, como si fueran más adultos o dignos que tú, o como si ellos lo tuvieran todo bajo control y tú no?

¿Cómo interactúas con las mujeres u hombres que percibes como autoridad? ¿Sientes que haces todo mal? Si respondiste "sí" a algo, valdría la pena que exploraras tu obra de teatro y cómo se desarrolló en tu infancia.

También debes ser consciente de tus propias resistencias. Tal vez la idea de que proyectamos nuestras relaciones con nuestros padres sobre los demás te suena demasiado simplista y tu mente lógica trate de oscurecer y complicar demasiado las cosas. Quizá solo no desees darte cuenta de que tu cónyuge o pareja se parece a uno de tus padres.

Darnos cuenta de la proyección de nuestros padres y tutores en los demás es un paso importante para liberarnos de la obra que hemos elegido interpretar, y recuperar el poder que otorgamos a los demás. Esto nos permitirá, de manera automática, actuar de manera distinta y reconocer muchas posibilidades, sin tener que pasar toda una vida atrapados en patrones de relaciones infantiles.

Serás libre cuando reconozcas lo agotador que es proyectar un rol en los demás y logres solar la necesidad emocional de ese papel.

Cuestiona los roles

Más allá de nuestra madre y nuestro padre, elegimos a otras personas para interpretar muchos otros papeles. Es más, dichos papeles pueden ser asignados a nuestros propios hijos. Descubrir que hemos creado una dinámica de hijo favorito o chivo expiatorio en nuestra familia nos permite apropiarnos de nuestras proyecciones y sanar a la familia completa. Eso sí, ten presente que para identificar los roles es más fácil verlos desde fuera de nosotros mismos. ¿Qué roles ves en las personas que te rodean? Puede tratarse de papeles claramente definidos, como un empleado, o pueden ser roles descriptivos: alguien triste, un deportista, alguien entusiasta, un borracho, un tonto, un adicto, un tirano, un héroe, un payaso, un artista.

Primero debes considerar el papel real que desempeñan las personas en su vida. ¿Es madre o padre, hermana o hermano, obrera u obrero? ¿Cuál es su trayectoria y qué aficiones tiene? ¿De qué habla con frecuencia? ¿A qué culto o grupo religioso pertenece? Fíjate si emites algún prejuicio. ¿Menosprecias a la barista porque es una mujer joven y solo sirve café? Si es así, deberías hacer trabajo de sombra al respecto, ya que el prejuicio demuestra que ves a esa persona por separado, en lugar de apreciar su humanidad compartida.

Considera los papeles menos concretos que una persona puede interpretar. Si tuvieras que describir tres características, ¿cuáles serían? ¿Dirías que es "científico, obeso y callado"? Estas tres características definen su papel en general. Si esa persona perdiera peso, se interesara en el *reiki* o los cristales curativos y se volviera más amigable, su rol cambiaría. Solemos descifrar los papeles definidos con bastante facilidad, pero necesitamos ver cómo interactúan las personas entre sí para identificar el rol que viven interna y emocionalmente.

Resulta todavía más difícil definir nuestros propios roles. Esa es la razón por la que desarrollar una comprensión de los papeles que desempeñan los demás es crucial para identificarlos.

Ten en cuenta los roles que desempeñas. Empieza con roles concretos: ¿eres madre, padre, hijo, nieta? ¿Cuál es tu profesión y a qué dedicas tu tiempo libre? Por ejemplo, tras un examen honesto, Matías responde: "soy hijo, fumador y jugador", mientras que Julia dice: "soy madre, desarrolladora de sitios web y corredora".

Ahora, considera tus características personales. ¿Cómo te describiría tu mejor amigo o amiga en tres palabras? ¿Cómo te describiría un extraño en tres palabras? Estas consideraciones pueden permitirnos ir más allá del juicio personal y autocrítico para desarrollar una autoevaluación más honesta. Si los roles y características que se te ocurren son completamente negativos, trata de pensar en al menos una característica positiva que te describa.

Ahora, considera qué características le has dado a tu personaje. Si fueses parte de una obra, ¿qué aportaría tu personaje? Y si la obra se centrase en tu personaje, ¿cuál sería la narrativa central? ¿Qué estarías tratando de superar o lograr? ¿Contra qué estarías luchando?

Cuando detectas claramente tus propios roles y los de los demás, te das cuenta de que lo que ves no es más que una pizca de la realidad, pues somos mucho más que tres características o un rol unidimensional. Lo que la gente ve de nosotros en el trabajo o la escuela no es lo que somos, pues somos más profundos y tenemos muchas características ocultas. Las cualidades que definen nuestro papel pueden cambiar, y solo al notarlas conscientemente comenzaremos a cuestionarnos nuestro papel en la obra y lo que sí funciona para nosotros y lo que no.

Solo entonces podremos decidir qué partes de nosotros deseamos cambiar y qué partes realmente *podemos* cambiar. Por ejemplo: Alexis se define a sí misma como "discapacitada, creativa y amable". Y aunque no puede cambiar la naturaleza de su discapacidad, sí puede modificar su relación con ese papel si siente negatividad al respecto o si no ha aceptado su situación por completo. Ella no desea cambiar su creatividad, pero se ha dado cuenta de que a veces expresa su amabilidad poniéndose como tapete para los demás, por lo que quiere poner límites para cambiar su rol. De esta manera, ve claramente cómo quiere cambiar su papel y en qué puede trabajar para mejorar su participación en su obra.

Nuestra narrativa central

Cuando consideres tu obra, pregúntate qué tipo de obra es. ¿Es una comedia? ¿Una tragedia? ¿Una parte de tu vida es una farsa alegre y la otra la noche oscura del alma?

Para entender nuestra obra debemos considerar cómo vemos al mundo y nuestro lugar en el mismo, solo así sabremos cuál es nuestro papel central o, básicamente, de qué trata nuestra obra de teatro. Algunos se verán a sí mismos como héroes en un viaje de búsqueda continua en el que deben vencer y conquistar todo, pese a las adversidades. Otros sentirán que su obra se centra en ciclos de renovación y crecimiento, en los que renacen continuamente. Algunos más se sentirán atrapados en un juego de hastío, en el que la desesperación existencial y la falta de sentido son los principios centrales de la trama. Otros podrán sentirse como si estuvieran en un videojuego, esforzándose continuamente por superar el nivel anterior de su existencia. Y algunos más se sentirán como si estuvieran en la caverna de Platón, despertando mientras siguen encadenados y ven su sombra reflejada en la pared al colarse la luz del nuevo amanecer.

Solo si consideramos lo que creemos sobre la naturaleza del mundo y las personas que lo habitan podremos averiguar más acerca de nuestra obra. ¿Creemos que las personas son predominantemente buenas? ¿Creemos que obtenemos lo que merecemos? ¿Creemos que el mundo es justo, equitativo y ordenado? ¿Creemos que, por mucho que lo intentemos, nunca saldremos adelante? ¿Creemos que el mundo está lleno de personas crueles y vengativas que solo quieren hacernos daño?

Lo que creamos que es verdad sobre el mundo y la naturaleza humana, nos dará información sobre nuestra obra actual y los roles que desempeñamos en ella. Si creemos que las personas son generalmente buenas, con una luz divina en su corazón (que ellas mismas pueden notar o no), es probable que le demos a varios ese papel. Y si creemos que todo carece de sentido y que la gente es estúpida, el entorno se llenará de falta de sentido y se poblará de gente estúpida para justificar nuestra visión del mundo.

Si nuestra obra de teatro cambia, la naturaleza del mundo en sí no cambia, pero todo aquello en lo que nos enfocamos y de lo que nos rodeamos sí se modifica. Pero hay que tener cuidado, porque si creemos que el mundo está en un extremo u otro del péndulo, esa severidad tendrá un precio. Si nos enfocamos solo en la bondad y la luz e ignoramos todo el mal y la oscuridad, tarde o temprano la oscuridad llegará a nuestra obra, aun cuando creamos controlar nuestra realidad y a todos los que están en ella. Algo sucederá para demostrarnos que estamos equivocados. Y si creemos que el mundo no es más que oscuridad, eventualmente llegará la luz, ya sea que la reconozcamos o no.

Nuestra narrativa central es creada por lo que creemos que es verdad sobre nosotros mismos y sobre la naturaleza de la realidad. Dicha narrativa expresa el significado y el propósito que nos damos a nosotros mismos como seres humanos individuales. Un indagador ocupado en su búsqueda tendrá una narrativa muy distinta de la de alguien que vive en evolución continua. Y alguien que cree que su narrativa trata sobre luchar contra el mal, puede que tenga una narrativa similar a la de alguien en su búsqueda, pero divergirá en algunos aspectos. ¿Por qué? Porque la persona que lucha contra el mal tiene como propósito el tema del mal, o un monstruo, mientras que una persona instalada en su búsqueda espera encontrar dificultades, pero finalmente logra un objetivo específico y regresa triunfal a casa.

Una de las maneras de deconstruir esta narrativa es considerando lo que creemos con respecto a las personas o el mundo, entendiendo que también somos personas y que formamos parte de este mundo. No somos meros observadores. Si nuestra visión del mundo se fundamenta en la idea de que "la gente es estúpida" o "es horrible", en algún momento tendremos que reconocer que también estamos hablando de nosotros.

Nuestro guion sigue nuestra narrativa central y los papeles que elegimos en nuestra obra, así queen él tenemos creencias y "verdades" en torno a las cuales organizamos nuestra identidad y nuestro lugar en el mundo. La forma más fácil de darte cuenta de tu obra es viendo si tu guion se repite. Nuestros guiones son bastante estáticos, por lo que el mismo lenguaje y los mismos roles se repetirán una y otra vez en nuestra obra. Nuestro papel, así como el de los demás, requiere de una narrativa específica, así que fíjate en las conversaciones y frases repetidas, en lo que te dices a ti mismo o piensas de ti y en lo que le dices a los demás o lo que los demás dicen de ti. Siempre hay una razón para esta repetición: es parte necesaria de tu obra y de los roles elegidos.

Cuando te fijes en tu guion entenderás que se basa en papeles de reparto que tienen expectativas específicas, y que se espera que respondas de una manera en particular en función del papel para el cual te han elegido o que tú mismo elegiste. Porque si respondes de manera diferente, cambiarás el guion y la narrativa y las demás personas deberán adaptarse a esos cambios, o tú mismo tendrías que ajustar tus propias nociones con respecto a quién eres.

Daria es conocida por ser muy enérgica y volátil. Ella inicia discusiones con su novio en las que lo acusa de serle infiel mientras le arroja cosas. Por fin se da cuenta de que ese es su guion, que dicha narrativa la agota y que nunca termina bien. Sus interlocutores se empequeñecen para no incomodarla o la abandonan. Así, durante la siguiente discusión, Daria sale a dar un paseo y se guarda sus celos para sí misma, lo que confunde a su novio. Sin embargo, se forma un nuevo guion en el que Daria va al gimnasio o da un paseo en vez de discutir y arrojar cosas.

Cuando vamos más allá de seguir un guion establecido comenzamos a experimentar genuina intimidad. Cuando ya no nos guiamos por una narrativa central, podemos elegir nuestro propio significado y propósito en la vida y no tendremos que estar continuamente buscando, luchando o creciendo. No necesitaremos seguir una narrativa central; simplemente seremos nosotros mismos y decidiremos lo que nos da sentido. Podremos establecer nuestras propias metas y decidir qué hacer con nuestra vida. Esa es la verdadera libertad.

Cuando trabajamos con un mismo guion, es posible que no estemos listos para cambiar nuestros comportamientos. Pero mediante el uso consciente del lenguaje podemos modificar el esquema. Nuestros guiones se repiten: repiten las mismas circunstancias, argumentos y conversaciones. Aunque mantengamos el mismo esquema, solo con cambiar algunas palabras podemos modificar ligeramente el guion.

Alexandra siempre pensaba: "No puedo creer que esté haciendo esto de nuevo", cuando trataba con su hermano Tadeo, que era inmaduro y siempre le pedía dinero. Su guion incluía que él la llamara solo cuando necesitaba ayuda: rápidamente le preguntaba cómo estaba y de inmediato se lanzaba a relatar el malhadado destino que tenía que soportar. Acto seguido, invariablemente le pedía un pequeño préstamo que "pagaría totalmente". Finalmente, ella cedía y le prestaba el dinero.

Pero Alexandra se dio cuenta de este guion, incluido su guion interno, así que la siguiente vez que su hermano la llamó, ella cambió su guion interno por uno de humor negro: "¡Apuesto a que sé para qué me está llamando!". Así, cuando contestó el teléfono y él le preguntó cómo estaba, en lugar de responder con el habitual "¡Bien!", ella le enumeró todas las cosas malas que le pasaban en su vida.

Como Tadeo no estaba acostumbrado a escucharla, siguió tratando de intervenir con sus propios problemas, pero Alexandra continuó hablando de sí misma. Finalmente, Tadeo se frustró, la interrumpió y le preguntó si podía prestarle algo de dinero. Alexandra estuvo de acuerdo, pero esta vez le enviaría un pagaré para que lo firmara y liquidara sus adeudos pasados dentro de tres meses, de lo contrario lo llevaría a la corte. Tadeo se quejó con sus padres, quienes la llamaron para reclamarle por no haberle prestado el dinero sin reservas, a lo que Alexandra les sugirió que fueran ellos los que le dieran el dinero, dejándolos sin comentarios. Tadeo, milagrosamente, ya no necesitó más dinero y la siguiente vez que la llamó tenía un guion distinto. Alexandra reconoció quién era Tadeo y el papel que desempeñaba. Sintió aceptación, en vez de rencor, hacia su hermano, pues ella ya no desempeñaba el papel de hermana responsable que arreglaba los problemas.

Una de las maneras de determinar el crecimiento en las relaciones es viendo si nuestro guion cambia, pues con el tiempo nuestra narrativa general también puede cambiar. Acaso seamos el "salvador" de nuestra inocente e ingenua novia, o una madre sobrecargada de trabajo que atiende a un marido igualmente ocupado, pero esas narrativas y guiones pueden transformarse con reconocimiento y esfuerzo.

Olvídate de la causalidad

En nuestra narrativa, a menudo creemos cosas sobre la realidad que requieren ser examinadas. Pueden ser características falsas o pueden ser cosas conferidas a nosotros mismos por otros, pero sin nuestra consideración consciente. Por ejemplo, las ideas que tenemos sobre causa y efecto, a menudo se basan más en falacias lógicas que tienen sentido para nosotros de manera emocional, mas no racionalmente.

Howard fue despedido de su trabajo un sábado, mientras que su esposa y su hermana fallecieron en sábados distintos. Howard cree ahora que los sábados traen malas nuevas y por eso se pone ansioso y molesto ese día. Keisha cree que si no se detiene en la cafetería y toma un café antes de llegar al trabajo, será un mal día para ella. Y es que, hace años, vivió un día realmente terrible en el que deseaba desesperadamente un café, y desde entonces relaciona esa experiencia con no tomarlo.

A menudo se trata de cosas mínimas en nuestras vidas, pero esas pequeñeces conducen a una especie de encarcelamiento personal basado en el miedo. Así, llegamos a pensar que si no escuchamos una canción en particular o si no seguimos una rutina habitual, algo malo sucederá. También podemos experimentar una falsa equivalencia: algo bueno pasará si vamos a algún lugar o hacemos algo de una forma particular.

Richard come en el mismo restaurante todos los días. La comida es "normal", pero él cree que ese es su lugar de la buena suerte. Allí se reúne con clientes y amigos porque siente que las cosas le saldrán bien. Puede que tenga razón, pero la "suerte" que le atribuye al restaurante puede retirarse y el vínculo entre causa y efecto podría romperse. Un cliente podría sugerirle un restaurante diferente y las cosas podrían ir incluso mejor; o sus amigos podrían apreciar una ruptura en la rutina de reunirse en el mismo restaurante para probar cualquier otro lugar.

Debemos cuestionarnos los vínculos causales entre las cosas para tomar deliberadamente algún tipo de acción, tanto mental como física, y actuar de manera distinta a fin de probar los hilos más débiles de nuestra narrativa. Notar el pensamiento causal y liberarnos del mismo puede cambiar nuestra narrativa de manera sustancial y traer más espontaneidad, libertad y alegría a nuestras vidas.

Proyecciones sobre el pasado

Un estudio médico realizado en Estados Unidos (*véase* "Lecturas recomendadas" para tener un enlace al recurso) demostró que cada vez que recordamos un evento de nuestro pasado, lo recordamos de manera diferente. Nuestra memoria no es concreta, es mutable y está sujeta a historias, recuerdos y filtros que nosotros mismos creamos.

A nuestra madre podrá encantarle volver a contar una historia sobre nuestra infancia que le parezca linda, pero a nosotros no. Quizá hayamos experimentado de niños una intimidación que eclipsa nuestra memoria y realidad actual, pero la persona que nos acosó ni lo recuerda. O tal vez tengamos recuerdos de nuestra infancia muy distintos de los de nuestros hermanos. Cada vez que recordamos algo de nuestro pasado, no recordamos el evento original sino la narrativa que creamos a su alrededor. De tal forma, nuestra memoria se convierte en objeto de nuestro recuerdo y con el tiempo se vuelve sesgada. Cada vez que recordamos algo, nuestra memoria sufre cambios, que pueden ser leves o importantes. Podemos descartar grandes eventos traumáticos, mientras que los más pequeños pueden dominar nuestra narrativa infantil.

Cuando nos aferramos con fuerza a la narrativa que hemos creado sobre nuestro pasado, esta se vuelve omnipresente y eclipsa nuestra realidad actual. Muchos de nosotros hemos experimentado sucesos negativos o preocupantes en nuestra infancia y adolescencia; el trabajo de sombra no sugiere que podamos deshacer lo que sucedió en el pasado. Nuestro pasado nos creó y moldeó, y hemos conocido la oscuridad del mundo a partir de encuentros con el abuso, el estrés, la violencia y la lucha.

Como sea, nuestro pasado debe situarse firmemente en el pasado. No necesitamos aferrarnos a una narrativa extendida; basta con entender que algo desafortunado nos pasó y punto. Si expresamos plenamente nuestra victimización y le permitimos que sea visto y escuchado, nuestro niño interior se integrará con el yo adulto. Entonces, ninguno de ellos clamarán por amor, aceptación o sanación. Nuestra historia puede hacernos sentir atascados y repetir siempre los daños que nos ocurrieron, o bien puede ser una historia de supervivencia a un pasado desafortunado del cual resurgimos vivos y completos.

Nunca podremos liberar por completo las historias de lo que hemos soportado, ni tampoco deberíamos hacerlo, pero podemos, gracias a la sanación, encontrar nuestro libro del dolor condensado a un capítulo o una frase. Esto hará que nuestro dolor pasado sea una nota a pie de página en nuestras vidas, en lugar de nuestra narrativa central.

Avanzar la cinta

Esta es una habilidad simple que nos permite trabajar a través de nuestra narrativa basada en el miedo. Nuestras proyecciones sobre el futuro suelen ser ambiguas, y eso nos genera pánico, porque no sabemos cómo terminarán. Deseamos controlarlo todo, hasta el punto de tener un claro conocimiento de lo que ocurrirá a nosotros y a nuestros seres queridos en el futuro.

El trabajo de sombra nos enseña a sentarnos con la incertidumbre y aceptar el "no saber", especialmente en lo que respecta a asuntos como enfermedades, muerte, las relaciones y nuestra carrera. Ser capaces de fluir con las cosas y aceptar que somos seres impermanentes es una tarea difícil, pero tenemos que ser conscientes, al menos intelectualmente, de que el cambio es lo único constante en la vida, y que cambiamos a cada minuto, día y año. Curiosamente, rara vez le damos la bienvenida a los cambios continuos en nuestra existencia.

Una forma de avanzar a este estado de aceptación de la incertidumbre es preguntarnos: *¿Y qué pasará después?*, para convertir nuestros miedos abstractos en una realidad concreta.

Mauricio tiene miedo de una gran presentación en el trabajo. Comienza a visualizarse a sí mismo haciendo dicha presentación y luego se pregunta: *¿Y qué pasará después?*

- Se imagina a sí mismo con la mente en blanco, sin saber qué decir.
- *¿Y qué pasará después?*

- Se ve buscando sus notas o pidiéndole información a sus colegas para reagruparse y continuar la presentación.

Imaginemos, por otro lado, que Mauricio es pesimista y prevé el peor de los escenarios para sí mismo en la presentación:

- Se visualiza haciendo la presentación.
- *¿Y qué pasará después?*
- Tartamudea y bebe demasiada agua.
- *¿Y qué pasará después?*
- Necesita ir al baño, pero no puede porque está presentando.
- *¿Y qué pasará después?*
- Se pone cada vez más nervioso, mientras todos murmuran lo mal que lo hace.
- *¿Y qué pasará después?*
- Su presentación fracasa por completo y su jefa se ve obligada a concluirla, tras lo cual le lanza una mirada de advertencia y le dice que hablarán más tarde.
- *¿Y qué pasará después?*
- Su jefa lo llama a su oficina y lo despide.
- *¿Y qué pasará después?*
- Su novio lo abandona y no puede pagar el alquiler de su departamento.
- *¿Y qué pasará después?*
- Regresa a vivir con sus padres y renuncia a su perro, pues su padre es asmático.

Obviamente, hablamos de un cúmulo de consecuencias horribles, pero Mauricio bien sabe que las probabilidades de que este escenario ocurra son increíblemente escasas. Sin embargo, desarrollar esto en su mente, y llegar al peor de los casos, le ofrece un tipo de concreción que calma su mente y su cuerpo. Suena extraño, porque a la mayoría de nosotros nos gustaría visualizarnos teniendo éxito en una presentación y ser elogiados, pero imaginar o pensar nuestros peores miedos nos permite visualizarlos y escucharlos plenamente. Pocas veces nos damos la oportunidad de hacer presentes a nuestros miedos, pues estamos demasiado enfocados en negarlos o en vivir en un temor continuo que es totalmente abstracto.

"Avanzar la cinta", por lo tanto, nos permite aterrizar nuestros miedos en una realidad concreta. Al hacer esto, Mauricio se dio cuenta de la improbabilidad de que sus peores temores se cumplieran, y a la par se sintió preparado para cualquier eventualidad. Su miedo habló y, una vez que fue escuchado, disminuyó.

Esta herramienta funciona para cualquier persona, incluso para quienes sufren trastornos de pánico y ansiedad. De hecho, los ataques de pánico a menudo ocurren debido al miedo abstracto, por lo que fundamentar el miedo de esta forma ayuda considerablemente a paliarlo. Si tienes cierta propensión al pánico o la ansiedad, esta herramienta debería estar entre las primeras con las que trabajes, pues así podrás ventilar tus miedos con alguien que te escuche, lo que aportará todavía más luz a la situación.

Al representar escenarios hipotéticos podremos aceptar todas las eventualidades y circunstancias que son parte natural de nuestras vidas y estar más en el presente, dándonos cuenta de que nos aferramos al futuro de una forma que no es útil, pues no tenemos control sobre él. Sin embargo, tendremos control sobre el presente, donde tomamos decisiones que nos allanan el camino hacia el porvenir. Viviremos nuestra vida con más plenitud y estaremos más presentes cuando seamos capaces de recuperar nuestras proyecciones basadas en el miedo al futuro.

Parte 3
Sombras colectivas

Dale una máscara a un hombre y te dirá la verdad.

Oscar Wilde

Tenemos todas las capas dentro de nosotros,
figuras que no son tan modernas como la consciencia;
algunas partes de nosotros se encuentran en la Edad Media,
otras en la antigüedad y hay partes desnudas en los árboles.

Marie-Louise von Franz

Capítulo 12

Figuras arquetípicas

Aunque no se trata en absoluto de una lista exhaustiva de figuras arquetípicas, esta sección tiene la intención de ayudarnos a identificar los arquetipos que representamos en nuestras vidas. Ver los roles o papeles más amplios con los que nos identificamos podrá ayudarnos a comprender las historias y los impulsos que hay detrás de estas figuras. Además, podremos plantearnos cómo elegir los papeles que queremos interpretar, puesto que nuestra tendencia es seguir viviendo nuestras historias tal cual, aun cuando ya no nos beneficien.

Esta sección tiene conceptualizaciones "clásicas", y algunas más modernas, de figuras arquetípicas. Pero a fin de aaprovecharla, primero ve con qué arquetipos te identificas y luego observa cuál es su narrativa y cómo se desarrolla ese guion en tu vida. Por ejemplo, el arquetipo de mártir va acompañado de un patrón de conductas y creencias específicas, así como un guion en particular.

Presta mucha atención a los arquetipos que observes en las personas que te rodean. Es posible que la "chismosa de la oficina" no aparezca a continuación, pero sin duda se trata de una figura arquetípica común en muchos de nuestros entornos de trabajo, porque ella vive su papel y espera que lo recibas de una manera específica. Así, es posible que a ti te coloque en el papel de "oyente" o "participante activo", o incluso en el papel de "objetivo". Al darte cuenta de los roles interrelacionados y de cómo las figuras arquetípicas se desarrollan entenderás más a fondo tu obra y todas las obras en las que hemos sido llamados a participar.

También es interesante queidentifiques con cuáles figuras arquetípicas no puedes identificarte en absoluto. Aun cuando llevemos todos los arquetipos dentro de nosotros, algunos son más dominantes que otros, incluso si ya recuperamos por completo nuestras sombras. Sin embargo, la ausencia de un arquetipo dentro de nosotros mismos sugiere un área de crecimiento potencial, así que halla a alguien que encarne ese arquetipo y pasa tiempo con esa persona o, de plano, piensa cómo "activar" tal arquetipo dentro de ti. Pregúntate qué actividades, creencias e ideas podrían impedir que ese arquetipo se expresara en ti.

Cuando recuperes todos los arquetipos dentro de ti no solo reclamarás tus sombras, también serás más capaz de decirle libremente al mundo quién eres como individuo único. Cuando reclames un arquetipo opuesto, como el hombre fuerte que acepta su debilidad o el individualista que acepta conectarse, los arquetipos con los que te identifiques más plenamente se tornarán aún más saludables.

Algo que notarás en las figuras arquetípicas es que todas tienen tanto fortalezas como debilidades; ningún arquetipo es singularmente negativo o positivo, por lo que podrás encarnar plenamente alguno de ellos y ser consciente de sus tendencias. Esto te dará equilibrio; tu explorador interior hallará la paz en casa, mientras que tu médico interior le dará la bienvenida a los consejos externos.

El explorador

Interesado y curioso, el explorador busca descubrir nuevos terrenos, tanto en el mundo exterior como en su interior. Siempre esforzándose para encontrar continuamente nuevas fronteras, el explorador puede presentarse como un viajero del mundo, ansioso por visitar el siguiente país en su lista, mientras que el explorador interior puede estar obsesionado por descubrir nuevas fronteras dentro de sí mismo. Hay exploradores que logran avances o incursionan en nuevos terrenos en la ciencia, el arte, la tecnología y otros campos. El entusiasmo y la emoción del explorador también pueden acompañar una especie de tenacidad en el ámbito familiar.

Para templar a tu explorador, abraza la alegría de las cosas simples, abraza el "ser" en lugar de "hacer", y asiéntate en rutinas estables. Esa podría ser la última frontera que necesites explorar.

El guerrero

Representando fuerza y liderazgo, el guerrero está siempre al frente de la batalla. Su emoción viene de vencer a sus enemigos, de la agitación propia del conflicto y de la defensa de las causas. Soldados, médicos, trabajadores sociales y hasta manifestantes suelen encarnar este arquetipo. Otros guerreros luchan con valentía contra el trauma y los problemas de salud dentro de sí mismos.

Pero cuando se lucha por causas más grandes, la vida diaria puede volverse mundana y la paz que llega después de la guerra puede dejar al guerrero inquieto, inseguro de sí mismo. Por ende, descansar luego de la batalla y liberar la hipervigilancia que se requiere durante la guerra, sería la victoria definitiva del guerrero.

El observador

Con una marcada habilidad para ver muchas situaciones con claridad, la aguda visión del observador sobre las personas y sobre el funcionamiento del mundo lo convierte en excelente escritor, creativo, terapeuta y filósofo.

El observador nunca es parte de la historia, por lo que puede sentirse separado y al margen de su propia vida, así como de la vida en general. Liberar sus creencias, además del trauma que lo hace sentirse lejos de los demás, hará del observador un participante activo de su propia vida, pero sin perder sus valiosas aptitudes.

El romántico

El romántico ve la vida como una aventura, llena de amor, alegría y pasión. El romántico pinta el mundo con grandes brochazos y le entusiasman las posibilidades que ofrece el horizonte. El romántico ve la belleza del mundo según sus particulares puntos de vista, pero hace que las personas graviten hacia él o ella, y se sientan especiales en su presencia. El romántico se destaca en las tórridas aventuras amorosas y en las citas que significan romance y pasión, pues ofrece un entusiasmo contagioso.

Empero, su mundo real puede convertirse rápidamente en una decepción o frustración si un viaje o una cita no es como lo imaginó y la persona de la que se enamoró se revela como un ser humano y más que un mero objeto de su pasión. La emoción y la devoción del romántico pueden ser atenuadas por el pragmatismo, la planificación y la atención al detalle. Pero aun así, el romántico podrá retener su pasión interior y, al mismo tiempo, basar su entusiasmo en la realidad.

El mártir

El mártir clásico se sacrificaba por una causa mayor, ya fuera divina o humana. Pero la manera en que el mártir se desarrolla en nuestra vida diaria es, a menudo, un sacrificio individual por una causa más pequeña y simple, como un lugar de trabajo o la familia. La madre y el empleado son los mártires clásicos, pues sacrifican su propia salud, bienestar e identidad en favor de los demás. Muchas personas, sobre todo en carreras de primeros auxilios, como enfermeras y terapeutas, además de agricultores y agentes de servicio al cliente, encajan en este papel, pues acostumbran a sacrificar su cuerpo para cuidar de los demás.

Mas el resentimiento se acumula rápidamente en el mártir, que se encuentra legítimamente agotado por las exigencias que los demás le imponen, pues incluso con el tanque de combustible completamente vacío le exigen dar más. Solo si escucha tal resentimiento, el mártir será capaz de reconocer que este proviene de ofrecer demasiado de sí mismo y recibir muy poco a cambio.

Es por eso que el mártir debe de cuidar más de sí mismo para poder servir a los demás. Para poner límites y salir del papel de mártir hay que evaluar lo que obtenemos de este papel. Alguien que desempeña dominantemente el papel de mártir tiene dificultades para renunciar a ese rol, sobre todo si eso significa cambiar su visión del mundo por otra en la que pueda recibir y otros puedan serle útiles. Dejar de sacrificarse requiere práctica, así como la capacidad de pedir cosas personales que necesiten ser satisfechas.

El médico

El médico ocupa un papel de autoridad y a menudo asume dicho papel por un deseo sincero de ayudar a los demás, aunque también puede hacerlo para alcanzar el reconocimiento social y el estatus que la profesión brinda. Aunque el médico puede ser fácilmente encarnado por cualquier doctor o galeno, todos tenemos amigos, familiares o conocidos en profesiones de ayuda que representan este arquetipo. Incluso personajes que admiramos, como celebridades y gurús, pueden asumir este papel de autoridad.

Solemos proyectar nuestra sabiduría interior y la consciencia corporal en el médico, pues nos dice qué comer, cómo estar sanos y cómo crecer como individuos en cuerpo, mente y espíritu. El médico se deslinda de las personas comunes al asumir este rol, pues al saber más se considera como un ser humano "superior" gracias a su experiencia.

Pero solo si aceptamos los límites de nuestro conocimiento podremos equilibrar a nuestro médico interior. Y es que no siempre tenemos todas las respuestas, por mucho que hayamos estudiado.

Para funcionar bien, muchos médicos profesionales, como los cirujanos, deben tener cierto grado de deshumanización. No obstante, el médico es capaz de permanecer completamente frío y alejado de su propia humanidad, así como de la humanidad de los demás. Por lo tanto, conectarse empáticamente con los demás le permitirá bajarse de su pedestal y reconocer que el mundo está lleno de personas que ofrecen diferentes tipos de conocimiento y autoridad.

El mediador o diplomático

El superpoder del mediador consiste en mantener a raya a nuestros verdaderos pensamientos y emociones con el fin de mitigar una situación mediante la calma y la neutralidad. Nuestro diplomático interior conoce las palabras correctas para lograr la paz, calmar los ánimos, evitar la discordia y facilitar el acuerdo entre dos o más partes.

El papel del mediador es asumido por abogados, directores y consejeros. Sin embargo, en una familia o en cualquier círculo social suele haber una persona que asume este papel; se trata de la persona a la que todos acuden para una evaluación sana y mesurada de una situación.

Y si bien la mediación es su habilidad esencial, alguien encargado de mantener la paz o un diplomático internacional podría sacrificar sus propios sentimientos para cumplir con sus funciones. El mediador teme ser demasiado ruidoso, emocional, dramático o irracional. El mediador necesita espontaneidad y una salida para expresar sus verdaderos pensamientos; solo así le dará equilibrio a su papel. No obstante, si el mediador aprende a mostrar sus emociones en vez de permanecer neutral, podrá seguir usando esta habilidad esencial, pero no será más la única característica de su personalidad.

El fundamentalista

Todos tenemos un fundamentalista interior, una parte de nosotros que se aferra a una creencia o comprensión específica de la realidad que, al estar tan arraigada, eclipsa toda nuestra visión del mundo. Esto incluye política, religión y puntos de vista espirituales, aunque también puede abarcar dietas y estilo de vida. Por ejemplo, no hay mejor fundamentalista que un vegetariano que desprecie a cualquiera que coma carne o que no escuche los puntos de vista de alguien cuya dieta no sea como la suya. Del mismo modo, no hay mayor fundamentalista que una persona que insista en que necesita comer carne tres veces al día.

Podemos identificar a nuestro fundamentalista interior analizando a quien odiamos, lo que odiamos y aquello de lo que nos alejamos. Si vemos el mundo en términos de esto versus aquello, o de nosotros contra otra persona o grupo de personas, nuestro fundamentalista interior creará falsas divisiones y una versión sesgada de la realidad.

El fundamentalista interior puede reconocer su pasión por ideologías específicas y darse cuenta de que su elección de estilo de vida es perfecta para sí mismo, pero sin la necesidad de detestar o tener indignación moral hacia aquellos que no suscriban sus dogmas. El arquetipo del fundamentalista da pie a sombras masivas, pues la persona que es fundamentalista odia a lo Otro.

Pero si se enfoca en lo que le ofrece felicidad, propósito y significado a su vida, el fundamentalista puede dejar de crear divisiones en la realidad y dentro de sí mismo. Resulta agotador aborrecer continuamente a todos los que no creen, se comportan o no se parecen a él. Si está dispuesto a escudriñar en su interior, el fundamentalista podrá examinar ese odio y abordar su propia sombra masiva de odio e ignorancia hacia sí mismo.

El tirano

Nuestro tirano interior suele ser nuestro niño interior. Y ese niño quiere las cosas aquí, ahora y de una determinada manera, de lo contrario tendremos que apagar un infierno. Ese tirano dentro de nosotros desea ser gratificado instantáneamente y que todos satisfagan sus deseos y necesidades primarias.

Ese tirano gobierna sobre los demás como una forma de control, y nadie más puede expresar sus pensamientos o ideas, a menos que estén alineados con lo que él piensa. De hecho, el tirano podría asumir los pensamientos e ideas de los demás como suyas; es incapaz de reconocer a los demás, y siempre debe ser el centro de la atención.

Con frecuencia, este papel es asumido por muchos jefes, pero también se ve con bastante regularidad en las relaciones personales. Es probable que el tirano se empareje con alguien con personalidad pasiva y agradable, quien probablemente creció en un hogar con una figura de tirano y, por lo tanto, sabe tratar con pinzas a su tirano actual para que no desatar su ira. Como sea, la pareja girará en torno al tirano y sus necesidades y deseos.

Todos tenemos un tirano interior que, en la mayoría de los casos, explota cuando tenemos una necesidad o deseo insatisfecho. Es frecuente que quienes viven el papel de tirano necesiten vigilar a su niño interior y ser conscientes de sus deseos de control y seguridad. El tirano pocas veces quiere verse en ese papel, porque detrás de él hay miedos, traumas y sentimientos de impotencia.

Por lo tanto, para abandonar este papel dominante es necesario confrontar aspectos difíciles. Dicho en otras palabras, el tirano debe explorar el egoísmo básico y la infelicidad que modelan esta figura arquetípica, solo así podrá darse cuenta de que su vida sería más feliz si no tratara de controlar a los demás. De hecho, se sentiría mejor si de alguna manera pudiera servir a los demás.

El adicto

El adicto está atrapado en un ciclo de miseria y de "no ser". La adicción es la peor forma de autosabotaje; cada vez que una droga o un hábito es utilizado de forma adictiva, es como si se cometiera un acto de suicidio.

Con las adicciones, el tiempo se detiene y la realidad se nubla, mientras el adicto entra en un espacio liminal, un capullo de "no ser" donde la persona no se preocupa por el mundo ni por sus factores estresantes.

En su impulso más básico, el adicto encarna el principio del placer, pero de manera equivocada. Y al seguir su impulso instintivo de buscar el placer y evitar el dolor, el adicto encuentra un atajo hacia la felicidad, pero con un alto costo en dinero, tiempo y fuerza vital.

Es común que nuestro adicto interior se reconozca a sí mismo y se lamente de sus adicciones, además de reconocer el ciclo de la adicción para tratar de salir del mismo. Sin embargo, pocas veces la fase de contemplación conduce a la acción, por lo que cada vez que se presenta la adicción el individuo vuelve a preguntarse cómo podría salir del círculo vicioso, y si se abstiene de la adicción, se pregunta cuándo podría obtener su próxima dosis.

Si bien es común pensar en la heroína, el alcohol u otras drogas cuando se habla de adicciones, también podemos volvernos adictos a muchas otras cosas: el juego, compras, sexo, azúcar, redes sociales y trabajo.

Solemos descartar a las adicciones "menores" porque pensamos en un adicto como un alcohólico o un consumidor de drogas pesadas que requiere hospitalización o rehabilitación para recuperarse, por eso ignoramos nuestra adicción aunque genere el mismo efecto de evitar la vida mediante un atajo hacia el placer. Todos tenemos un adicto interior, para quien "una es demasiado y mil nunca son suficientes".

Lo opuesto a la adicción es permanecer en el tiempo, en el momento presente, y comprometernos activamente con nuestra vida. Cuando el adicto se libera y la adicción deja de ser enfoque principal de su vida, las emociones atrasadas y la existencia no vivida pasan al frente y al centro. Al desarrollar su inteligencia emocional y mecanismos de afrontamiento saludables, con el correr del tiempo el adicto aprende a salir del capullo que creó para sí mismo, y vive su vida nuevamente. El adicto puede construir pasatiempos, amistades y relaciones, fuera de la adicción, y encontrar más satisfacción en las responsabilidades básicas de la edad adulta. Al iniciarse en la edad adulta, en la que antes no estaba dispuesto a entrar, el adicto llega a darse cuenta de que la vida puede ser satisfactoria. Pasado el tiempo, podrá ver hasta qué punto sus adicciones lo han frenado y será capaz de volver a conectarse con el mundo y con su propio potencial.

Conectarse consigo mismo y con los demás hará que el adicto exista principalmente en el cuerpo físico y así podrá participar de un "escapismo saludable", en vez de seguir con su adicción. Este "escapismo saludable" se elige conscientemente y es moderado, por naturaleza, por lo que genera sentimientos expansivos, como el asombro, la curiosidad y la sensación de libertad. Ir de excursión o salir a la naturaleza, hacer ejercicio, ir al teatro, asistir a conciertos o a otros eventos, leer, probar nuevos platillos e incluso ofrecerse como voluntario, son actividades que fomentan un "escapismo saludable" y que adicionalmente logran conexiones.

El depresivo

El depresivo está atrapado en un vacío oscuro del que no puede escapar. La vida misma se convierte en una lucha, mientras que los quehaceres y las exigencias de la existencia se convierten en tareas hercúleas, en lugar de simples búsquedas. El depresivo acostumbra a ver la vida a través de la lente de la melancolía y la maldad o la injusticia, mientras que la luz de la bondad y la esperanza se atenúa o, de plano, se apaga.

El depresivo puede ser un realista agudo y consciente que percibe una realidad que los demás bloquean. Y como el caos y la decadencia del mundo son deprimentes, aprecia su entorno con una claridad comprensiblemente preocupante. Muy a menudo bloqueamos la naturaleza propia de las personas asignándoles una especie de bondad moral, sin reconocer que rara vez alcanzan esa bondad. Pero el depresivo se sumerge en el reconocimiento de la ambigüedad y la negatividad de la condición humana, así como en el falaz concepto del ser humano superior y moral.

Para el depresivo, la vida perdió sentido. Julia Kristeva escribió: "Cuando el significado se hace añicos, nada más en la vida importa". Esta frase describe con elocuencia la actitud del depresivo hacia la vida.

Su sanación comenzará si reconoce lo absurdo de la existencia y ve cómo se nos confieren significados y propósitos de forma que no nos benefician como individuos. Comprar artículos materiales o trabajar más en beneficio de nuestros empleadores no proporciona, en última instancia, lo que el alma individual busca. Pero el depresivo, al ver la falta de sentido de lo que la sociedad y la publicidad le ofrecen como significado, tiene la oportunidad de avanzar hacia una existencia en la que los significados y los propósitos provengan de su interior. Si buscamos un propósito individual, los aspectos más oscuros de nuestro yo podrían convertirse en la luz cegadora de la revelación.

Pero nuestro depresivo interior no necesita ser engatusado hacia esa luz o intimidado para ser algo distinto de lo que es, pues el depresivo precisa de comprensión, validación y asistencia en su búsqueda de significado. Muchos depresivos sienten, y con razón, que sus vidas son terribles o despiadadas, porque así son. Claro que siempre habrá momentos en nuestras vidas en los que tengamos el derecho a sentirnos deprimidos.

Anclar al depresivo en el momento presente, en vez de sumirlo en lo abstracto, le permitirá saludar a la vida tal como es y moverse a través del dolor que implica el hecho de que la existencia no sea como se nos prometió.

El depresivo pretende permanecer en los reinos del idealismo, la espiritualidad y el intelectualismo filosófico, más que enfrentarse a una realidad cotidiana y concreta. Sin embargo, en los momentos tranquilos y sencillos de la vida es cuando encontramos propósito y significado. Ernest Hemingway se refirió a estas coyunturas como "momentos irrevocables", momentos en el tiempo similares a una foto única, cuando sentimos una sensación de perfección y propósito. Estos momentos que permanecen con nosotros son los que conforman la vida: una risa fugaz, la dichosa apertura de un regalo navideño, un gato sobre nuestro regazo ronroneando o el clásico sentimiento de amor que impregna una amena cena familiar. Todo ese amor que recibimos, gracias a estar conectados, nos ofrece una sensación de perfección, algo que no ocurriría si nos separan de nuestros cuerpos o nuestras vidas.

Hemingway también escribió: "La vida de todos los hombres termina de la misma manera; son solo los detalles de cómo vivió y cómo murió los que distinguen a un hombre de otro".

Lavar los platos o lavar la ropa, acciones diarias aparentemente triviales, son la esencia de la vida, y si la vivimos plenamente podremos salir de la miseria existencial para hallar significado y propósito justo donde estamos. Incluso algunos cambios en la vida, como la incertidumbre, el caos o la muerte, nos proporcionan historias de supervivencia, esperanza y significado que permanecen con nosotros a medida que envejecemos y miramos nuestras vidas por el retrovisor.

De jóvenes se nos prometieron muchos mitos encantadores que no se concretaron de adultos. A veces trabajamos duro y eso solo significó más trabajo. Si fuimos amables con el mundo, no toda la gente fue amable con nosotros. Si nos aferramos a nuestra ingenuidad infantil es porque resulta grato pensar que el mundo es un lugar humanitario y afable. Pero llegar a la madurez significa reconocer que las promesas que nos ofrecieron cuando éramos niños son falsas, y caer en la cuenta de esto viene acompañado de un inmenso dolor.

Pero podemos movernos a través del dolor, la injusticia y los mitos morales hacia una perspectiva clara y adulta de la realidad. Podemos aprender a vivir en la realidad tal como es. Más allá de la desesperación, podemos aprender a elegir nuestras acciones y motivaciones, pero sin la falsa moral e ingenuidad que solíamos tener. Podemos, por ejemplo, ser amables, y no porque tengamos miedo de ser inmorales o porque queramos que los demás nos vean de cierto modo, sino porque sabemos que el mundo está lleno de sufrimiento y tenemos la opción de crear más sufrimiento o limitarlo. La trayectoria del depresivo puede llevarlo a un punto en que acepte el sufrimiento en el que una vez estuvo inmerso y simplemente lo vea como parte de la condición humana, parte del ciclo natural de la vida.

El guasón (bufón, comediante o payaso)

El guasón usa el sarcasmo o el humor para desviar su dolor interno. Su sonrisa enmascara una desesperación interior y la creencia de que si no fuera "el payasito de la fiesta" no recibiría ningún tipo de aprobación. Piensan que a nadie les caería bien si fuesen simplemente ellos.

Pero ese bufón puede aprender a quitarse la máscara y dejar de lado el humor que lo protege para expresarse con autenticidad. El comediante representa un papel único en este mundo, pues pone a prueba límites, señala verdades y es único en su forma de ser. Al hacer esto, el humor y el sarcasmo ya no son barreras de su dolor interior, sino expresiones genuinas de su yo.

El individualista

El individualista es, con mucha frecuencia, alguien que lleva el peso de la filosofía occidental sobre sus hombros. Es como Atlas, condenado de por vida a cargar el mundo y sostener el peso de los cielos. La cultura occidental se basa en un rudo individualismo, por lo que nuestro individualista interior desea ser visto por su singularidad y por sus peculiares e inherentes características. Con frecuencia se nos enseña a asumir las responsabilidades de la edad adulta desde muy temprano, por lo que no falta quien se vuelva hiperindividualista, porque los padres le enseñaron que no podía confiar en nadie. En consecuencia, decide encargarse de todo él mismo, pues ya no cuenta con sus padres y, por asociación, con el mundo para ser cuidado.

Todos llevamos a un individualista robusto dentro de nosotros, pues vivimos en una cultura en la que se espera que trabajemos y nos desempeñemos más allá de nuestras capacidades físicas y mentales. Ideas como "Podría tenerlo todo si me esforzara lo suficiente", se graban en nosotros desde temprana edad, por lo que consideramos nuestros éxitos y fracasos como el rasero de nuestra bondad. Pero si viéramos que fracasamos o prosperamos basándonos en fuerzas más grandes que nuestro yo individual, no equipararíamos el fracaso o el éxito con tanta ligereza.

A fin de que el individualista logre sanar, es importante reconocer que los sentimientos de abandono, rechazo, soledad, agobio y abatimiento son demasiados como para que un individuo los enfrente solo. Tanto nuestra soledad como nuestras partes rechazadas requieren de otro individuo, o de una comunidad, que nos ofrezca espacio y aceptación. Podemos hacer un trabajo tremendo por nuestra cuenta con nuestro individualista interior, pero en ciertos momentos tenemos que buscar apoyo. No hay por qué trabajar solos, tras años de sufrimiento, si alguien más puede ayudarnos a cargar tan pesada lápida.

Querámoslo o no, somos miembros de muchas comunidades: pertenecemos a la raza humana, al lugar donde vivimos o crecimos, a nuestra cultura y a otros grupos, por ello hemos de reconocer que además de la felicidad individual, tanto la familia como las conexiones sociales ofrecen un gran significado y propósito a nuestras vidas.

El colectivista

El colectivista reconoce la necesidad de vivir en comunidad para prosperar mediante la interconectividad, pues el trabajo, la sanación y el cambio social pueden lograrse más fácilmente en grupo, y no a través de un solo individuo. El colectivista es, muchas de las veces, un empedernido romántico que cree que las épocas pasadas y las culturas tribales fueron mejores que la era moderna. Sin embargo, el colectivista suele ignorar la naturaleza individualista del mundo moderno, por lo que es hipócrita en su denuncia acerca de las nociones individuales del yo. Y es que en las culturas colectivistas prima un anhelo de individualismo y un deseo de lograr todo para uno mismo, más que para el colectivo.

En las culturas individualistas existe un anhelo por lo colectivo. Pero cuando reconozcamos la necesidad tanto de lo individual como de lo colectivo, el péndulo dejará de oscilar entre el individualismo y el colectivismo. Solo así podremos tomar lo mejor de ambos mundos y reconocer que nuestro yo individual, junto con sus deseos y necesidades, también es importante. Y si se hace bien, nuestro trabajo a nivel individual estará al servicio de la colectividad.

La persona común

La persona común es, digamos, un arquetipo neutral. Es como una alegoría, un tropo o una pizarra en blanco. La persona común es alguien atractivo pero "falto de sabor"; alguien que presume su intelecto, talentos y aptitudes, pero nada que esté ni por encima ni por debajo de la media.

La persona común tiende a pasar a un segundo plano y, muy a menudo, interpreta a un actor de reparto en su propia obra, un personaje secundario de su propia vida. Por lo mismo, y con la idea de tener la atención de los reflectores, deberá desarrollarse a sí mismo y pulir su historia hasta convertirse en un individuo pleno.

En el trabajo arquetípico, la persona común nos hace entender cómo es que todos llevamos partes neutrales dentro de nosotros. No siempre necesitamos tener una meta, una historia o un propósito, ni tampoco necesitamos ser el centro del universo. Solo si reconocemos lo anterior podremos prestar atención a las cosas simples de la vida y darnos cuenta de que el propósito de nuestra existencia es sencillamente ser humanos.

Capítulo 13

Ánimus y ánima

*T*odos tenemos polaridades masculinas y femeninas dentro de nuestro ser a las que, en vez de considerarlas estrictamente "masculinas" o "femeninas", podemos verlas como comprensiones arquetípicas del yo en un *continuum* de masculino a femenino. Entrar en contacto con todos los aspectos de ese *continuum*, desde lo masculino a lo femenino y viceversa, es la meta del trabajo de sombra.

Para completar esta tarea no necesitamos cambiar nuestras tendencias o autoexpresiones. Podemos ser completamente fuertes y dominantes con nuestras tendencias masculinas y, a la par, disfrutar del tejido con agujas como un pasatiempo. O podemos ser totalmente dominantes con nuestras tendencias femeninas y saber cómo asar unas costillas al carbón o reparar un inodoro. Incluso podemos llegar a ser fluidos, andróginos, y decidir, en función del día o de la ocasión, qué partes de nuestro *continuum* queremos expresar.

La integración de ambas polaridades, la masculina y la femenina, nos permite elegir conscientemente quiénes somos y qué queremos disfrutar, en lugar de resistirnos u odiar cualquier otro aspecto de nosotros mismos. Porque una vez que nos sintamos cómodos con nuestro *continuum* completo, de lo masculino a lo femenino y todo lo demás, ya no juzgaremos ni despreciaremos a nadie por sus elecciones. Si odiamos el arquetipo masculino o el femenino, odiamos a la mitad de nosotros mismos.

El arquetipo que expresa las características femeninas universales se llama ánima, mientras que el arquetipo que expresa las características masculinas universales se llama ánimus. Cada masculino tiene un *ánima* interior y cada femenino tiene un ánimus interior. Los individuos intersexuales o andróginos pueden tener acceso tanto a su ánimus como a su ánima internos. No obstante, podrían experimentar dificultades para explorar o expresar el *continuum* de lo masculino a lo femenino, debido al miedo o a traumas pasados.

Todos tenemos una *persona*, o cara pública, que presentamos al mundo. De hecho, podemos tener muchas *personas,* como una *persona* de "trabajo" y otra *persona* de "casa". También es común que los individuos tengan una personalidad o *persona* "en línea" o "en las redes sociales". La *persona* puede parecerse mucho al yo auténtico, o puede crear una división significativa entre nuestro yo auténtico y esa *persona*.

Las máscaras son un mecanismo de protección que nos ayudan a sentirnos seguros y protegidos, así no necesitamos mostrar nuestra "verdadera cara" al mundo. Enseñar nuestro auténtico yo a los demás nos genera vulnerabilidad. Por eso es que algunas personas usan máscaras, ya sea para tener un empleo remunerado o para encajar en la escuela o su círculo social. Todos, de alguna manera, usamos una máscara, ya sea pequeña o grande, para ocultar nuestros verdaderos sentimientos. Esto puede resultar muy apropiado si, por ejemplo, pasamos por un ciclo de duelo y no queremos llorar en un restaurante repleto de comensales. No obstante, si con una máscara nos ocultamos por completo perderemos el acceso a cualquier parte de lo que realmente somos. Encontrarnos a nosotros mismos y quitarnos esa máscara es el trabajo más importante que podemos llevar a cabo.

Podemos aprender conscientemente a ponernos y quitarnos máscaras. El término "persona" deriva de la palabra latina que los antiguos actores romanos empleaban para hacer alusión a la máscara. Aprender a trabajar con máscaras físicas nos permite elegir conscientemente un personaje y encarnar plenamente una emoción o una parte de nosotros mismos que de otro modo no podríamos. Con una máscara física podemos vivir plenamente un papel, aunque sea diferente lo que consideramos que somos. Así podemos romper tabús y acceder plenamente a los aspectos más oscuros de nuestras sombras.

Aprender a jugar conscientemente con máscaras, mediante el trabajo con caretas físicas, maquillaje o vestuario, nos ayuda a tomar el control de cómo nos presentamos al mundo. También nos sirve para decidir cómo actuaremos en una ocasión específica y definir si, por ejemplo, nos ponemos una máscara de confianza para demostrar poder. Muchas veces usamos máscaras inconscientemente, como mecanismo de defensa, y la realidad se vuelve muy distinta cuando decidimos qué máscara usar.

Ánimus y ánima

En general, la consciencia masculina es binaria (esto o aquello), mientras que la consciencia femenina se expresa en espacios liminales (lo que está en medio).

Lo femenino representa el cuerpo, las emociones, la intuición, el caos y la esencial simplicidad del ser. Y aunque parezca paradójico, lo femenino contiene tanto rabia como quietud, inacción y frenesí, por lo que nuestras mentes nunca serán capaces de categorizar por completo la polaridad femenina, pues continuamente se crea y recrea a sí misma. Lo femenino contiene el poder mismo de la creación y representa el movimiento primordial: de la muerte al renacimiento, de una polaridad a la siguiente.

En la cultura moderna tendemos a reverenciar la "luz" femenina, mientras la oscuridad sigue siendo, muy a menudo, despreciada y odiada. La escritora Marion Woodman calificó a la autorrealización como "poner la cabeza en el cuerpo"; con esto se refería a emparejar lo femenino, el cuerpo y todas sus emociones, sensaciones, instintos e intuiciones, con la cabeza o la polaridad pensante y creadora del orden.

Acostumbramos a separar nuestros ánimus y ánimas al ser las divisiones básicas de nuestras sombras, pero ambos elementos representan la oscuridad y la luz, el yin y el yang. Si entendemos que estas dos polaridades pueden trabajar juntas, nuestras divisiones básicas podrán sanar y todo el poder de la intuición, el sentimiento y el flujo creativo surgirá a través del cuerpo y será clasificado por la cabeza para decidir qué acciones apropiadas debemos tomar.

El ánima representa la totalidad del inconsciente, y le tememos profundamente porque representa lo desconocido, la incertidumbre, la muerte y la Tierra. Por ende, si contactamos nuestra ánima nos moveremos más allá de la cabeza y nos adentraremos en el cuerpo. Hemos cortado el cuerpo y aprendimos a avergonzarnos, despreciarnos y reprimirnos físicamente. Solo si aprendemos a "sentir" tendremos acceso a nuestra ánima. Solo si exploramos nuestra oscuridad tendremos acceso completo a nuestra luz. Sin una conexión con nuestro cuerpo, la cabeza se va en picada. El cuerpo es el momento presente y sin él vivimos disociados, con pensamientos abstractos, y sin nada en qué basarnos.

Si consideramos que la fuerza primordial del ánima dentro de nosotros es un vasto océano, entonces el ánimus es la costa que le da contención, dirección, acción y orden. Si todo el subconsciente surgiera sin límites en nosotros mismos, estaríamos perdidos en un océano de sentimientos. Por eso precisamos de herramientas y un mapa para entender lo que sucede en nuestro interior y poder encontrarnos de nuevo.

El ánimus es la precisión y la disciplina militar que nos ofrece la rutina. También representa logros, protección y fortaleza. Ciertamente, nuestra ánima tiene fuerza, pero la fuerza masculina es el bambú que resiste una fuerte tormenta, incluso un huracán, porque el bambú se dobla y jamás se quiebra.

Colocar la cabeza en el cuerpo

Poner la cabeza en el cuerpo significa encarnar y conectar ambas polaridades y el *continuum* intermedio. Considera qué partes de ti mismo se sienten incómodas con las partes femeninas, masculinas o andróginas de este *continuum*, y encuentra la manera de explorarlas.

Si te sientes conforme con tu masculinidad, prueba usar un vestido, ser cariñoso o simplemente sentir. Del mismo modo, si estás completamente cómodo con tu feminidad, haz mejoras en el hogar, usa corbata, crea un horario y convierte las ideas en acciones. Todas estas cosas no crearán inseguridad y, aunque se trate de ideas increíblemente simplistas, podrás ponderar tus barreras personales y explorarlas.

Una de las técnicas que mejor rompen tabús y permiten encarnar y acceder a lo femenino, es aprender sobre sexualidad. Aprende cómo se ven los genitales y cómo funcionan, tanto en hombres como mujeres. Explora las diferentes formas en que puedes experimentar placer u ofrecer placer al otro. La vergüenza que sentimos en torno a la sexualidad en la cultura occidental es por una razón: no estamos educados para eso a propósito. Pero nuestra sexualidad es el hogar de nuestro cuerpo, una forma de acceder a nuestro poder y al placer individual. Al aprender sobre nuestros cuerpos y los cuerpos de los demás, nos alejamos de la vergüenza y el odio y podemos experimentar la magnificencia de la fisiología humana.

Tanto en hombres como en mujeres, el ánima está bastante inexplorada y contiene los aspectos más grandes de nuestras sombras. Aprender a ser, en vez de hacer es toda una tarea para el individuo moderno. Si estás bien con el silencio y la calma, sin ver tu celular o quedar atrapado por los millones de distractores que ofrece la vida moderna, podrás ponerte en contacto con tu ánima.

A nuestro cuerpo le encanta bailar, cantar, jugar y sentir, pero nos hemos vuelto temerosos, porque aprendimos que la emocionalidad está mal, o porque las emociones que sentimos son muy abrumadoras o estresantes. Confundimos el trauma del pasado con el sentimiento, por eso no entendemos que nuestras emociones, cuando se expresan saludablemente, se sienten realmente bien. Reconocer que nunca recibimos una educación para las emociones, a diferencia de cómo nos enseñaron matemáticas, por ejemplo, servirá para liberar nuestra vergüenza y aprender a ser criaturas emocionalmente inteligentes. Podremos, así, sentarnos con nuestras emociones y escuchar lo que nos quieren decir.

Al entrar más en nuestro cuerpo escucharemos nuestra intuición e instintos. Sin duda hay una razón por la que se nos eriza el cabello de la nuca, o nos preocupamos sin razón aparente, al ver a nuestro nuevo vecino. Aprender a escuchar nuestras emociones nos servirá como portal de entrada a nuestros instintos. Podremos ir más allá de los traumas infantiles, los que nos dicen que estábamos equivocados, y más allá de los traumas culturales, los que nos indican que debemos confiar solo en la lógica. Así que escucha tus instintos y sentimientos y luego, de acuerdo con la lógica, decide qué hacer. Así emparejas tu cabeza con el cuerpo.

El masculino menospreciado

De manera social y personal, vivimos lo masculino más que lo femenino. Históricamente, cuando las mujeres ingresaban a su lugar de trabajo, entendían que necesitaban expresar su masculinidad para encajar, porque los parámetros de la "normalidad", tanto en el trabajo como en la sociedad, ya habían sido establecidos por unos cuantos, por eso el aspecto femenino pasó a segundo plano.

Y es así como todos, incluidas las mujeres, llevaban una máscara de masculinidad, hasta que colectivamente empezamos a cambiar. Dice la historia que cualquier persona que no fuera "hombre blanco" era vista como el Otro y, por tanto, como parte de la polaridad femenina. Si bien todavía vivimos vestigios de esto, hemos cambiado significativamente nuestras expresiones sobre las polaridades masculina y femenina, tanto en el mundo como en el lugar de trabajo.

Individual y colectivamente reconocemos cuando algo no funciona mucho antes de actuar en consecuencia. Básicamente, tenemos un periodo de contemplación antes de emprender cualquier tipo de acción. Con frecuencia, las acciones colectivas tienen lugar de manera vacilante. También suele ocurrir que oscilemos hacia el otro lado del péndulo; tendemos a sobrecompensar antes de buscar el equilibrio.

En el mundo moderno, esto significa que tenemos una genuina necesidad de reverenciar lo masculino, por eso sufrimos por el niño o adolescente varón dentro de cada uno de nosotros que no ha sido iniciado en una masculinidad adulta sana. Y es que el varón adolescente no está seguro de su sexualidad ni de su sitio en la sociedad, además de que no ha aprendido a expresar ninguna otra emoción que no sea la ira o la frustración. Lo masculino no expresado se torna en violencia y odio hacia lo femenino y se convierte en una fuerza opresiva, más que protectora. En consecuencia, solo si reverenciamos al masculino adulto podremos desarrollar resiliencia, estabilidad y hasta expresiones saludables sobre la sexualidad.

Claro que esto debe acompañarse de la comprensión de que lo masculino se expresa en todos nosotros, porque a menudo proyectamos lo masculino en otros y no lo reclamamos dentro de nosotros mismos. Es común que las mujeres que acuden a mi consulta se quejen de asumir roles femeninos y masculinos en sus relaciones heterosexuales, mientras que el hombre sigue siendo un niño. Solo si vemos esta situación como desafortunada y reconocemos que no es saludable o ideal para el masculino interior, por estar atrapado en una infancia perenne, podremos apreciar al masculino herido por lo que es.

Es de sorprender que a veces, si se presenta la oportunidad, nuestro masculino interior dé un paso adelante, actúe con valentía y se decida a proteger. El masculino herido dentro de nosotros se reconoce a sí mismo y abandona el capullo infantil. Eso sí, tal vez sea necesario persuadirlo, pues la parte infantil de nosotros mismos se siente cómoda teniendo pocas responsabilidades. Sin embargo, comprender el poco o nulo significado y propósito que tal existencia infantil ofrece al masculino interior, le permitirá crecer.

Podemos honrar lo masculino saludable al verlo y apreciarlo en nuestra vida diaria. Hay varias figuras arquetípicas de lo masculino, entre ellas el mago y el hombre salvaje. El mago representa nuestras facultades cognitivas y puede ser visto como el sabio arquetípico. El mago es una figura poderosa y alguien sabio, pero no solo en los ámbitos materiales y lógicos, también en los aspectos filosófico, artístico y, por supuesto, mágico. Recordemos que la forma en que ejercemos nuestro poder demuestra nuestro carácter y el poder es la capacidad de tomar decisiones conscientes, por eso nuestro mago interior puede elegir cómo comportarse y qué decisiones tomar.

Por su parte, nuestro hombre salvaje interior es apasionado, fuerte y está alineado con sus instintos básicos, por eso se siente como en casa al entrar en contacto con la naturaleza. Con frecuencia se trata de nuestra sombra interior masculina, o sea, la parte masculina que tratamos de descartar, porque no sería civilizado saquear una ciudad. Pero el hombre salvaje interior no necesita violar o hacer daño, ni tampoco ser domesticado u obediente, solo debe buscar la naturaleza para aprender a vivir de la tierra y permitir que las partes agresivas de su personalidad surjan de manera segura y sin dañar a nadie. Dominar habilidades básicas de supervivencia o de la naturaleza, hacer senderismo, acampar en el bosque o participar en una competencia sana, sacará a relucir nuestro hombre salvaje interior.

El masculino ausente

El masculino ausente es un arquetipo que encuentra expresión ante nuestra incapacidad colectiva de ver lo masculino como algo cariñoso o, al menos, preocupado por los asuntos domésticos, incluido el cuidado de los niños. Por eso asumimos que lo masculino estará "ausente" de la vida de nuestros hijos y solo participará con dinero. Incluso hay personas que al ver que lo masculino participa en el hogar o en la vida de los hijos, responden con miedo o confusión.

Pedro describe una experiencia que tuvo en el parque con su hija. Sabía, por las miradas de los padres de los otros niños y por experiencias pasadas, que no debía interactuar con ninguno de ellos, y sentía en sus miradas proyecciones de miedo y vergüenza, como si fuera un depredador. Su hija se divertía en el parque cuando se le acercó una mujer que no conocía. Ella miró a su hija y le preguntó: "¿Es tu padre? ¿Te sientes segura?". Y luego lo vio a él con desaprobación. Incluso estuvo a punto de grabarlo con su teléfono cuando Pedro le dijo a su hija que debían irse. Ya en casa, Pedro se sentía indeciso sobre si debía volver al parque o no.

Necesitamos entender ese miedo para que cada uno de nosotros considere sus proyecciones en lo masculino, porque sin duda este temor impacta nuestra vida personal y colectivamente da lugar a una generación de hombres que habita el espacio liminal, hombres que desean intimidad emocional, mostrar sentimientos y que quieren acceder a su ánima interior, pese a estar sujetos a tantas proyecciones malsanas de los demás, que son incapaces de expresarse.

Esperamos estoicismo y comportamiento infantil de nuestro hombre interior, pero seguimos proyectando las sombras oscuras de la violencia, el abuso y la sexualidad sobre él. Ir más allá de esto significa reconocer que somos capaces de tener oscuridad y que podemos recuperar lo suficiente de nuestras sombras para ver a un padre con su hija en un parque, o haciendo algo cariñoso, sin juzgarlo. Eso sería revolucionario. Nuestro ánimus crecería plenamente y ocuparía el lugar que le corresponde en este mundo moderno.

La bruja

Hay una razón por la que tantas mujeres se identifican con la figura arquetípica de la bruja: porque la bruja es completamente ella misma, llena de rabia y magia y dotada de capacidades curativas, además de poder. Por eso es deseable que surja de nuestro interior.

La bruja no se disculpa por lo que quiere y siempre obtiene lo que desea. La bruja no reprime sus emociones y no resiente su lugar en la vida, así como tampoco sufre en silencio a manos de lo masculino. La bruja, si se llega a enojar, se venga con frenesí de todos aquellos que la han agraviado e incluso eso la emociona.

En muchas de nuestras líneas ancestrales, la mujer tiene un legado de abuso, con falta de libertad, sin educación, independencia ni capacidad financiera, y atrapada con los hijos y en circunstancias desafortunadas. Ser plenamente ella misma, a pesar de las sombras abusivas de la parte masculina, es el poder de la bruja. Nuestra bruja interior tiene toda la razón para sentir rabia, porque a lo femenino se le ha robado su poder y esa parte es continuamente desestimada, rechazada, llamada "loca", cosificada y odiada. La bruja es parte de lo Otro y difícilmente halla su sitio en un mundo que ha sido diseñado para oprimirla.

Solo cuando la mujer sienta su poder frustrado y su rabia, podrá trascender su arquetipo femenino "ligero", que requiere que sea amable y se obligue a ver por los demás, y podrá atender sus necesidades. Cuando las mujeres sepan lo que quieren y lo que necesitan, validarán la rabia de su opresión y rechazo y se beneficiarán al encarnar tan oscuro poder femenino, liberándose de los pensamientos e ideas de los demás. Su papel ya no será más encajar, sino destacar.

Casandra

En la mitología griega, Casandra fue una sacerdotisa que decía la verdad pero a quien nunca se le creía, por eso fue ignorada y desestimada por completo. Hay una parte en todos nosotros que se identifica con este papel, especialmente cuando sabemos a nivel visceral, o incluso lógico, que lo que decimos es completamente cierto.

Aprender a decir nuestra verdad a pesar de las respuestas de los demás y sin dudar ni cambiar lo que pensamos, nos permitirá pasar de la justa indignación a un estado de reconocimiento sereno y claro que nos dé oportunidad de ver los despropósitos de los demás.

La madre devoradora

Es típico que las mujeres renuncien al sentido de su propia identidad cuando crían a sus hijos, y se conviertan en una madre arquetípica, su único papel durante buen tiempo. Claro que, en la medida en que sus hijos crezcan, la madre puede recuperar su sentido de identidad individual y cumplir con otros roles.

Pero para algunas mujeres esto jamás sucede, pues hay madres que infantilizan permanentemente a sus hijos para que nunca tengan que toparse con el "mundo real" ni lidiar con el mismo. Por eso les hacen sus tareas, les escogen su ropa y se oponen o interfieren ferozmente ante cualquier indicio de emancipación o individualidad. La madre devoradora, en consecuencia, odia cualquier recordatorio de que sus hijos están creciendo o todo tipo de indicador de que ya no la necesitan, incluida la búsqueda de una pareja romántica.

Esta madre "devora" a sus hijos en mente, cuerpo y espíritu, por lo que estos crecen sintiéndose culpables por el solo hecho de tratar de independizaarse. Así, por temor a salirse del control de la madre, muchas veces no crecen y permanecen como niños, mientras su madre atiende todas sus necesidades.

Muchos niños con madres devoradoras necesitan cuidar emocionalmente de su madre. Son como mini terapeutas que cumplen con las necesidades y caprichos de su progenitora. Aunque no lo parezca, esta es otra forma de control, y el niño que desee abandonar este papel a menudo enfrenta desprecio, abuso, vergüenza o incluso violentas amenazas. Pero si se reconoce conscientemente este patrón y hay disposición para abandonar ambos roles, tanto la madre devoradora como el niño podrán independizarse y descubrir quiénes son como individuos a fin de entablar una conexión sana, en vez de una relación enredada que impida que ninguno de los dos prospere.

La madre muerta

La imagen idealizada de la madre es la de una mujer que desinteresadamente proporciona amor y compasión infinitos. Rara vez consideramos el lado oscuro de cualquier madre, que contempla la dificultad de criar a los hijos y la energía y el tiempo necesarios para cumplir con su papel, lo cual engendra resentimiento y hostilidad.

La madre muerta ve su papel maternal con desprecio, odio y desinterés, sentimientos que comparte con sus hijos, quienes crecen sabiendo que, de alguna forma, su madre desea que nunca hubieran nacido. Esto les crea, de niños, un miedo inmenso y la tendencia de complacer a la gente, o a la misma madre, ante la impotencia de cambiar el entorno de su casa, pese a ser "buenos".

Otra variación de la madre muerta es cuando una mujer encarna sus propias fantasías a través de sus hijos. Si la madre no pudo jugar futbol de pequeña, su hijo lo hará. Así, el niño se convierte en una extensión de la madre y no en su propia persona, pues vive los sueños infantiles no vividos de la madre muerta.

Con este arquetipo y dinámica es importante entender que tanto la madre como los hijos pierden energía y poder. Si muchas mujeres se sienten obligadas a tener hijos o no reciben una educación sexual adecuada, se originan ciclos de desánimo, ira reprimida, agotamiento y pérdida de autonomía corporal. Es cuando la madre "muere", pues una parte de ella apenas puede reprimir la rabia de tener que cumplir con este papel. Los hijos también "mueren". Bajo la mirada helada de la madre pierden vitalidad hasta que, eventualmente, se deprimen al saber que su madre preferiría, en algún nivel, que no existieran.

Se nos suele presentar a la maternidad como un tiempo de infinita alegría, aun cuando la mayoría de las mujeres sabe que el embarazo y la crianza de los hijos no son fáciles y tienen un costo físico y emocional sorprendentes. Pero solo si permitimos que surjan nuestros verdaderos sentimientos con respecto a las mujeres y al papel de madre, este rol dejará las sombras y saldrá a la luz. Todos los padres, sin importar cuán sanos y amorosos sean, experimentan momentos de infelicidad, desesperación e incluso arrepentimiento en cuanto a sus hijos. Pero aceptar esos sentimientos como normales, o buscar ayuda si acaso surgen emociones extremas, marcará la diferencia a nivel individual y colectivo.

Proyecciones sobre nuestra pareja

A menudo nos cuesta trabajo ver nuestras proyecciones en aquellos que están más cerca de nosotros. Esa es la razón por la que deberíamos comenzar el trabajo de sombra mirando a aquellos con los que no estamos tan emparentados o emocionalmente apegados. Y es que solemos imponer las partes más invasivas y divisorias de nuestras sombras a nuestro cónyuge o pareja. Pero si estamos dispuestos a mirar, podremos ver nuestro ánimus o ánima repudiados en el otro; esas son las partes de nosotros mismos que más nos cuesta recuperar.

Hasta que no hayamos integrado nuestro interior masculino y femenino nos dividiremos en dos, porque nuestros ánimus y ánima viven en nuestra pareja, aunque no los reconozcamos. Solo si somos lo bastante valientes como para retirar nuestras proyecciones de nuestro cónyuge o pareja, podremos enfrentar los aspectos más oscuros de nuestras propias sombras. Seremos capaces de ver nuestra masculinidad, nuestra feminidad o nuestra androginia no realizadas y apreciaremos las habilidades, talentos y potencial que hasta ahora hemos descuidado.

A la par, nos acostumbramos a vernos en el espejo de nuestro odio hacia nosotros mismos: las peleas de pareja, las cosas que murmuramos en voz baja y lo que más nos molesta del otro, todo apunta hacia divisiones internas del yo, y tales escisiones son primarias y sustantivas, además de que evitan nuestra autorrealización.

Por eso hay que ver nuestras sombras en nuestro cónyuge y reclamarlas, para sanarlas a nivel personal. Habrá cambios en la dinámica, sí, pero las discusiones cesarán, pues ambos miembros de la pareja recuperarán los roles que se han asignado el uno al otro y habrá más intimidad. Amaremos al otro por lo que es, ya no por el rol que hemos proyectado en él.

Capítulo 14

Bucles

¿Te has fijado si te enganchas en la misma conversación una y otra vez? O tal vez lo hagas con el mismo conflicto, solo que con una rotación interminable de nombres y rostros. Podría ser el mismo conflicto y la misma conversación con la misma persona, cuando vas de compras con tu pareja o a la casa de tus padres para la cena navideña.

Tal ves incluso eres consciente de que te sientes de quince años otra vez cuando visitas a tus padres o que te abruman los patrones repetitivos que dominan su vida. Hay una razón para esto: a menudo repetimos nuestros guiones sin reconocer que puede haber una resolución. Al cambiar el guion y nuestro papel, podríamos encontrar un camino más allá de nuestra obra.

El primer paso para cambiar nuestros roles es notar cómo repetimos ciertas acciones, conductas y palabras. Así, es posible que notemos cuántas veces hemos conocido a alguien que para nosotros representa el mismo papel. Por ejemplo, podemos encontrarnos con la misma mujer una y otra vez, solo que con distinta cara y nombre, y esa mujer es la que nos ha hecho enfurecer, nos ha robado o nos ha involucrado en calumnias y chismes. No podemos controlar a una mujer así, pues ella tiene sus propias razones y su propio dolor para ser quien es. Pero los bucles tienen una razón de ser. Hay una explicación para que te muestres reactivo o busques tener la razón respecto de los actos de esa mujer. También podría ocurrir que te recuerde vagamente el comportamiento de tu madre. Una vez que se rompa ese bucle, aunque ese tipo de mujeres seguirá existiendo en tu mundo, tu reactividad, tu papel y tu guion serán otros, ya que ella no ocupará un papel central que tú hayas elegido; esa será la diferencia.

Los bucles son acciones, escenarios, pensamientos y sistemas de creencias que experimentamos repetidamente. Constituyen nuestra "programación" y la forma en que filtramos la realidad. Si entendemos más los bucles, podremos no solo identificarlos sino apartarlos e ir más allá de ellos. Solo así experimentaremos la realidad como es, en lugar de ponderarla a través de nuestra programación.

Un bucle común es un comportamiento repetitivo que surge debido a un trauma. Es algo dentro de nosotros que busca un cierre, por lo que recreamos el trauma original una y otra vez, eligiendo los mismos papeles pero, en muchas ocasiones, con diferentes caras y nombres, con la esperanza de encontrar una resolución y curación. En última instancia, la sanación proviene de que los aspectos traumatizados de nosotros mismos sean vistos, escuchados y atendidos adecuadamente.

También existen los bucles conductuales, que siguen una rutina específica que crea daño, agotamiento o rigidez dentro de nosotros. Se trata de bucles en los que los pasos se producen en el mismo orden establecido a lo largo del tiempo: A biene antes que B, C y D.

El bucle también puede suceder a través del lenguaje y el habla. Los bucles del habla implican repetir las mismas frases y opiniones a nosotros mismos y a los demás. Una forma común en que muchos individuos hacen esto es ofreciendo consejos a otras personas, que en realidad son aplicables a ellos mismos. Otra forma de notar estos bucles es viendo cómo las personas pretenden destrozar a los demás. Por lo general, se centran en un tema en particular para invitar a la vergüenza, diseminar chismes o expresar odio, pero siempre con el mismo lenguaje.

Repetimos bucles del habla cuando no comprendemos completamente el significado de las palabras o frases que usamos. Internamente, esto puede deberse a que hay un deseo por comprender. Por ejemplo, encontramos una nueva palabra o frase que nos parece importante y que, tal vez, nos haya impactado profundamente, pero que aún no entendemos. La repetimos hasta poder entenderla.

Las palabras y frases repetitivas también suelen utilizarse para programarnos. Al prestar atención a las frases actuales del día y a la frecuencia con la que se repiten en la publicidad, en las noticias y los medios de comunicación, vemos lo que se nos está "vendiendo". Y al identificar estas frases y palabras que se repiten, podemos cuestionar qué tipo de realidad se entreteje en nuestras redes colectivas y personales. Así tratamos de entender las capas más profundas de la realidad y cómo las grandes corporaciones intentan manipular nuestra realidad creando su propio lenguaje para llevar a cabo sus propósitos.

También están los bucles con base biológica o bucles de supervivencia. Nuestro ADN ancestral contiene recuerdos de haber sido expulsados, perseguidos, dañados o amenazados, por lo que necesitamos ceñirnos a ciertos comportamientos para sobrevivir. Sin embargo, en el mundo moderno estos bucles de comportamiento y pensamiento rara vez tienen sentido. Por ejemplo, en la realidad actual, ser expulsado de nuestro grupo de amigos puede ser una experiencia difícil, pero en un pasado no muy lejano, ser expulsado de la tribu significaba la muerte. O sea que, en la actualidad, ante la posibilidad de ser expulsados de un grupo o clan, respondemos con un miedo similar a la muerte, aunque ya no tenga sentido que nuestra respuesta a tal situación sea tan severa.

Cómo entender los bucles

Lo primero que hay que entender sobre los bucles es que son cómodos, incluso placenteros, y por eso mantenemos un gran interés en conservarlos. Expresan lo que consideramos que somos y lo que vemos como "materia básica" de la realidad. Lo que consideramos nuestra personalidad a menudo es solo un conjunto de heridas a las que estamos muy apegados, pues nuestras preferencias y formas de ser surgen debido al trauma. Nuestras historias nos mantienen como somos y nos hacen ver a los demás a través de una lente o rol distorsionado.

Nuestros traumas pasados crean barreras para experimentar la realidad y las creencias que surgen del trauma, las decisiones que tomamos en el momento de experimentar un trauma y los mecanismos de supervivencia que ponemos en marcha como resultado del trauma, son parte de dicho ciclo.

Las neuronas que se disparan juntas, se conectan juntas.

Donald Hebb

Nuestros cerebros desarrollan tractos que se originan en la primera infancia o incluso en el útero. Nuestra mente filtra la información que recibe y rechaza lo que no encaja en lo que cree que es su realidad. A medida que avanzamos por la vida, dejamos de usar cosas que están más allá de los caminos establecidos. En pocas palabras, nuestro cerebro no usa un camino de tierra cuando ya existe una superautopista en su lugar.

El problema es que la superautopista filtra la realidad para nosotros de manera muy particular; por ejemplo, podría repetirnos el mensaje de "no vales nada". Cuanto más requiramos que las creencias específicas sean verdaderas, y cuanto más arraigados estén nuestros tractos, más tenderemos a filtrar e ignorar todo aquello que no forme parte de ellos.

Filtramos muchas cosas sin darnos cuenta; nuestros filtros naturales nos obligan a comprometernos con información que solo encaja en nuestros bucles. Si tenemos bucles arraigados fuertemente en el interés de ser de tal o cual manera, los defenderemos a capa y espada y negaremos cualquier cosa que se oponga a ellos o los contradiga.

Lo más común es negar experiencias de vida que no nos pertenecen. Y aunque hagamos esto por ignorancia, más que por malicia, alguien que niega la realidad de las experiencias de los demás enarbola una forma de intolerancia y odio.

Cuanto más rígidos sean nuestros bucles, más defensas necesitarán. Los vilipendiamos y proyectamos en el mensajero opuesto. Los derribaremos, silenciaremos, avergonzaremos o incluso violaremos, emocional o físicamente, en la medida de lo posible. Encontraremos alguna pare de ellos que sea humana, y por tanto imperfecta, para derribarla, o nos perderemos en la autojustificación para crear una batalla contra ellos, de la que nosotros saldremos victoriosos. Haremos cualquier cosa para demostrar que los sistemas de creencias surgidos del dolor y el trauma son correctos.

Defenderemos a ultranza nuestra "verdad" y nos volveremos emocionalmente reactivos hacia todo lo que se oponga a ella.

Rara vez tenemos una experiencia auténtica de alguien o lo apreciamos en su totalidad; solo vemos una fracción de lo que es. Más bien, vemos lo que proyectamos en las personas, nuestra necesidad de que sean de una manera específica o que desempeñen un papel en particular. Incluso podemos llegar a tener bucles tan arraigados, defendidos ferozmente, que nuestra relación no tiene bases ni fundamentos con la persona en cuestión. Esto pasa con celebridades, maestros y otras figuras públicas.

Por eso hay que tener tractos sanos, que nos indiquen que es seguro conectarnos, que como humanos podemos tener un plan saludable con una mente clara que nos genere seguridad, autoestima, curiosidad, apertura y discernimiento. Solo podemos prestar atención a una parte de la realidad, pues es demasiada, por lo que naturalmente tenemos filtros; cosas a las que les prestamos más atención que a otras. Incluso en estados sanos y no traumatizados, negamos buena parte de la realidad y creamos filtros para centrarnos en nuestras experiencias específicas, ignorando marcos de referencias que no forman parte de nuestro "mundo". Y si bien nuestros filtros de referencia suelen permanecer razonablemente estáticos, también cambian en función de lo que nos ocupa o lo que deseemos atender ese día.

¿Alguna vez has leído un libro y te diste cuenta de que no procesaste nada de lo que había en los últimos párrafos? Tal vez sea porque estés cansado o distraído, pero podría deberse a que tu mente se queda en blanco para protegerte de "digerir" cierta información, ya que tus filtros no están configurados para hacerlo. Puede ser que no estés preparado para recibir dicha información o que tus mecanismos de defensa te impidan ver la información y absorberla.

Otro ejemplo: ¿alguna vez has discutido algo importante con alguien, digamos, un médico, y de repente encuentras ese tipo de información por todas partes? Digamos que tu médico te habla sobre afecciones de la tiroides, y de la nada un amigo comienza a hablarte sobre su tiroides, un segmento de las noticias tiene como tema la tiroides y ves libros en la biblioteca sobre problemas de tiroides. De repente, la palabra "tiroides" está en todas partes. Eso es porque tus filtros se reiniciaron para enfocarse en ese tema en tu realidad.

Nuestros bucles emergen de los mecanismos de supervivencia y permanecen arraigados, como meros impulsos surgidos de nuestro imperativo biológico, para mantenernos a salvo. Pero nosotros no creamos la realidad, creamos restricciones para experimentarla y nuestra mente determina nuestros bucles para defendernos de los "intrusos" cuando algo no encaja con nuestra programación.

A nivel celular estamos convencidos de que si reforzamos nuestros bucles nos defendemos de la muerte. A través de la evolución humana, a lo largo de cientos de miles de años, aprendimos que nuestros organismos necesitan preservarse y protegerse a sí mismos, por lo que definimos todo lo que esté más allá del "yo" o del "nosotros" como invasores, extraños o incluso enemigos, y por ese miedo a lo desconocido y más allá de nuestra concepción de la realidad, debemos defendernos a cualquier costo.

Estos imperativos biológicos y mecanismos de supervivencia están conectados a nosotros y se activan ante situaciones en las que nos sentimos amenazados. Y se activan incluso más por el trauma, porque las neuronas envían constantemente mensajes de supervivencia y cómo lograrla. El problema es que creamos la mayoría de nuestros bucles en la primera infancia o en el útero, y reaccionamos a ellos y los vivimos el resto de nuestras vidas. Porque estos bucles, así como los mensajes que los acompañan, siguen reproduciéndose, y por ende continuaremos viviéndolos hasta que podamos identificarlos y sanarlos.

Cómo identificar los tractos

De jóvenes, nuestro universo es bastante pequeño, pero formamos la línea base de nuestra realidad a una temprana edad, por lo que nuestras creencias sobre el mundo y sobre nosotros mismos se originan, en gran medida, en ese momento.

Cuando todavía estamos en una etapa preverbal establecemos la mayoría de nuestros tractos básicos sobre cómo filtrar la realidad. ¿Sentimos que el universo nos cuida y nos apoya? ¿Creemos que tenemos un lugar en el mundo? ¿Creemos que somos dignos de ser amados? Enmarcamos las respuestas a estas preguntas basándonos instintivamente en nuestras experiencias primarias desde una edad temprana.

Creemos que nuestro entorno y nuestros cuidadores constituyen el universo y que todo lo que experimentamos tiene que ver con nosotros. Por eso, instintivamente asumimos la responsabilidad y la culpa de nuestras circunstancias infantiles. Y para efectos de supervivencia, pensamos que nuestros padres son inherentemente buenos, sin darnos cuenta de que pueden carecer de las herramientas, la disposición emocional y las aptitudes para cuidar a un niño. Por eso aceptamos la culpa de las circunstancias y hasta nos sentimos mal de alguna manera, o de plano alteramos nuestros comportamientos, a fin de sobrevivir.

Así, formulamos nuestras ideas sobre lo que es el universo y lo que contiene basándonos en un contacto mínimo con el mismo. Cargamos con estas creencias desde la infancia hasta la adultez y creamos un guion base que organiza la totalidad de nuestra existencia.

Si nuestros bucles se originan a partir de un trauma o dolor severo, perdemos de vista cualquier cosa fuera de él. Personas con mucho dolor, independientemente de su edad, no logran ver fuera de sí mismas lo suficiente como para asimilar su impacto en los demás, y no ven ninguna cualidad en las personas, más allá de sus propias proyecciones, deseos y necesidades. Y aunque esto no excusa su comportamiento, sirve para reconocer que alguien que se ahoga en el dolor no puede mirar más allá de sí mismo.

Un sujeto que vive atrapado en bucles de gran dolor y que no recibió un cuidado adecuado como niño, permanece encerrado en ese estado infantil; es codicioso, devorador, exigente de atención y cuidados, cual bebé recién nacido. Este tipo de personas no cree que sus necesidades puedan ser satisfechas, pues se les ha demostrado que no hay forma de que obtengan, de manera segura, lo que quieren y necesitan. Por eso manipulan, violan y dañan.

Esto obedece a que tienen un guion base o una realidad centrada en un gran deseo que nunca fue satisfecho. O sea, no recibieron lo que debería habérseles dado a la edad en que escribieron su guion. Por eso creen que nadie puede amarlos ni ofrecerles cosas o relacionarse con ellos de manera saludable. Se creen indignos de ser amados incondicionalmente y piensan que deben tener una relación transaccional para recibir amor. Este es un patrón común, por lo que no debemos reprendernos ni reprender a los demás por ello, solo entenderlo como un bucle derivado de una necesidad básica no satisfecha.

Tal vez sepamos que las cosas no funcionan a determinado nivel y que nuestros bucles provienen del dolor, en vez de la salud, pero como nuestra mente se defiende y vive atrapada en su muy particular programación, no podemos ver la luz al final del túnel, ni pensamos que pueda haber otra forma de relacionarnos con los demás.

Final del proceso biológico

Estamos programados para desear la terminación o final satisfactorio de todas las cosas. Por ello, al completar cualquier proceso experimentamos una iniciación durante la cual atravesamos una puerta hacia una nueva forma de ser. Este es el proceso de muerte-pausa-renacimiento.

En el trauma no obtenemos lo que realmente necesitamos: amor, aceptación, seguridad y ser vistos y escuchados. De hecho, requerimos de alguien que nos ayude a procesar lo acontecido a fin de entender que no fue nuestra culpa.

Aunque resulta fácil imaginar al trauma como algo grande, como una agresión sexual, visualiza algo más mundano, como un embarazo planeado. Se eligió al médico, se estableció un calendario y las maletas se hicieron semanas antes del alumbramiento. ¿Pero qué pasa si el bebé nace con tres semanas de anticipación? El médico encargado está fuera de la ciudad y el parto tiene que ser por cesárea. Y ahora, con un niño prematuro habrá costos adicionales y se necesitarán más días libres en el trabajo, entre otras cosas.

Como resultado de esta experiencia, los padres no habrán completado un proceso biológico que deberían haber terminado de manera satisfactoria. ¿Por qué? Porque no obtuvieron lo que necesitaban o querían de la situación. Y aunque ahora tienen un hijo sano, lo cual es maravilloso, a nivel biológico no pasaron por las iniciaciones específicas hasta llegar a un final satisfactorio.

Algunas de nuestras iniciaciones más comunes son los encuentros sexuales, sobre todo los primeros, incluyendo la noche de bodas, además de la transición por las etapas de nuestra vida: de bebé a niño pequeño, de niño pequeño a niño, de niño a adolescente, de adolescente a joven, de joven a adulto, de adulto a anciano y de anciano a la muerte. Si alguna de estas iniciaciones no se completa como se debe, experimentaremos la sensación de estar incompletos y sentiremos que parte de nuestra energía se estanca en esa determinada edad. Por ello, es vital sentir plenitud en todos los niveles del yo: mental, emocional, psicológico y espiritual.

En la vida diaria, esta necesidad de finalización puede causar problemas en las relaciones pasadas, en la carrera, con las amistades y con oportunidades educativas. Una gran parte de nuestra energía y vitalidad puede atascarse en eventos y pasajes de la vida que no están "completos". Encontrar la plenitud a través del trabajo del niño interior nos permite avanzar en muchos niveles, renacer y aportar más de nuestra vitalidad al presente.

Cómo romper los bucles

Por el trauma surgen diversas creencias, creencias sobre nosotros mismos y creencias sobre la naturaleza del mundo y los demás. En un bucle el yo herido repite una y otra vez las circunstancias o problemas originales, acompañadas de las creencias de siempre.

Si nos damos cuenta de nuestros problemas crónicos o de los escenarios que se repiten en nuestro mundo una y otra vez (por ejemplo, si seguimos tomando las mismas decisiones destructivas y tenemos los mismos problemas relacionales), podremos comenzar a ver claramente nuestros bucles.

Entonces podemos comenzar a romperlos. Por ejemplo, Edna padece migrañas crónicas. Casi siempre es más fácil trabajar con los bucles hacia atrás, pues conocemos bien el resultado final, en este caso, la migraña:

- *¿Y qué pasó antes de eso?* Se sentía disociada, como si se viera a sí misma en la televisión.
- *¿Y qué pasó antes de eso?* Se sentía ansiosa y con pánico.
- *¿Y qué pasó antes de eso?* Se sentía abrumada, como si las paredes se cerraran sobre ella.
- *¿Y qué pasó antes de eso?* Vio su lista de tareas pendientes y comenzó a sentirse estresada por su incapacidad para manejarlo todo.

Ya tenemos el ciclo completo del bucle. Edna, al conocer el resultado final, puede sentarse a analizar los comportamientos que lo conforman. La mayoría de estos bucles arrojarán entre tres y cinco comportamientos antes del resultado final. Cuanto antes Edna tome una decisión distinta, en vez de seguir con los mismos comportamientos repetitivos, más probable será que rompa parcial o totalmente con el ciclo.

Así, cuando se sienta abrumada o con claustrofobia, podrá salir a caminar o, mejor aún, cuando vea su lista de pendientes podrá reconocer que no necesita ocuparse de todo el mismo día. Y una vez que alcance tal nivel de consciencia podrá comenzar con la práctica de sanar su yo herido, ya sea sentándose a trabajar con sus emociones o con su niño interior. Al "romper" un bucle como este, o al reconocerlo plenamente, interrumpimos patrones poco saludables. Notar la naturaleza repetitiva de nuestros bucles iniciará naturalmente un proceso de curación, o al menos nos motivará a buscar resultados diferentes.

Veamos otro ejemplo: Brandon lucha contra comer compulsivamente, en específico, dulces, por lo que define que el resultado final de su bucle es "comer dulces en exceso". Luego va hacia atrás, para buscar que hace o siente antes de cada paso. Así, se da cuenta de que siente aflicción antes de desear el azúcar, y antes de aflicción, soledad. Cuando profundiza aún más llega a la desesperación. Con el tiempo se da cuenta de que el catalizador original del bucle son situaciones donde siente que no es lo suficientemente bueno.

Entonces se pregunta: "¿Quién no se siente lo suficientemente bueno?", y descubre que es su niño interior, de apenas cuatro años, que busca la aceptación que nunca recibió de su madre negligente. Lo que sí recibe son galletas con chispas de chocolate y refresco de cola. Su deseo de "dulzura" es el resultado de querer y necesitar la dulzura que nunca le dio su madre.

Al hacer el trabajo de sanación y el trabajo habitual que ya vimos, darse cuenta del bucle y evitarlo, Brandon es capaz de desentenderse del bucle y hacerlo desaparecer. Y ahora, cuando se siente solo, llama a un amigo o le envía un mensaje de texto.

Bucles opuestos

Otro tipo de bucle son los bucles opuestos. Si bien las personas pueden ser complejas o multifacéticas, paradójicamente solemos ser bastante simples en muchos sentidos. Compartimos formas de ser muy similares y bucles parecidos. Es por eso que las máscaras que usamos, así como los yo míticos que nos creamos, suelen mostrarnos la naturaleza de nuestro dolor interno.

Es por eso que uno de nosotros se visualiza ganando un *reality show*, mientras otro fantasea con dar un discurso exitoso frente a figuras masculinas aprobatorias. Un bucle opuesto es la creación de un guion o fantasía que se centra en darle a nuestro niño interior herido todo lo que necesita, y muchas veces esto se hace de forma mítica o dramática, para resaltar lo que intentamos compensar.

Por ejemplo, alguien con un niño interior que se sienta impotente creará un yo mítico que sea poderoso o que tenga muchos poderes. Podría pasarse toda su vida jactándose de que nadie es tan poderoso como él, o podría dedicarse a denostar a otros individuos que sí tienen poder. Otra persona podría sentirse poco auténtica o fraudulenta, y pasarse la vida diciéndole a todo el mundo lo auténtica que es y señalando a la gente que no es tan "real" como ella.

Un yo herido que se siente atascado en emociones de impotencia y desconexión de todo se creará una persona compensatoria profundamente conectada y poderosa. El yo mítico que creamos se opone directamente al yo herido. Por ejemplo, una mujer que se cree "popular" continuamente señalará con desprecio a cualquiera que considere un perdedor o alguien "impopular", porque lidiar con sus sentimientos internos de falta de valía sería demasiado para ella. Igualmente, un hombre que carezca de confianza será odioso y presumido de sus logros ante cualquiera dispuesto a oírlo, aunque internamente tenga baja autoestima.

Acostumbramos a menospreciar las partes heridas de nuestra propia sique, pero nuestras sombras no descansarán hasta que hagamos las paces con todos los aspectos propios y veamos las divisiones que hemos creado.

El ascenso desde las profundidades

De lo que somos conscientes con respecto a nosotros mismos en nuestra realidad diaria se asemeja a las olas superficiales de un océano. Esa es nuestra mente consciente. También existen las profundidades abismales, o las profundidades de nuestro subconsciente, pero casi nadie llega al fondo del océano, al subconsciente. Más bien, somos propensos a llegar un poco debajo de las olas, o acaso a la mitad de profundidad del océano.

Sin embargo, en nuestros bucles más difíciles, todo aquello que esté en las profundidades de nuestro subconsciente, en el fondo del océano, apunta a elevarse hasta nuestra consciencia. Y cuando algo surge en nuestra consciencia, a veces simplemente lo reprimimos y lo empujamos hacia abajo. Podemos negarlo, aceptarlo o decidir trabajar en ello. Pero muchas de estas elecciones son a nivel subconsciente, ya que no elegimos conscientemente evitar un problema o vivir pasmados o paralizados toda la vida. Somos, sencillamente, incapaces de enfrentar aquello que es muy doloroso.

Reconocer lo que sea que surja en nosotros hará que nuestros bucles cambien. Si vemos claramente lo que surge dentro de nosotros, aun cuando no lo entendamos por completo, podremos prepararnos para trabajar con ese material cuando estemos listos para hacerlo.

Lo que suele surgir es la consciencia de un bucle en el que nos estamos involucrando, o el reconocimiento de que una parte de nuestra vida simplemente no está funcionando para nosotros. Y si algunos aspectos de nosotros permanecen sin resolverse y nos causan dificultades, es porque requieren de sanación y llevan tiempo congelados, repitiéndose de manera incansable en los mismos bucles y provocando las mismas circunstancias, lo que consolida y demuestra las mismas creencias, por lo que nuestras heridas y mecanismos de defensa resultan apropiados.

Por ejemplo, los padres de Steven, un niño de cuatro años, se divorciaron y él se sintió rechazado, abandonado y culpable. Steven creyó que si hubiera sido lo suficientemente bueno, perfecto y adorable, como su hermano, su padre no se habría ido.

Como darse cuenta de esto resultaba muy doloroso, la mente de Steven engendró una "realidad mítica" con la que se defendió y alejó del trauma original. En secreto, Steven era un superhéroe, y como todos los superhéroes encaran historias difíciles, le gustaba pensar que su padre regresaría y que su familia volvería a estar unida.

Pero la creación de mitos de Steven lo alejó aun más de la realidad fundamentada y le impidió ver el dolor original que le causó tal cisma en su mente. A manera de protección, Steven continuó con sus ilusiones, sin cuestionarse sobre el origen ni la necesidad de tales mitos. Y esos mitos no mitigaron su dolor ni impidieron que el bucle se repitiera una y otra vez. Seguramente, a sus cuatro años negar u olvidar el dolor fue la mejor manera de sobrevivir para darle sentido a tan desfavorables circunstancias, pero

Steven, a sus cincuenta años, no debería seguir creyendo en los mitos de su yo infantil ni representarlos, aun cuando le hayan servido para protegerlo y sobrevivir en su infancia.

Experimentamos este tipo de división todo el tiempo, porque es la forma en que lidiamos con el dolor, especialmente el dolor intenso. Ser abandonados, sentirnos no amados o rechazados es una realidad dolorosa.

De jóvenes sobrevivimos creando mitos, porque no podemos ir a ningún otro lado que no sea el hogar familiar o la escuela. Además, a esa edad vivimos inmersos en mitos e historias, cuentos de hadas y películas de superhéroes.

Pero si estamos dispuestos a mirar nuestros mitos, podremos ver que son completamente falsos y que debajo de ellos subyacen las emociones que quedaron enterradas en las profundidades. Cuando reconocemos tales emociones y tomamos las medidas pertinentes para trabajar con ellas, somos capaces de ir más allá de nuestro yo mítico y conquistar nuestro yo verdadero.

La pérdida de poder

Hay bucles comunes y razones comunes para desarrollar bucles que dan lugar a conductas similares. Si vemos más allá de una persona para apreciar sus bucles, podremos ver el tipo de dolor que ha hecho que se convierta en lo que es.

Podemos perder poder por un trauma, pues una parte de nosotros aprende a escudarse, a defenderse y a separarse de nosotros mismos y del mundo en general. También podemos perder poder al seccionar aspectos de nosotros mismos que, según nos enseñaron, son "malos" o socialmente inapropiados. Así, la intuición, alegría, creatividad, felicidad, extroversión e intelecto se ocultan o se niegan, pues se nos enseñó que esos dones son erróneos o motivo de vergüenza. Estas sombras de luz pueden crear tanta pérdida de poder como el más oscuro de los traumas.

Cada vez que nos fracturamos, por la razón que sea, perdemos poder. Y si nos desconectamos de nosotros mismos, de nuestros cuerpos, del mundo natural, del mundo sobrenatural o de otras personas, también perdemos poder y no contamos con toda nuestra vitalidad ni la plena capacidad de conectarnos con nosotros mismos y con el mundo exterior. Principalmente, perdemos poder en torno a cuestiones relacionadas con el dinero, la sexualidad, los impulsos y funciones biológicas, así como la masculinidad o la feminidad.

Las guerras, la opresión masculina sobre lo femenino y la consiguiente opresión femenina sobre lo femenino, la esclavitud, así como las divisiones culturales, raciales y religiosas, indefectiblemente conducen a la pérdida de poder a nivel sistémico. Esto lo vivimos dentro de cada uno de nosotros y nos separa de nuestro poder.

Lo que sucede al examinar nuestros bucles es que comenzamos a comprometernos con la salud de nuestro sistema, en lugar de permitir que nuestras vidas sean dirigidas por bucles que se procrearon a partir de un inmenso dolor e instintos de supervivencia.

Podemos crear filtros más abiertos que nos permitan interactuar conscientemente con nuevas ideas y formas de ser. En vez de ver este tipo de cosas como una amenaza y reaccionar ciegamente o rechazar automáticamente lo nuevo, podemos decidir conscientemente qué información es la adecuada para nosotros. Somos capaces de discernir qué nos lleva hacia la salud y a una mayor integridad de nuestros sistemas, en oposición a lo que simplemente perpetúa y consolida los bucles de dolor.

Naturalmente, una mente no entrenada se moverá hacia sus desequilibrios y bucles arraigados, defendiéndolos con uñas y dientes. Recuerda que nuestros aspectos de más dolor sienten la imperiosa necesidad de anteponer defensas para sobrevivir. Tal vez esto haya funcionado cuando teníamos tres o diecisiete años, pero esas defensas ya no funcionan en la adultez; solo conducen a la separación y al dolor.

Cuando envejecemos, es típico que nuestros tractos se arraiguen cada vez más. Y como nuestro universo se encoge a medida que envejecemos, nos volvemos menos tolerantes con cualquier cosa fuera de nuestro tracto familiar. De hecho, otros tractos, que antes solíamos aprovechar, pierden brillo o se oxidan debido al desuso.

Nuestro cerebro no tiene que esforzarse mucho con los bucles, pues emplean los mismos tractos de siempre. Esa es la razón por la que tantos programas de televisión, periódicos y libros repiten las mismas cosas reiteradamente: porque nos gustan nuestros bucles, nos proporcionan consuelo y nos brindan la seguridad de que nuestro universo es plenamente conocido, controlado y seguro.

Pero en la medida en que envejezcamos debemos examinar nuestros bucles a fin de recuperar el poder que hemos perdido y desarrollar una mente abierta y perspicaz. Debemos liberarnos de ellos para sentirnos más cómodos con nosotros mismos y menos preocupados por lo que los demás piensen.

Bucle de rechazo

Experimentamos muchos bucles comunes debido al dolor. Uno de los más frecuentes es el bucle de rechazo, que sigue estos pasos:

- Percibimos rechazo o abandono.
- Nuestro niño o adulto interior no puede enfrentarlo y decimos: "No quiero esto", "No te quiero a ti" o "Soy demasiado bueno para ti".
- En esta parte del proceso se produce una escisión y levantamos muros para evitar el rechazo, además de escapar mediante nuestras creencias "míticas", que nos protegen contra el dolor.
- Nos sentimos aislados y desconectados, tanto externamente (de la situación) como internamente (por la división de la mente).
- Dicha desconexión hace que volvamos a sentirnos rechazados o abandonados, por lo que el ciclo se cierra y se repite de nueva cuenta.

Bucle de negación de la realidad

Cuando no sentimos las cosas del todo "reales" se debe a la aparición de un mecanismo de defensa basado en la negación, cuyo fin es evitar que enfrentemos plenamente los hechos. Así, parte de nosotros puede aceptar que algo está sucediendo, mientras que otra parte se encuentra atrapada en el autoengaño: podemos saber que algo pasó o está pasando y negarlo al mismo tiempo.

Esto ocurre especialmente con traumatismos fuertes. Es posible que una agresión sexual no la sintamos "real" porque existe un mecanismo de negación que nos impide reconocerla. Y es que reconocer esa agresión significaría enfrentar el dolor y el impacto del asalto a nuestra vida e individualidad; también significaría sentir el terror y entender que tal experiencia sucedió y podría volver a pasar.

Pero la negación de la realidad también ocurre con cosas más nimias o aparentemente menos traumáticas. Por ejemplo, graduarte de la universidad podría parecerte irreal; una parte de ti negaría que tienes un título universitario, porque eso significaría reconocer y celebrar tus logros, mientras que otra parte podría sentirse desconcertada al ser un adulto en ciernes presto a pagar una hipoteca.

La indiferencia, la apatía y la parálisis son típicos mecanismos de defensa que utilizamos para negar la realidad. Si deseamos algo con todo el alma sería doloroso no conseguirlo, por eso nos envolvemos en la apatía. Si realmente sintiéramos la necesidad de recibir algo de otro ser humano sería doloroso ser rechazados, y por eso somos indiferentes o no guardamos expectativas: para no decepcionarnos.

Pero solo si aceptamos estoicamente lo que nos ha pasado en nuestras vidas podremos salir de la desilusión y procesar por completo lo ocurrido. Solo así podremos colocar esas experiencias en el pasado, en vez de seguir con el mismo bucle en nuestra realidad actual.

Bucle de superioridad o inferioridad

Los bucles más comunes surgen de traumas en nuestras relaciones íntimas, pues nuestro niño interior busca el cariño que nunca recibió de sus padres. Pero más allá de este tipo de trauma, también se crean bucles a partir del condicionamiento social y religioso, así como por los impulsos biológicos.

La forma básica del "bucle biológico" es el de superioridad o inferioridad. Lo ejecutamos en el mundo exterior porque no reconocemos que proyectamos nuestros complejos de inferioridad en los demás. Podemos proyectar nuestra propia competencia, maestría o belleza en otros, y muchas personas estarán felices de aceptar proyecciones sobre ellas que atañan a alguna especialidad, como ser iluminados, bellos o ser los elegidos.

Y si bien es cierto que algunos individuos pueden ser más conscientes, competentes, inteligentes o hábiles que nosotros en ciertas áreas, debemos reconocer eso sin proyectar una idea de superioridad sobre ellos. Todos tenemos nuestros dones y talentos, por lo que nuestra luz puede brillar de manera muy distinta de la de los demás.

Para interpretar dicho bucle necesitamos sostener que somos "superiores", "especiales", más importantes o hasta más "reales" que los demás, pues solo así podemos señalar a otros que, según nosotros, son inferiores. Pero si no nos sintiéramos inferiores, no tendríamos que convencer a los demás de nuestra superioridad. Es por eso que debemos claudicar y no seguir jugando este juego tan agotador, en el que bailamos con la sombra de nuestra propia insuficiencia en el mundo exterior.

Si logramos ver este bucle como lo que es, un juego enfermizo en el que no hay ganadores, podremos dejar de interpretarlo y trabajar en lo que sea que nos impida sentirnos a gusto y seguros dentro de nosotros mismos. También podremos dejar de externalizar nuestras insuficiencias siendo arrogantes y despreciando y avergonzando a los demás. Y, lo más importante, podremos recuperar nuestros dones, que tan fácilmente regalamos a otros. Nuestra luz está destinada a brillar desde nuestro interior. Ver nuestra propia belleza, talentos, intelecto y singularidad de manera encarnada, significa poseer, total y completamente, todas estas cualidades dentro de nosotros mismos. Solo así dejaremos de señalar a los demás como superiores o inferiores.

Capítulo 15

Cómo entender las sombras colectivas

La sanación a partir de nuestro trabajo individual de sombra se extiende hacia afuera. Nuestras relaciones cambian y, en mayor o menor medida, también se transforman nuestra familia, nuestra ascendencia y nuestra sociedad y cultura. Hasta el mundo cambia. Nuestra sanación podría afectar mucho la relación con nuestra pareja, y también una fracción de nuestra cultura. Pero cada uno de nosotros tiene un impacto en lo colectivo.

De la misma forma, cada uno de nosotros proyecta una sombra. El mundo se conforma por la suma de nuestras sombras individuales, las cuales se vuelven parte de nuestra familia, nuestra sociedad, nuestra cultura y hasta nuestro mundo. De modo colectivo, las heridas individuales y partes no realizadas de nosotros mismos se convierten en el dolor del mundo y, combinadas, crean un escenario mundial. Nuestras etapas de la familia, cultura, ascendencia, sociedad y mundo eligen roles y siguen guiones como lo hacemos con nuestro propio escenario individual, mientras el mundo vive sus bucles de dolor hasta que algún elemento del guion cambia y ya no estamos dispuestos a desempeñar el papel para el cual habíamos sido elegidos.

Nuestro sufrimiento individual, junto con el sufrimiento no sanado de aquellos que vinieron antes de nosotros, crea una sombra colectiva, pero gracias al trabajo de sombra empezamos a reconocer que nuestro dolor no es solo nuestro, es también el dolor de nuestro prójimo y de nuestra comunidad; se trata de un dolor universal. Nuestras sombras pasan de ser totalmente personales a ser parcialmente individuales y parcialmente colectivas. Y el espejo que usamos para vernos a nosotros mismos en el mundo exterior también refleja el mundo exterior en nosotros.

Por todo el mundo vemos los rostros que nos muestran lo que no queremos ver de nosotros mismos: nuestro odio y nuestra desilusión e ignorancia. También podemos ver lo que pasa en el mundo como si fuera un macrocosmos de nuestras divisiones internas en pro de una necesidad de sanación.

Si nuestra sociedad está desequilibrada, la comunidad continúa enferma y la gente está cada vez más fracturada y fuera de contacto con la realidad, nosotros cargamos con eso en nuestro interior. La enfermedad comunal es una enfermedad personal, porque no somos ajenos a los problemas que se desarrollan en el escenario mundial, llámense injusticias raciales, pobreza, mala salud, tragedias, violencia, desastres humanitarios, guerra y hasta apocalipsis. Cualquier conflicto que se desarrolle en el escenario colectivo vive en nosotros.

Pero al hacer el trabajo individual de sombra comenzamos a retirar nuestra contribución de las grandes sombras colectivas que habitan en el mundo. Sanar un trauma interior, como el odio y la otredad, es un increíble acto de servicio al mundo. Y a la inversa: cuando las heridas que siguen repitiéndose en el escenario mundial se curen, también encontraremos sanación para nosotros.

Una crítica que surge al hacer cualquier tipo de trabajo interno es la creencia de que no podemos simplemente sentarnos en una estera, separados de la sociedad y sanar los problemas sociales. Esto ignora el importante principio espiritual de "lo que está adentro está afuera y lo que está afuera está adentro". Llevamos el legado de nuestra familia y otras energías colectivas dentro de nosotros, y ahora nos toca sanarlas.

La respuesta más pragmática a esta crítica es que cuando hacemos nuestro propio trabajo de sombra creamos espacio en nuestro interior para poder pensar en algo más que nuestro dolor. Somos capaces de hacer algo más que recorrer los mismos guiones, papeles y arquetipos de nuestras obras. Liberarse de estas restricciones significa crear una energía emocional y personal muy significativa, pues rara vez reconocemos lo agotador que resulta repetir continuamente nuestras heridas, hasta que nos libramos de ellas.

Si nos liberamos del bucle de superioridad e inferioridad, toda nuestra vida se abrirá y se desbloqueará una enorme cantidad de energía en favor de nuestra propia curación y para ayudar a los demás. Nuestra propia sanación se extiende hacia los demás y también restaura nuestra vitalidad natural, prendiendo nuestro deseo de conectarnos y ayudar a otros. Por lo general, estamos muy heridos y nos encerramos en nuestro papel de víctimas como para considerar que podemos ofrecer nuestros dones al mundo. Nuestros dones están ocultos en las sombras, ansiando emerger.

Si nos liberamos de nuestra reactividad hacia el mundo mediante el trabajo interior, podremos relacionarnos con él de manera distinta y nos daremos cuenta de nuestra reactividad y de los roles, los guiones y los bucles que hemos proyectado, como parte de nuestras propias sombras individuales, sobre nuestra familia, comunidad, sociedad y el mundo en general.

A medida que trabajamos con nuestra sombra abrimos un pequeño resquicio de luz en nuestro interior. Algo ha penetrado en la oscuridad, pero solo si nos sentamos con nuestra propia oscuridad podremos acceder a nuestra luz. El destello de luz va convirtiéndose gradualmente en un rayo, una antorcha y, finalmente, en una abertura por la que podemos ver la bondad y la belleza del mundo.

Cómo discernir las energías colectivas

Llevamos el universo dentro de nosotros mismos. Somos seres de múltiples capas, compuestos por estrellas y constelaciones, además de historias y experiencias de familiares y antepasados.

Robert Bly dijo: "Las sombras no absorbidas pueden oscurecer el aire alrededor de todos los seres humanos". Y si bien es cierto, eso nunca fue más evidente que en el mundo moderno: hoy nos ahogamos en las heridas que flotan a la superficie para ser sanadas. Profundidades colectivas subconscientes siguen surgiendo con el correr de los años. Temas como el terror, apocalipsis, muerte, enfermedades, violencia y discriminación de clase, raza, sexo y género, son parte de nuestra cotidiana realidad. Y tales energías son difíciles de manejar, incluso para las almas más razonables y sanas. La sombra colectiva se revela más en las guerras y en cualquier lugar en donde nuestra cultura o grupo cree divisiones.

Una de las herramientas más significativas que ofrezco a los sensibles, o a cualquiera, es preguntarse: "¿Es esto mío?". Por lo general, las personas comienzan este ejercicio con emociones o incluso pensamientos, pero cuando se trata de energías mundiales es útil entender el concepto de contagio. Porque al igual que con un virus, podemos sucumbir al estado de ánimo en las redes sociales, las páginas web y las noticias, o podemos captar lo que sucede en el mundo sin darnos cuenta.

Si consideramos que el mundo tiene un estado de ánimo, al igual que nuestra familia y hogar, podremos discernir cuál es ese estado de ánimo y cómo reaccionar personalmente ante él. Nuestra familia podría estar harta o enojada en ciertos días, o el mundo podría estar deprimido, caótico o simplemente preocupado por un tiempo. Es útil discernir tales estados de ánimo, porque son parte de nosotros y reaccionamos a ellos.

Dichas reacciones rara vez son conscientes, excepto en los individuos más sensibles, pero aun así es posible que tales personajes no tengan la consciencia de que su depresión es severa, puesto que el mundo está deprimido. Por nuestra parte, es posible que no queramos reconocer que cuando algo terrible sucede en el mundo, experimentamos una reacción personal en nuestro interior.

Si consideramos al mundo como un escenario donde se desarrolla un drama mayor, podremos ver que algunos actos de esa obra son bastante violentos, mientras otros son pacíficos. Aun así, esperamos ver los mismos guiones, las mismas respuestas y los mismos actores, solo que con diferentes rostros y nombres, como en nuestra propia obra. En nuestras obras individuales expresamos indignación moral si recibimos algo diferente de lo que esperábamos. Podemos enojarnos si el guion del mundo cambia, por lo que deseamos que todo vuelva a ser como era. Ver al mundo o a la familia como una oportunidad para el trabajo de sombra puede hacernos entender muchas de nuestras respuestas al mundo.

Ver el escenario mundial con claridad puede ocasionarnos una especie de realismo depresivo, un tipo de comprensión que se produce cuando vemos que el mundo repite su sufrimiento sin cambiar de guion. Dicha depresión es real y se deriva de entender que no podemos hacer mucho por cambiar algo tan masivo. No podemos cambiar el entorno de manera individual, así como no podemos cambiar el curso de una guerra o de un tornado. Así, vemos que nuestra desesperación individual surge empáticamente con la desesperación del mundo, por eso es vital experimentar y validar lo que sentimos.

Por otro lado, a lo que reaccionamos en el mundo puede verse como un macrocosmos de lo que sucede dentro de nosotros. Reaccionamos a una noticia no solo porque sea injusta o trágica, sino porque el tema apunta a algo dentro de nosotros que precisa ser sanado. Si aceptamos la responsabilidad de cómo reaccionamos ante el escenario mundial, podremos recuperar de la colectividad partes considerables de nuestras sombra, y ayudaremos a sanar aspectos de las sombras colectivas y escisiones que tienen lugar en el escenario mundial.

Cuando reacciones a algunos acontecimientos del mundo, recuerda preguntarte: "¿Es esto mío?". Así sabrás si lo que estás sintiendo proviene de tu interior o de una fuente más grande, como tu familia, tu ciudad, el mundo u otras fuentes. Es raro que los sentimientos provengan solo de ti o únicamente de otra fuente; casi siempre derivan de ambas.

Alrededor del mundo ocurren muchos actos negativos, pero hay una razón por la que gravitamos hacia algunas historias en particular y nos involucramos personalmente con ellas. Por ejemplo, Uma se obsesiona con múltiples acusaciones de agresión sexual contra una celebridad porque eso representa un aspecto de su sombra.

En este caso, Uma está obsesionada porque una vez fue agredida sexualmente por una figura de autoridad, y esta historia sobre la celebridad saca a relucir no solo sus experiencias individuales, sino también sus consideraciones más amplias sobre cismas arquetípicos entre mujeres y hombres. Su odio hacia las partes femeninas y masculinas de sí misma se desarrolla en su interior.

Si Uma se preguntara por qué se obsesiona con estas acusaciones, llegaría al "fondo del océano" y accedería a una respuesta personal y visceral sobre la situación en general. Uma oiría una voz interior que le diría: "Odio a los hombres". Pero, para confundirla más, también oiría otra voz interior diciéndole: "Odio a las mujeres". Si Uma se dedica bien a su tarea, tendría la oportunidad de considerar su odio hacia los hombres y las mujeres para comenzar a sanar su relación con dichos arquetipos dentro de sí misma. Claro que esto no contempla absolver a hombres ni mujeres de las terribles cosas que pueden hacer.

El mundo está en guerra consigo mismo, igual que nosotros. Al ver las guerras externas de nuestra realidad, identificamos las divisiones más grandes dentro de nuestro yo. Para sanar tales divisiones debemos movernos hacia el yo o hacia la unificación, porque sanar no requiere resolver el conflicto, sino aceptarlo. Cuando alcancemos un lugar de aceptación radical de ambos extremos de un conflicto interno, aceptaremos la realidad como es, en vez de como nos gustaría que fuera.

Debemos sentir miedo, ira, confusión y cualquier otra emoción que surja en respuesta a sucesos devastadores del mundo, pero también debemos darnos permiso para sentir esas cosas. Una cosa es sentir empatía por los demás, así como tristeza por el estado del mundo, y otra muy distinta es dejarnos arrastrar por esas emociones y hundirnos.

Conozcamos a Katrina, que se horroriza cada vez que escucha noticias sobre una guerra en curso. Ella vive en Canadá, pero algunos de sus familiares, así como varios de sus antepasados, provienen del país donde se desarrolla la guerra, por eso siente una profunda conexión con esa crisis y una intensa desesperación.

Es perfectamente normal que Katrina sienta eso, pues parte del trabajo de sombra radica en normalizar sentimientos así. Si no estamos horrorizados por el mundo, entonces no le prestamos atención. Pero al discernir que algunas de las energías que siente provienen del mundo, puede sentarse con sus sentimientos personales y diferenciarlos de lo que acontece en el escenario mundial.

Para ello, una herramienta simple consiste en usar porcentajes básicos para distinguir cuánto de lo que sientes se debe a energías del mundo o su estado de ánimo, en comparación con tus reacciones a nivel individual. Así, Katrina podría darse cuenta de que el noventa por ciento de lo que siente es empatía por quienes sufren en tiempos de guerra. En su caso, Uma podría discernir que el noventa por ciento de lo que está sintiendo es personal, mientras que el diez por ciento restante es sobre la acusación de violación de la celebridad, y por eso siente empatía por las mujeres involucradas, además de que le enoja que la autoridad pueda dañarlas por una dinámica de poder tan sesgada. Pero al permitirse sentir ese diez por ciento plenamente, puede hacer su trabajo personal con el resto de lo que está sintiendo.

Tener claridad sobre estos porcentajes nos ofrece la oportunidad de categorizar lo que sentimos para darle sentido. Es verdad que no tenemos control sobre el mundo exterior ni sobre las personas que lo habitan, pero sí podemos controlar nuestras acciones y reacciones.

Podemos analizar por qué somos tan reactivos a lo que sucede en el mundo. Escoge tres razones por las que te sientas emocionalmente "activado" y haz el ejercicio del fondo del océano a fin de averiguar cuál es la verdadera razón de que reacciones de tal o cual manera. Esto suele ser muy práctico y simple, pues si lo que sucede en el mundo, o en la vida de una persona en la que estemos particularmente enfocados, es horrible o amoral, o sentimos empatía por los que sufren, cabe preguntarnos: ¿por qué, de todas las cosas horribles que acaecen en este mundo, estoy tan enfocado en esta "obra" particular?

Antes de mirar en tu interior, piensa si la razón por la que estás obsesionado es por profunda necesidad de sanación en torno al problema, o resultado de un simple "contagio". Ten presente que tu mundo, país, ciudad y familia se obsesionan con un tema durante un día, una semana o más. ¿Es posible que estés absorto en algo del escenario mundial porque se trata de "la obra del día" y, como tal, es omnipresente? Nota si cada vez que escuchas las noticias, abres tus redes sociales o chateas con tus amigos surge el mismo tema que se torna más "contagioso" mientras más gente lo ddiscute y lo comparte. Si reconocemos este principio de "contagio" podremos discernir si estamos siendo arrastrados a un tema porque, simple y sencillamente, es la "obra" del día, y dar un paso atrás para no ser remolcados por el mismo.

Cuando entiendas las razones por la que eres tan reactivo a un problema o evento, podrás mirar dentro de ti y ver la parte de tu sombra personal que requiere de atención y sanación. Si hay algún conflicto esencial en marcha, algún odio interno o sientes cualquier tipo de repugnancia, será más fácil ver todo eso en el escenario mundial que dentro de ti mismo. Cuando recuperes tus partes más oscuras, como tu autodesprecio, los problemas de abandono, el odio, el racismo, el sexismo, el clasismo y los monstruos internos, podrás distinguir con mayor paz y ecuanimidad los desafortunados acontecimientos que asuelan al mundo.

Esto no significa que tales sucesos estén bien, o que las personas que hacen cosas terribles no sean consideradas como verdaderos monstruos, solo significa alcanzar un estado de aceptación radical en el que reconocemos que las personas hacen cosas terribles, hirientes y amorales porque así son. Todos, muy dentro de nosotros, tenemos partes terribles, hirientes y amorales, y solo algunos optan por actuar en consecuencia. Otros estamos tan consumidos por eso que no podemos evitar representar a nuestros monstruos internos. Si logramos entender esto, iremos más allá de la indignación moral y nos adentraremos en la aceptación.

Las personas son quienes son y nos muestran lo que son a través de sus acciones. La historia del mundo se repite a través de bucles, hasta que su dolor es visto y escuchado. Así como nosotros experimentamos la sanación individual, el mundo y su gente requieren de validación y reconciliación. Las personas necesitan contar con un camino para salir del guion que siguen y de los roles que les fueron asignados.

Si notamos que un bucle surge comunalmente, significa que está "cargado" y subirá a la superficie del mar en la cresta de una ola, y esto representará la oportunidad perfecta para que le prestes atención. Si te das cuenta de estas olas y de lo que sacan a relucir, tu propia curación será apoyada por ese movimiento y como resultado gozarás de un profundo trabajo personal y comunal.

Cuando vemos que nuestro papel individual refleja lo que hay en el mundo, debemos poner nuestro granito de arena para sanarlo. Y si nos movemos más allá de nuestra propia obra nos encontraremos en un lugar con la resiliencia y fortaleza necesarias para ayudar a otros a superarse a gran escala. La pregunta verdadera con respecto a nuestra reactividad reside en discernir cómo podemos avanzar hacia la aceptación radical. Nuestra indignación proviene de esperar a que la gente actúe de manera diferente, o de querer que la obra de teatro mundial se desvíe de su guion. Si nos olvidamos de la esperanza y las expectativas de que las personas sean distintas de lo que aparentan ser, podremos recuperar buena parte de nuestras sombras en el mundo.

Roles en el escenario mundial

La forma más fácil de ver la obra mundial es observando a políticos, celebridades y figuras públicas. Podemos verlos como individuos que tienen dolor, heridas y vidas propias. Pero, visto desde una perspectiva diferente, tales personas ganaron popularidad porque fueron creadas por las sombras combinadas de muchos individuos. Esto no significa que hayamos creado a un actor o político, sino que esa persona no interpretaría un papel en el escenario mundial si no fuera impulsada por las sombras colectivas. Lo que estas figuras dicen y cómo actúan, así como las creencias que defienden, son las sombras combinadas de un grupo específico de personas. Podemos cuantificar lo que surge en el inconsciente colectivo viendo los noticiarios y escuchando lo que hablamos con los demás.

Así como experimentamos temas que emergen de nuestras abismales profundidades hasta nuestra consciencia individual, el mundo también ve cómo las sombras más profundas de su fondo oceánico se elevan hasta llegar a la superficie. Hay tanto que se eleva desde las profundidades del océano que el discurso público cambia rápidamente. De hecho, la forma como nos vemos a nosotros mismos y como nos vemos en el escenario mundial también cambia. Y con tantos cambios tan rápidos, el principio estático intenta volverse más rígido para mantener el *statu quo*. Y es que buscamos mantener las cosas como están, porque el cambio nos da miedo. El mundo mismo busca la estabilidad, por lo que siempre hay individuos que juegan el papel del moralista, para mantener la obra como está, en vez de permitir el crecimiento y la evolución natural de la obra mundial.

El mundo mismo puede estar en un estado liminal o entre obras, una especie de periodo de "reorganización desorganizada" o una noche oscura del alma, por lo que no sabemos qué esperar y la realidad misma parece carecer de congruencia y de sus patrones habituales que nos hacían sentir seguros.

En este estado liminal podemos sentir muchas emociones, pues toda nuestra oscuridad y todas nuestras heridas, personales y colectivas, salen a la superficie, lo que representa una excelente oportunidad de crecimiento. Si reconocemos lo que está sucediendo en el colectivo, podremos mirar esas mismas cualidades o conflictos dentro de nosotros mismos y sanarlos.

Crecemos más durante los periodos de oscuridad y desorganización al no estar tan atrapados en nuestro papel rutinario o en las obras del escenario mundial, por eso es posible experimentar una mayor expansión personal.

Cuando vemos el escenario mundial, podemos analizar cómo una figura popularizada representa las sombras de muchos. El cantante pop o *influencer* en las redes es popular por una razón: surgen por los pensamientos, deseos, ideologías y divisiones internas de un tiempo y grupo en particular, y expresan las sombras de su mundo. Pero tales proyecciones de nuestras sombras sobre figuras populares tienen un costo, además de que resulta difícil, para ellos, lidiar con estas proyecciones, por ejemplo, la sexualidad no expresada que se proyecta sobre una celebridad femenina de la televisión, o el odio interno que se dirige a una figura política. Sobre todo en esta era de las redes sociales, donde los "me gusta", los comentarios y la difusión de material emocional hacia figuras públicas puede causarles problemas de salud mental y angustia.

A nivel colectivo, la proyección de nuestras sombras sobre una celebridad puede parecer insignificante, por ejemplo, al proyectar nuestro machismo interior y nuestra salud física sobre estrellas de acción masculinas. Pero proyectar nuestra salud y machismo en tal o cual celebridad nos impide encontrar esas cualidades dentro de nosotros mismos, por lo que se vuelven inalcanzables para nosotros.

Para recuperar nuestras sombras de las figuras popularizadas, debemos mirar hacia adentro y detectar si tenemos acceso a ese arquetipo particular dentro de nosotros mismos; si no tenemos acceso, podremos reconocerlo y tomar medidas para expandir nuestra narrativa personal e incluir ese arquetipo. Para Zeke, recuperar a su estrella de acción interior implica jugar con su perro al aire libre. Para Deborah, recuperar a la actriz vengativa que lleva dentro significa desahogar sus frustraciones en terapia y aprender artes marciales para poder defenderse. Tal vez haya figuras populares que no veamos dentro de nosotros mismos, pues las figuras que representan odio, divisionismo y puntos de vista opuestos resultan difíciles de reclamar como parte de uno mismo. Pero bien podríamos empezar por ver cómo o por qué surgieron tales figuras y a qué le están dando voz. Si representan una sombra colectiva de muchos, ¿de qué sombra se trata? Tal vez sea el masculino no reverenciado, el tradicionalista, el engañado por la fantasía o el romántico empedernido. Cuando veamos claramente por qué surgió una figura en particular y lo que dice sobre nuestras sombras colectivas, podremos ir más allá de la reactividad individual y responder a los problemas más grandes de nuestros días.

Acepta radicalmente al mundo y sus figuras públicas

Cuando te obsesiones con una figura pública o un evento en particular, pondera si necesitas sentarte con alguna emoción y sentirla plenamente. ¿Tienes a un niño interior que requiere de sanación? Y una vez que determines eso, concéntrate en encarnar cualquier arquetipo que surja dentro de ti. Por ejemplo, si en el escenario mundial notas que el "femenino oscuro" surge dentro de ti, pregúntate si estás encarnando esa cualidad y cómo se vería en tu interior. Pregúntate: ¿cómo crees que cambiaría tu guion? Encarnar la feminidad oscura es muy diferente para cada cual; solo recuerda que el propósito de encarnarla no es convertirnos en ella, sino expresar esa parte de nuestras sombras libremente. Ella puede presentarse conscientemente, en lugar de permanecer disgregada de ti y actuar sin que te des cuenta.

Esto suele ser más difícil con las cosas a las que te opones moralmente. Mirar nuestro propio odio hacia lo masculino o hacia lo femenino, o nuestro racismo o clasismo, resulta complicado cuando vemos casos tan grandes e impactantes de odio e intolerancia. Pero cada uno de nosotros tiene una parte interior que desea ser egoísta y destruir, dividir y deshumanizar. Si miramos esa partes podremos dejar de proyectar tanta energía en las figuras públicas que odiamos. En gran parte, si odiamos a estas figuras es porque representan una pequeña porción de nosotros mismos. Solo si retiramos nuestras proyecciones y vemos esa parte dentro de nosotros seremos capaces de dejar de alimentar a las figuras públicas con nuestra energía. A la larga se marchitarán y colapsarán en el colectivo y surgirán nuevos personajes con un nuevo guion, o acaso personajes ligeramente diferentes con un guion ligeramente distinto.

Piensa en un conflicto mundial. ¿Qué opinas de ese conflicto? Si pudieses ver ambas caras de la moneda objetivamente, algo difícil de lograr, pues propendemos a tomar partido moralmente y nos quedamos atascados con nuestras ideas sobre la justicia, ¿qué verías? Si vieras ambos lados de la humanidad, ¿qué encontrarías? Aun cuando un lado del conflicto es malvado o despreciable, ¿serías capaz de identificar esas cualidades dentro de ti?

El propósito no es absolver a ningún sicópata de sus fechorías, sino evitar que participemos de su obra. Si vemos a un sicópata malvado, narcisista y misántropo, que odia a los hombres, podemos reaccionar ante él una y otra vez o podemos dejar de relacionarnos con él. Su papel requiere de oposición y conflicto. Pero nosotros no somos "esto contra aquello o contra ellos", somos personas con individualidad y nuestras vidas no deben ser una reacción u oposición a nadie más, pues nuestro poder radica en recuperar el control de nuestra propia narrativa y nuestra obra. Por lo tanto, debemos definir nuestro propio papel y salir de la reactividad para dejar de prestarle atención negativa a estos personajes, pues su vitalidad existe gracias a nuestra atención, algo que de seguro les podemos negar.

A cierto nivel, aquellos que expresan odio mediante el miedo y la división, y que además difunden la ignorancia, prosperan con las sombras negativas con que los alimentamos. Pero si recuperamos esas sombras ya no serán más figuras del escenario mundial. Si le damos voz al dolor individual que emana de esas figuras públicas y buscamos una solución, en lugar de odiar y buscar chivos expiatorios, las figuras públicas ya no tendrán un papel que interpretar en la obra mundial.

Arquetipos colectivos

Consideremos al político, al actor, al *influencer* de las redes sociales, al comediante y a la ingenua (una estrella pop femenina tipo musa), como arquetipos colectivos. Pueden existir como roles en nuestras obras individuales, pero también son actores en el escenario mundial. Proyectamos nuestras sombras sobre ellos, y ellos las viven.

Sobre la ingenua proyectamos nuestra inocencia, mezcla un tanto extraña de sexualidad floreciente, cosificación femenina e ingenuidad, algo muy apreciado en la ciertas culturas. Se trata de la figura del ama de casa de los años cincuenta, la virgen prostituta que asume la sombra de la fijación de nuestra cultura con los jóvenes como criaturas sexuales. Ella es el alma que inspira al compositor, al músico y al artista. Pero a fin de deconstruir esta figura tan arquetípica necesitamos cuestionar la totalidad de nuestras creencias con respecto a lo femenino en nuestra sociedad, porque una vez que envejece, la ingenuidad ya no es valorada. Adicionalmente, la musa solo es utilizada por el varón y no puede ser un individuo por sí misma.

El comediante representa la voz de la razón y el que dice la verdad. Es lúcido y cuerdo en un mundo loco; es el chamán que nos cuenta historias para que seamos capaces de ver. Si sacamos a la luz un tema oscuro a través de la risa, la energía del tópico se rompe y se dispersa. Esto era conocido por los chamanes y trabajadores espirituales de la antigüedad, y muchos todavía lo entienden a nivel subconsciente. Contar nuestras historias y dejar que la verdad de este mundo sea conocida aporta luz a un entorno que necesita desesperadamente cierta ligereza. Por lo tanto, este bufón es el máximo opositor que va más allá de los tabús, actuando de forma deliberada y de modo extravagante para señalar lo ridículo de nuestras creencias y comportamientos sociales.

El político representa las mayores divisiones dentro de nosotros mismos, por lo que es igualmente despreciado y celebrado. No hay mejor escenario para "nosotros contra ellos", para el yo contra el Otro, que el escenario político. Si estamos divididos políticamente no nos identificamos con el Otro y nos volvemos tribales y salvajes al apoyar a un político con una lealtad similar a la ofrendada a un equipo deportivo, enceguecidos ante la humanidad individual del político. Por eso no hay mejor figura arquetípica colectiva que esta. En términos clásicos, se considera el arquetipo del rey, el gobernante de una nación, que representa la salud y el poder del país que gobierna. Si el país está enfermo, el rey enferma; y si el rey está enfermo, el país estará enfermo. No hay mejor barómetro de la salud, la vitalidad y el poder de una nación que lo funcional de su gobierno.

La personalidad de las redes sociales representa nuestra tendencia colectiva contra la intelectualidad, nuestra reverencia a la mediocridad y nuestra fetichización del materialismo. Si bien siempre hemos sufrido colectivamente por la ignorancia, que se le celebre en las redes sociales y en los *reality shows* de la televisión, ha colocado a este arquetipo en primer plano. El escritor estadounidense Isaac Asimov dijo: "El antiintelectualismo ha sido un hilo constante que se ha abierto camino a través de nuestra vida política y cultural, alimentado por la falsa noción de que la democracia significa que mi ignorancia es tan buena como tu conocimiento". Con la "muerte" de las estrellas de cine, figuras celebradas por su talento y excelencia de actuación, surgió la era de los *influencers* o "influyentes de las redes sociales". Estas nuevas celebridades representan nuestra creciente adicción a las redes sociales y al internet, pero también nuestra desconexión de la realidad y de los demás. De hecho, reflejan nuestra incapacidad para leer y concentrarnos, con lo que deviene la difusión de la desinformación. Con la "autoridad" otorgada a tantos que no comparten nada más que odio, caos e ignorancia, se allana el camino para el autoritarismo.

El superhéroe (o superhombre) es nuestro moralista interior. Es el árbitro del pensamiento en blanco y negro. Es el vencedor moral, superior en todos los sentidos al Otro, que es inmoral, malvado e inferior. Este tipo de pensamiento rígido permite que el fundamentalismo y el nacionalismo prosperen. Cuando habitamos las áreas grises que incluyen tanto el bien como el mal nos convertimos en humanos. Suponer que tenemos la razón mientras que los demás están equivocados, y vernos como los únicos vencedores morales, supone participar en una fantasía infantil de división simplista. Como adultos podemos abrazar los matices, la apertura y una curiosidad acogedora con respecto al Otro.

Nuestras figuras arquetípicas requieren de un lado opuesto de las sombras para existir. El mejor ejemplo es nuestro superhéroe, que necesita una fuerza monstruosa y malévola para vencer.

Otra figura arquetípica que vemos en este tipo de sombra es el gurú. De manera clásica, el gurú trabaja en su interior consigo mismo, al grado de poder guiar a los demás por el mismo camino. Al estar más avanzado, el gurú conoce el terreno y comparte sus conocimientos. Si el gurú ha alcanzado cualquier autorrealización, sus seguidores serán capaces de acceder a su luz. El gurú ha trabajado con su oscuridad y a través de ella, hasta el punto de que ha descubierto lo que hay detrás: amor, luz y la unidad con la humanidad. Su papel es enseñar a los demás a acceder a su propia luz. Muchos maestros espiritualistas de éxito operan en este sentido clásico; sin embargo, la figura arquetípica del gurú se ha visto sesgada en la cultura occidental moderna y se ha vuelto una representación de autoridad que requiere que sus seguidores lo vean cual semidiós, no como ser humano. Es, pues, una figura de separación más que de conexión, y muchas almas heridas miran a su maestro espiritual de una manera muy particular, pues tratan de encontrar en él la conexión y la calidez que no recibieron de sus padres o tutores.

El seguidor arquetípico del gurú quiere que este le proporcione las respuestas a todas las preguntas de la vida; no quiere pensar por sí mismo ni meditar en la incertidumbre de la existencia. Cree que el gurú es especial o el elegido, y proyecta sobre él su miedo hacia lo desconocido y su abandono paterno, además de sus propios luz y poder. Y mientras un gurú clásico devuelve cualquier luz o poder que sus seguidores intenten brindarle, el falso gurú confía en que sus seguidores le den su luz para que pueda brillar. Si el arquetípico falso gurú llegara a perder a sus seguidores, como consecuencia perdería su luz. Y es que entregamos muy fácilmente nuestra luz a los demás si no somos capaces de reclamarla dentro de nosotros mismos.

Por ende, no es de sorprender que el guion del falso gurú signifique su eventual caída. El poder surge según el carácter y, por consiguiente, si desarrollamos nuestra propia luz no tendremos razón alguna para recibir la luz de los demás. Pero si no hemos hecho nuestro propio trabajo de sombra, tomaremos tanto el poder como la luz de los demás y nuestro lado de sombra no tendrá más remedio que actuar. Su *persona*, la máscara que el falso gurú usa frente al mundo, y quien realmente es, llegarán a tal punto de división que el monstruo interior no tendrá más remedio que actuar.

Otra figura de esta obra es el antigurú, arquetipo que se pasa el tiempo denunciando a gurús pero que, curiosamente, actúa como gurú arquetípico. Los antigurús se burlan de los demás gurús y hablan largo y tendido sobre sus cualidades tóxicas, o se fijan en gurús específicos que han abusado y engañado a sus seguidores, mientras ellos hacen lo mismo. Estas personas están tan enfocadas en su gurú externo porque no pueden reclamar ese arquetipo dentro de sí mismas.

La exploración del buscador se basa siempre en la premisa de que hay algo malo o que falta algo dentro de sí. De tal suerte, cuando el buscador sana esas nociones falsas deja de ser un buscador arquetípico y encuentra la sanación. Encuentra dentro de sí mismo una sensación de plenitud y deja de ver hacia afuera para sentirse completo y lleno. El monje Linji Yixuan dijo una vez: "Si te encuentras con Buda en el camino, mátalo".

Esta mentalidad nos ayuda a romper el ciclo de gurú-antigurú-seguidor, pues necesitamos a maestros que puedan ayudar a otros a encontrar su propia luz y apoyarlos para asumir la responsabilidad personal de sus vidas. Y si bien es normal comenzar ofreciendo nuestra luz a un maestro, la relación entre el maestro y el estudiante debe permitir que este último recupere su luz gradualmente, hasta tenerla dentro de sí mismo. Esto solo se logra si el gurú arquetípico no depende de que el buscador le ofrezca su luz para impulsar mitos creados por él mismo.

Sombras colectivas grupales

Cuando avanzamos más allá de nuestra obra individual podemos ver cuán interconectados estamos. De alguna manera, nosotros somos el vecino, nuestro amigo y el extraño de la calle. Creemos que existimos como seres singulares, pero en realidad existimos en un estado de interacciones o "interser" en el que nuestras relaciones y conexiones nos hacen ser quienes somos y como somos.

En un nivel más simplista, podríamos relacionarnos con otro individuo por el simple hecho de que a ambos nos interesa el budismo, la barbacoa coreana o los viajes. También podría ser para compartir el mismo dolor o contener las mismas sombras, o de plano porque odiamos o amamos lo mismo.

Es posible que tengamos una pequeña conexión con el camarero que nos sirve el almuerzo, y una gran conexión con nuestro mejor amigo desde hace treinta años. Como sea, nuestras mutuas conexiones forman redes relacionales y una vasta red de interconectividad con el mundo. Nuestras relaciones con los grupos pueden dar pie a redes más pequeñas o más grandes. Por ejemplo, la relación con la sinagoga individual podría ser bastante pequeña, pero la red que nos conecte con toda la fe judía sería más grande. O siendo más abstractos, se podría decir que cuando compras un producto específico te relacionas de alguna manera con esa marca e interactúas como parte de su red.

Un grupo, una organización, un lugar de trabajo o una empresa son ejemplos de redes con las que interactuamos todo el tiempo. También interactuamos con la red de un libro, una pintura o el mismo grupo de personas que comparten su viaje en autobús todos los días. Este concepto es importante, porque cada una de nuestras redes tiene su propia obra, con su guion y sus roles particulares, y actuamos en nuestra obra y asumimos roles que pueden ser afirmativos en la vida, mientras otros pueden provocar que hagamos sombra en algunas partes de nosotros mismos. Empero, tal vez no seríamos nosotros mismos en plenitud, pues las redes de nuestra familia, religión o lugar de trabajo insisten en que actuemos de maneras específicas.

En cada una de nuestras obras se desarrolla una sombra grupal compuesta de sus miembros individuales y la historia de esa red, con actores y roles que crearon y han mantenido esa red desde tiempos pasados. En estos grupos podemos asumir un rol específico o actuar de una manera en particular, toda vez que la sombra del grupo lo permite. Nuestra conducta en un grupo se debe, en parte, a lo que somos como individuos, pero también a sus energías. Por ejemplo, un miembro de una iglesia podría gritar espontáneamente si esa congregación requiere que alguien desempeñe ese papel. Un trabajador podría ser demasiado estricto y escrupuloso porque así es su naturaleza (lo que resulta una ventaja en su posición), o porque la empresa le ha asignado ese papel para equilibrar los elementos que participan en el lugar de trabajo.

Fíjate cómo ciertos aspectos de tu personalidad se presentan cuando estás en un grupo específico, mientras que pasan a segundo plano si interactúas con otro. En el trabajo tenemos a muchos profesionales serios, por lo que asumimos un papel serio y profesional; como resultado, nuestra productividad e intelecto se ven desafiados de una manera saludable que nos permite prosperar. Pero en casa podemos ser más libres y jugar con desenfado con nuestros hijos, o relajarnos con algunos amigos y una cerveza.

En los grupos grandes, sobre todo, puede producirse el "contagio" y la histeria colectiva. Esto explica la violencia y el tribalismo que surge en algunos eventos deportivos y la ira que sentimos al conducir, sobre todo en horas pico, entre otros conductores enojados.

Ser conscientes de quiénes somos y cómo cambiamos según cada grupo nos permitirá participar conscientemente de la vida y fluir ligeramente, como si se tratara de una obra musical. También nos dará la oportunidad de dar un paso atrás, sobre todo en eventos familiares, y reconocer que no necesitamos asumir tal o cual rol, ni actuar de una manera específica solo porque el campo energético así lo requiera.

Nuestro campo de energía familiar

Considera a tu familia como un organismo o una persona, "alguien" conformado por una variedad de individuos, donde cada miembro aporta cualidades y elementos que se combinan entre sí para conformar una unidad familiar colectiva. Es típico que la familia asigne roles.

Algunos de estos roles son comprensibles, como el de madre, padre, hijo, hija o abuelos, pero hay otros, mencionados en el capítulo diez, no tan "típicos" que también tienen su lugar en la obra familiar: el hijo favorito, la oveja negra o el niño olvidado.

Si consideramos a la familia como un organismo individual, podremos dejar de culparla por la disfunción de uno de sus miembros, y ver cómo la unidad familiar es responsable de su creación. Por ejemplo, un adicto, su madre facilitadora y su hermana olvidada crean, en conjunto, un sistema que fomenta su adiccion. Michael, el hijo favorito, hace que toda la familia gire en torno a sus logros, lo que, comprensiblemente, representa una gran presión para él. Sara, la oveja negra, es el "pararrayos" de la familia, y las culpas, el acoso, las críticas y la falta de inteligencia emocional de todos sus integrantes demandan que Sara absorba los problemas del conjunto.

En efecto, Michael y Sara son puntos de apoyo o figuras en torno a las cuales gira su familia.

Si Michael falleciera, la familia se perdería. Perdería su centro, su eje. Todo el conjunto familiar necesitaría reorganizarse (de manera similar a como el ego individual se organiza en torno de sus heridas y narrativas), o se desintegraría ante la falta de cohesión para continuar. Para reorganizar sus heridas la familia podría hacer de cada reunión un homenaje a Michael, invocando su nombre y compartiendo sus historias para tratar de mantener intacto el sistema familiar. Porque si no, la incomodidad de reunirse sin Michael significaría que la familia se reuniría con mucho menos frecuencia.

Al hacer el trabajo de sombra es típico que alguien llegue a un punto en el que ya no desee sanar, porque eso significaría dejar su campo de energía familiar. Como toda su familia está enojada o enferma, en un nivel primario el individuo no querría abandonarla al ser más feliz o estar más sano. Esto también puede suceder cuando la persona obtiene educación superior, riquezas financieras u otras oportunidades que se le niegan al resto de la familia. Por ejemplo, Sandra fue la primera de su familia en ir a la universidad. Sus padres estaban orgullosos de ella, pero sus hermanos se burlaban y la avergonzaban sutilmente, con bromas sobre lo que les iba a comprar cuando tuviera un buen trabajo. Y continuaron avergonzándola igual cuando compró una nueva casa y se mudó a un mejor vecindario.

Sandra no solo lidió con su familia y sus deseos subconscientes de lograr la "normalidad" y la integridad del campo, a fin de evitar que ningún miembro se aventurara a ir demasiado lejos de lo conocido. También enfrentó sus propias culpas por dejar ese campo, ofreciéndose a sí misma y a su familia algo mejor. Liberarse del campo de energía familiar significa moverse a través de sentimientos de culpa y autosabotaje, los cuales surgen de manera natural cuando alguien se aferra inconscientemente a los roles de la infancia y a la obra de teatro doméstica en la que alguna vez participó. En un sistema familiar sano, la familia se reorganiza naturalmente en torno a cualquier sanación o cualquier cambio que ocurra, pero en un sistema familiar poco saludable no es nuestra obligación desempeñar un papel que no nos permita prosperar. Reconocer nuestra tendencia a permanecer dentro del campo familiar y trabajar nuestras emociones para liberarnos, dará como resultado mejor salud para todos los miembros del campo.

Inmunidad espiritual

Dicen que si pones cangrejos en una cubeta y uno de ellos intenta escapar, será arrastrado hacia abajo por los demás. En vez de ayudarse a salir del cubo, los cangrejos le impiden la salida al que intenta escapar. Con este tipo de comportamiento, ningún cangrejo saldrá del cubo, a menos que lo saquemos para comérnoslo.

Piensa en un grupo al que pertenezcas, sea una organización o tu propia familia. Así como tú tienes un cuerpo, el grupo también tiene el suyo, conformado por los miembros, representados en el nivel personal por los brazos y piernas. En lo individual, nuestro sistema busca cualquier cosa "anormal" para que nuestro sistema inmunológico se encargue de eso; básicamente, cualquier cosa percibida como lo "Otro" o ajena a lo que ya conoce. Este mismo sistema inmune está presente en grupos y organismos para asegurar la supervivencia del organismo grupal. La inmunidad espiritual asegura la homeostasis, que a su vez confirma la salud del grupo, asegurándose de que ninguna de sus partes se aleje demasiado de las normas de la agrupación. Cuales cangrejos en una cubeta, nos jalamos los unos a los otros para asegurarnos de que el grupo permanezca "sano" y con un sentido de normalidad intacto.

Vivimos de acuerdo con las reglas explícitas e implícitas de los grupos a los que pertenecemos, y contravenirlas puede resultar en la vergüenza, táctica empleada para que la gente vuelva a alinearse con lo que el grupo cree que es saludable o "normal".

Vivimos en un mundo en el que nosotros, como individuos, al sentirnos amenazados por algo nuevo podemos actuar de manera primitiva o violenta para mantener intacta la "salud" del sistema. Solo si reconocemos esto con claridad podremos discernir cuándo y dónde es seguro comportarnos de manera vulnerable y como nosotros plenamente, y cuándo es mejor actuar de acuerdo con las reglas habladas o tácitas del grupo para no ponernos en peligro.

A nivel primitivo siempre buscamos pertenecer porque la historia de la humanidad nos dice que el rechazo o la exclusión del grupo significaba la muerte. Claro que en el mundo moderno ser avergonzado o rechazado no significa morir, pero a nivel subconsciente guardamos ese miedo primordial, por eso nos abstenemos de pensar o conducirnos fuera de las normas del grupo.

A nivel fisiológico, nuestro sistema inmune entiende lo que es "mío" frente a lo que "no es mío", y las cosas que "no son mías" son tratadas como invasoras y amenazas que activan las defensas. A nivel espiritual, nuestro sistema inmunológico cumple con la misma función. Las creencias e ideas que son "iguales" a las nuestras se sienten seguras, mientras que aquellas que son "diferentes" son vistas como amenazas y también activan nuestras defensas. Esto va desde sentirnos inseguros o amenazados por otras culturas, razas o religiones, hasta por estilos de vida, sexualidad y muchas otras cosas.

Para la inmunidad espiritual, la homeostasis y la cohesión grupal se consideran más importantes que su crecimiento o evolución. Por ello, en un sistema no sano existe un marco rígido y estático que se resiste a cualquier tipo de cambio. Esta es la razón por la que muchos clubes, a los que la gente se unía tradicionalmente en el pasado, hoy tienen dificultades para reclutar miembros, pues no han cambiado con el tiempo y ya no atraen a miembros jóvenes.

En un sistema sano, sin embargo, puede haber evolución y se pueden explorar nuevas reglas. La innovación y el crecimiento surgen del encuentro con energías irritantes o conflictivas. Casi todos los grupos desecharán los pensamientos y las ideas disonantes que pongan en riesgo su homeostasis. Un sistema saludable tendrá un miembro atípico (como el comediante o bufón arquetípico) como parte del grupo. Esto crea un conflicto saludable que garantiza el crecimiento y permite que los miembros de la comunidad contribuyan libremente con sus pensamientos e ideas, en vez de moldear sus sugerencias mediante dictámenes y reglas grupales.

Una manera de comenzar a ver la inmunidad espiritual es leyendo o viendo reseñas de libros y películas. Primero, lee un libro o ve una película sin consultar ninguna reseña; después, mira los comentarios. Quizás tu opinión no cambie pero, en la mayoría de los casos, si nos encanta una película cuando todos los demás la odian, nuestra opinión podría cambiar y gustarnos menos. O tal vez podamos encarnar el papel contrario: si a todos les encanta un libro, podríamos detestarlo. Si observamos la inmunidad espiritual en pequeñas formas como estas podremos considerar de manera más amplia la inmunidad espiritual de los grupos y organizaciones de los que formamos parte.

Uno de los ejemplos más comunes de inmunidad espiritual es un niño que piensa de manera distinta a otros niños y que no encaja en la dinámica de su escuela. Ante tal situación, el niño podría ser avergonzado, porque hay seguridad en el hecho de que sea energética y conductualmente similar al padre. Un padre educa a su hijo en el estilo en el que fue educado o en el que cree que debería haber sido educado. Por otro lado, los padres también suelen adherirse a las "normas" institucionales del momento, es decir, a lo que las escuelas, gobiernos y establecimientos médicos determinan que es normal o saludable.

Ponderar estas "normas" y apreciar las diferencias entre lo que la sociedad considera saludable y lo que es realmente saludable para el niño en lo individual, implica tomar en cuenta las necesidades tanto del individuo como del grupo. El resultado final de la inmunidad espiritual es una especie de aislamiento experimentado por el individuo, en el cual se siente avergonzado de las partes de sí mismo que no encajan en el sistema grupal. Y dentro de nuestra vergüenza se encuentra una profunda vulnerabilidad, debido a que nos lastimaron o nos dijeron que estábamos equivocados cuando nos rebelamos y levantamos la voz. Pero si entendemos la vergüenza como un mecanismo que nos devuelve a la homeostasis grupal, veremos nuestras experiencias con otra perspectiva y podremos elegir ser vulnerables y compartir nuestro yo y nuestra verdadera voz, reconociendo que vivir nuestro valor atípico interior es necesario para la salud general de un sistema. Y es que necesitamos individuos únicos que cuestionen y vean todo de manera diferente para poder crecer todos.

Seremos nosotros mismos, pese a lo que el mundo diga, si amamos nuestra singularidad y vemos más allá de las capas de vergüenza que hemos acumulado con respecto a nuestras verdaderas expresiones, preferencias e identidad. Si consideramos nuestras diferencias y cualidades únicas como necesarias y vitales para el mundo en su conjunto, podremos ir más allá de la vergüenza de nuestros cuerpos, así como de nosotros mismos, para ubicarnos por encima de un sistema diseñado para aceptar solo la mediocridad y la igualdad, y podremos avanzar con confianza y comodidad para ser quienes somos.

Parte 4

Aceptación de lo Otro
(Ensayos y contradicciones)

La vela no está encendida para dar luz,
sino para atestiguar que hay noche.

Robert Bly

Ni toda la oscuridad del mundo
podría opacar la luz de una sola vela.

San Francisco de Asís

¿Qué pasaría si estuvieras a bordo de una nave espacial que
viajara a la velocidad de la luz y encendieras
sus luces delanteras?

Steven Wright

Capítulo 16

Acepta tu *continuum*

La oscuridad será la luz y la quietud será la danza.

T.S. Eliot

En el trabajo energético existe un modelo del ser humano que se compone de tres cuerpos: físico, mental o emocional y espiritual. Nosotros, como seres humanos, vivimos propensos a gravitar hacia nuestro cuerpo más fuerte y descuidar al más débil. En pocas palabras, alguien con una habilidad atlética natural probablemente elija hacer ejercicio durante su tiempo libre, en vez de leer un libro.

Pero para lograr el equilibrio debemos atender estos tres cuerpos e ir más allá de nuestra gravitación natural, la cual se inclina a descuidar nuestro "cuerpo" más débil. Veamos un ejemplo: Kenia trabaja en una oficina todo el día, por lo que llega a casa con fuertes dolores en la espalda baja e imágenes de su computadora "bailando" en su cerebro. Por ello, decide relajarse y aliviar su estrés jugando videojuegos sentada en un sillón. Pero todos sabemos, por lógica, que a Kenia le haría bien dar un paseo o salir tan solo a meditar; así podría descansar de su pesado día.

No reconocemos el hecho de que para lograr un mayor crecimiento personal, a menudo tenemos que trabajar nuestro "cuerpo" más débil. Estefan ha sido un meditador serio por más de treinta años, pero ha llegado a un punto en el que se siente estancado en su desarrollo, por lo que busca el consejo de su maestro de meditación y otros expertos. Finalmente, cuando se pone en acción y comienza a trabajar como voluntario, su bloqueo espiritual se desvanece y su práctica de meditación es más fructífera.

Al evaluar cuál de tus tres cuerpos es el más fuerte o el más débil, no debes avergonzarte. Sigue trabajando con lo que es fuerte en ti y hacia lo que naturalmente gravitas, pero reconoce que si comienzas a desarrollar tu "cuerpo" más débil, equilibrarás todo tu sistema. Y si alguna vez te estancas con tu trabajo de sombra, sal a correr, pinta o ve a la iglesia para salir adelante; por muy sencillo que suene, de seguro te ayudará. Todos, de forma natural, solemos gravitar hacia nuestros desequilibrios, agravándolos más. Por eso, para poder crecer, necesitamos evaluar nuestra mente, nuestro cuerpo y nuestro espíritu, a fin de ver dónde requerimos de más ayuda. Solo así podremos dirigir nuestros esfuerzos hacia ese lugar.

Monta un tractor

Somos muchas cosas al mismo tiempo, pero rara vez nos permitimos probar algo fuera de lo que ya hemos experimentado. Los confines de género, cultura, clase y familia nos enseñan quiénes somos y quiénes no somos. Si bien podemos recuperar nuestras sombras rompiendo patrones mentales, también podemos recobrar grandes aspectos de nuestra sombra probando cosas nuevas.

Lee la siguiente lista y decide cuáles actividades te parecen tabú. Dale otra leída y define qué está dentro de tu esfera de posibilidades. Determina qué no has hecho pero estarías dispuesto a intentar. Experimentar algo una o varias veces no significa que llegue a convertirse en una parte dominante de tu personalidad, solo perseguimos la posibilidad de que se exprese a través de ti. Si ejecutas una actividad pero sientes cierta incomodidad, es posible que desees repetirla, pero esta vez sintiéndote más cómodo y seguro al hacerla. Se trata de abrazar nuestro *continuum* y probar cosas para ver cómo podrían llegar a convertirse en parte de nosotros.

- Monta un tractor o maneja un equipo pesado.
- Usa un vestido o minifalda.
- Ponte delineador de ojos.
- Ve al karaoke y canta delante de un grupo numeroso.
- Haz un proyecto de mejoras para tu hogar o construye algo.
- Cava un hoyo.
- Ponte un traje de baño.

- Prepárate una comida completa.
- Camina por un lugar muy elevado, toma un paseo en helicóptero o avión o salta en paracaídas; haz cualquier cosa que te permita ver al mundo desde un lugar alto.
- Camina desnudo por tu casa o habitación.
- Consume alimentos de una cultura o cocina que nunca hayas probado, y si ya los habías probado, ordena algo nuevo.
- Asiste a una jornada de puertas abiertas en una iglesia, templo o un monasterio hindú. Solo llama o visita su sitio web para saber cuándo abren a los visitantes.
- Enciende una fogata.
- Lee un libro que se considere un clásico.
- Escucha un discurso, un blog o un *podcast* de alguien que piense de manera distinta a ti, e identifica dónde se cruzan sus ideas o intereses con los tuyos, en lugar de ver dónde chocan.
- Viaja a un sitio que nunca hayas visitado.
- Juega un videojuego.
- Participa en una clase de gimnasia.
- Observa las olas del océano u otro cuerpo de agua hasta que sientas esa experiencia espiritual.
- Usa traje y corbata.
- Ve a un lugar donde puedas sentarte en total silencio durante una hora o más.
- Siéntate y contempla una flor o un paisaje durante quince minutos, sin distracciones.
- Ayuda a alguien sin esperar nada a cambio, ni siquiera elogios.
- Mira una película que no te animarías a ver, ya sea de terror o romance, y date la oportunidad de gozarla.
- Oye música que nunca escucharías y permítete disfrutarla.
- Mira un *reality show* o un programa sobre individuos que vivan de forma completamente diferente a ti y observa cómo te conectas con ellos mediante tu humanidad compartida.
- Baila.
- Aprende un nuevo idioma o al menos unas frases en otra lengua.
- Permítete llorar, sobre todo delante de alguien.

De ninguna manera este listado pretende ser exhaustivo; la idea es romper tabús –las áreas del yo que no podemos reclamar por vergüenza, miedo u odio– y reivindicarlas a través de la acción. Lo más aterrador para Marcia era ponerse delineador en los ojos, mientras que Josh no podía reconocerse a sí mismo en las estrellas de la televisión. Conocer todas y cada una de las áreas de nuestra vida en las que podemos expandir nuestras ideas sobre quiénes somos, nos dará la oportunidad de convertirnos en nosotros mismos.

Para crecer de verdad, haz algo que se oponga a tu carácter. Si eres tranquilo y apacible, prueba tomar clases de boxeo. ¿Eres ruidoso y extrovertido? Intenta pasar un día en calma, tan solo leyendo un libro. Un ateo podría visitar respetuosamente una iglesia, mientras que un "macho alfa" podría enfundarse en un vestido. Si tenemos una mente abierta, nuestras experiencias pueden consolidar quiénes somos y ampliar nuestra visión sobre lo que nos es posible. Podemos abandonar nuestras ideas sobre el Otro, y dejar ir nuestro odio latente contra las partes de nosotros mismos que todavía no exploramos ni experimentamos.

Seres con dos mentalidades

Cuando hacemos nuestro trabajo de sombra podemos reconocer que somos muchas cosas simultánea y, muchas veces, paradójicamente. Por ejemplo, podemos ser suaves y abiertos, pero con una férrea voluntad para hacer las cosas.

Los aspectos más fundamentalistas del yo albergan un opuesto dividido. Por ejemplo, un político que predica sobre los valores familiares tiene una aventura amorosa, o un gurú que predica la ética no es para nada honesto. En nuestras hipocresías, en el espacio entre lo que creemos que somos y lo que realmente somos, hallamos las partes negadas de nuestras sombras. Pero si estamos dispuestos a explorar cualquiera de nuestras partes opuestas, los aspectos más dominantes de nosotros mismos se volverán más estables y tendremos más confianza en quiénes somos.

Craig es un adicto al trabajo que rara vez pasa tiempo con su familia, pues siente mucha presión como el proveedor de la casa. Pero, con el tiempo, su trabajo decae porque su estrés lo agobia y le genera problemas de sueño. Entonces, su pareja lo convence de tomarse unas vacaciones. Cuando Craig retorna a la oficina luego de su primer viaje relajante en años, descubre que tiene la mente más clara y que la calidad de su trabajo mejora.

Tener dos mentalidades sobre cualquier cosa en particular nos revelará dos fuerzas distintas dentro de nosotros; veremos dos yo diferentes y dos puntos de consciencia distintos. Mientras nos opongamos a algo o a alguien, ese opuesto nos seguirá controlando. Abrazar la zona gris en la que vivimos nos brinda cierto tipo de libertad, pero debemos explorar más allá de las estrictas divisiones binarias y movernos hacia un lugar que esté lleno de matices.

Nuestra capacidad de vivir un punto de vista opuesto, y aparentemente paradójico, fortalecerá y consolidará muchas de nuestras cualidades originales que hay en nosotros. Cuando vemos nuestro punto de vista desde una perspectiva distinta, ese punto de vista es susceptible de cambiar y, además, obtenemos información útil de nuestros puntos de vista ya establecidos.

Todos podemos habitar plenamente el *continuum* del yo, desde lo masculino hasta lo femenino y la androginia, abarcando todos los aspectos al mismo tiempo. De hecho, podemos sintonizar con lo femenino aun cuando no nos gusten las comedias románticas. Podemos ver cómo otros disfrutan esas películas, e identificar una pequeña parte de nosotros reflejada en ellos.

Cuando somos seres con dos mentalidades, dos partes distintas de nosotros podrían querer cosas diferentes. Si nos negamos a imaginar nuestras incongruencias como fuerzas en tensión y pensamos en ellas simplemente como aspectos de nosotros que anhelan cosas distintas, podremos inclinarnos a ambos lados del conflicto interno. Por ejemplo, una parte de ti podría querer ir de excursión, mientras la otra desea tomar un baño. Entre ellas no hay oposición; ambas desean ser parte de ti. Incluso es posible que una parte de ti quiera una dieta de dulces, en tanto que otra desee ingerir comida saludable. Solo mira la parte que quiere dulces y ve si necesita sanación; tal vez tu niño interior anhele dulzura y haya alguna emoción que debas acoger para sanar algún conflicto en particular.

Si atendemos los muchos yo que viven dentro de nosotros, seremos capaces de mitigar nuestros conflictos e integrar nociones más amplias con respecto a quiénes somos.

Capítulo 17

El poder de ser ordinarios

$\mathcal{L}$a idea del "elegido", niño o adulto ordinario que es reconocido por sus extraordinarios poderes no realizados, es una historia arquetípica común. Todos anhelamos ser reconocidos en nuestra individualidad y necesitamos que nuestras cualidades únicas sean apreciadas. ¡Que al mundo no le quepa duda de que somos especiales!

Por eso, internamente hay un estira y afloja entre destacar y encajar, entre las partes de nosotros mismos que quieren ser vistas con sus características especiales y las que desean pertenecer a la comunidad. Y este conflicto esencial se desarrolla en todos nosotros, incluso en quienes no tienen ningún deseo de fama o aquellos cuyo niño interior ya no anhela el amor y la atención que nunca recibió. Siempre hay un conflicto primario básico entre las partes de nosotros que se sienten el Otro y las partes que nos pertenecen. Todos arrastramos una parte alienada y otra humana, por eso es menester reconocer que todas esas partes nos pertenecen, incluso los aspectos más remotos.

Ser ordinario conlleva un poder. Grandes partes de nosotros se resisten a esta idea porque queremos ser importantes, especiales y destacados. Ser pequeños y ordinarios nos negaría la atención y el afecto que tanto deseamos. Pero como estamos tan acostumbrados al amor transaccional, en el que debemos actuar de una manera específica para ganar afecto o aprobación, no nos sentimos merecedores de un amor incondicional solo por el hecho de existir.

Esta parte de nosotros cree que será validada solo si nos destacamos del grupo; de lo contrario, no nos sentiremos dignos. Esto significa que solo gracias a nuestros logros, y a través de ser "extra-ordinarios", podremos demostrarle al mundo y a nosotros mismos, que merecemos existir. Solo podremos ocupar un espacio si somos lo bastante excepcionales como para ser considerados valiosos. Pero el deseo de ser especiales tiene un alto precio. Existe una inmensa presión para lograrlo, para probarnos a nosotros mismos y para que, a fin de cuentas, los demás ratifiquen nuestro valor. Porque jamás seremos lo suficientemente especiales ni dignos para recibir la validación necesaria.

Si dejamos ir esa presión podremos encontrar nuestra propia validación interior y corroborar que somos dignos de existir, ya sea que hagamos cosas extraordinarias o que no estemos haciendo nada en absoluto. Si nos damos cuenta de que el deseo de ser especiales y la idea de probarnos a nosotros mismos ante el mundo exterior es una trampa, podremos dejar de buscar lo que nunca encontraremos y podremos empezar a deleitarnos con nuestra cotidianidad para encontrarnos con un yo despojado de pretensiones y máscaras, sin la necesidad de ser algo o alguien en particular. Cuando alcancemos ese estado nos instalaremos en nuestros cuerpos, sabedores de que estamos en nuestro hogar, acaso por primera vez.

Entonces reconoceremos que la belleza reside en las cosas simples de la vida, como el golpeteo de la lluvia sobre el tejado, una simple brisa o la sensación de nuestra respiración al entrar y salir aire de nuestra caja torácica. Preparar la cena para la familia, ver una tonta película o reírnos de nuestro gato mientras persigue un pedazo de papel arrugado nos enseña lo que realmente importa en la vida. Los estados más simples del ser nos ofrecen constantemente significado y propósito, y solo tenemos que aprender a verlos, experimentarlos y estar presentes con ellos.

Si liberamos la presión del "hacer" y del "llegar a ser" podremos existir simplemente como somos, y la parte ordinaria de nosotros mismos podrá emerger, porque es en la cotidianidad de nuestras vidas donde encontramos la salvación. Al aceptar los aspectos ordinarios y humanos de nosotros mismos veremos cómo la luz se hace presente en nuestra vida. Estamos muy ocupados y demasiado distraídos como para darnos cuenta de que la luz "danza" alrededor de nuestra existencia. A medida que envejecemos, los recuerdos más imborrables suelen ser los momentos más simples y alegres: un niño abriendo un regalo, la sonrisa del ser querido, la conexión que sentimos al hablar con un amigo. Por ello, sintonizarnos con los aspectos más simples de la existencia nos permitirá deleitarnos con su innata felicidad.

Capítulo 18

El mito de la perfección

Uno de mis maestros solía decir: "El único ser humano perfecto es un ser humano muerto". Sin duda es un chiste de humor negro, pero revela a la perfección una verdad esencial: como seres humanos, siempre seremos imperfectos y nunca estaremos completos; la búsqueda de la línea de meta ilusoria solo terminará en frustración, pues surgirá otra línea de meta a la distancia. No tendrás iluminación si no abandonas la búsqueda.

A diario nos venden la idea de que podemos ser perfectos si nos esforzamos lo suficiente. Los grandes consorcios y corporativos nos dicen repetidamente que si le dedicamos más esfuerzo a algo, si somos lo suficientemente fuertes o si pensamos de manera más positiva, lo tendremos todo. Estaremos sanos, seremos ricos y felices con tan solo desearlo lo suficiente.

Estas mismas grandes industrias niegan la muerte. Si nos enfermamos o morimos es porque, de alguna manera, somos culpables de una falla moral. Millones de individuos ceden su dinero a cambio del mito de que las vitaminas, los jugos, el ejercicio y el mantra correctos los harán sentir bien. Pretendemos ser reivindicados en la búsqueda de nuestro héroe contra el envejecimiento, las enfermedades, el estrés y la infelicidad.

Pero confrontar la realidad significa soltar el mito de que llegaremos a ser perfectos. Si enfermamos, bien podemos llegar a sanar, pero debemos aceptar que cualesquiera que sean nuestras limitaciones físicas y emocionales tenemos que vivir nuestras vidas a pesar de ellas.

Entendemos que no podemos tenerlo todo, porque no contamos el tiempo o la capacidad. No podemos trabajar, administrar nuestro hogar, controlar a los hijos y mejorar nuestro bienestar físico y mental si a la par tenemos que sortear la brutal embestida de la agitación social. Por ello, el mayor regalo que podemos darnos a nosotros mismos es entender que nos sentimos agotados por una sola razón: nuestra vida es agotadora.

Parte de la liberación de este mito radica en reconocer que millones de personas luchan contra muchas desigualdades sistémicas sobre las cuales tienen poco control. Y si bien algunos logran grandes cosas a pesar de esto, ver la realidad con claridad es percatarnos de que algunos nos enfrentamos a una pequeña ola que viene hacia nosotros durante nuestra búsqueda de una mejor salud física, emocional, financiera y espiritual, mientras que otros enfrentan un tsunami.

El mito de la perfección tiene que ver con el control. Es la creencia de que podemos controlar todas las facetas de nuestra vida. Pero solo si nos olvidamos de ese mito seremos capaces de comprometernos con la incertidumbre de la existencia.

Mientras seamos humanos seremos imperfectos. Solo nos iluminaremos si escarbamos en las profundidades de nosotros mismos y nos damos cuenta de nuestra humanidad perfectamente imperfecta. De forma paradójica, solo cuando nos sentemos frente a nuestra humanidad y realmente la encarnemos, será cuando podamos trascenderla. Solo así vamos más allá del miedo que subyace en nuestra existencia y aceptamos la incertidumbre y el caos omnipresentes en nuestras vidas, además de aceptar el dolor y el sufrimiento que se nos presentan. Irónicamente, al volvernos humanos "trascendemos" lo que es la experiencia típica de la vida humana. No podremos convertirnos en "trabajadores de luz" a menos que hayamos creado un espacio para esa luz. ¿Y cómo hacerlo? Cavando en la tierra de nosotros mismos y sentándonos ante nuestra oscuridad.

Podremos convertirnos en "amor" cuando aceptemos y amemos profundamente todos los aspectos de nosotros mismos. Claro que no se trata de forzar las cosas para convertirlas en amor, sino de amar cada aspecto ruin, atávico, feo, sucio, avergonzado, herido y grotesco de nosotros mismos por lo que exactamente representan. Solo seremos capaces de aprender si estamos dispuestos a lidiar con las limitaciones de nuestro conocimiento. Solo podremos progresar si somos capaces de ver cuánto más lejos podemos llegar. Solo podremos dejar atrás la ilusión si nos enfrentamos al sufrimiento interior que nos hace crear fantasías de poder, logros y perfección.

No somos ni seremos nunca seres estáticos. Incluso la dicha está llena de matices y de oscuridad y fluye hacia otros rumbos. Nuestro dolor revela nuestra alegría; nuestras tinieblas revelan nuestra luz; y nuestras imperfecciones revelan nuestra perfección absoluta.

La perfección es una jaula hecha a la medida hasta que nos libramos de ella. Si deseamos llegar a ser perfectos es por odio a nosotros mismos. Como no podemos aceptarnos tal y como somos, desarrollamos una serie de reglas rígidas e inhumanas que ni nosotros ni nadie más puede cumplir. Y de acuerdo con estos estándares, nunca seremos lo suficientemente buenos ni lo suficientemente perfectos. Pero una vez que nos damos cuenta de que nunca estaremos a la altura de nuestro ilusorio estereotipo de perfección, nos liberamos de la necesidad de ser lo que no somos y podemos reconocer qué está bien, aun cuando no estemos a la altura de la moral y los juicios que tan duramente nos hemos impuesto a nosotros mismos y a los demás. Tenemos ya la capacidad de aceptarnos plenamente por lo que somos en el momento presente, en lugar de aceptarnos por lo que deseamos ser o por lo que pretendemos llegar a ser.

Solo al arraigarnos profundamente en las fuerzas del caos y la incertidumbre seremos capaces de surfear el oleaje de la vida. Solo si le damos la bienvenida a nuestros aspecto más oscuros e imperfectos podremos realmente amarnos a nosotros mismos. Y solo si amamos profundamente nuestras imperfecciones humanas podremos experimentar nuestra perfección.

Capítulo 19

Más allá del perdón

En 1974 la artista yugoslava Marina Abramovic presentó un performance artístico de seis horas en el que se detenía e invitaba a la gente a hacer lo que quisiera con ella. Al frente tenía una mesa con 72 objetos que había preparado para la ocasión, desde plumas y rosas, hasta navajas y una pistola cargada.

A lo largo de su actuación, los visitantes comenzaron con cosas ligeras. Con curiosidad, pasaron de arrancarle la ropa a cortarla con las navajas y agredirla física y sexualmente. La presentación terminó cuando estalló una pelea porque alguien le había puesto la pistola en la mano y le había colocado el dedo en el gatillo.

Este *performance* se ha convertido en una especie de leyenda que varía según la interpretación de cada narrador, pero en todas las versiones, las contradicciones de la naturalezahumana, de la compasión, destrucción y violencia, aparecen en primer plano.

Nuestras ideas con respecto a la compasión provienen del condicionamiento social. Se trata de ideales heridos que derivan de la noción de que somos mejores personas de lo que realmente somos. Y es comprensible que deseemos pensar lo mejor de nosotros mismos y de los demás, pues resulta bueno apreciar las mejores partes de nuestra naturaleza y la luz en los otros. Es por eso que a menudo no deseamos ver las partes más oscuras de nuestra propia naturaleza y somos voluntariamente ingenuos con respecto a nuestras inclinaciones más bajas. Cada uno de nosotros es capaz de dañar, abusar e incluso matar, y esto puede ser por necesidad, por las circunstancias, por trabajo (como soldado, por ejemplo) o por alguna oscuridad psicológica malsana, como codicia, miedo, ignorancia, intolerancia u odio.

Si nos alejamos de estos aspectos de nuestra naturaleza es porque reconocerlos a fondo significaría tener que convivir con ellos. En cambio, si los vemos en películas o en la televisión, mantenemos una distancia segura con los aspectos más oscuros de nuestra naturaleza. Porque es un hecho que los horrores del mundo están "allá afuera", más allá de la burbuja que hemos creado alrededor de nuestras vidas.

Nos gusta pensar que somos moralmente buenos, cuando en realidad somos ambiguos por naturaleza. Mantenemos una tensión paradójica por ser mejores de lo que nuestro crítico interno nos dice, pero peores de lo que nuestro moralista interno piensa de nosotros.

Incluso aquellos con ideologías y teologías en las que se ven a sí mismos como inofensivos, crean daño con su simple presencia en la tierra. Generamos daño físico, emocional y espiritual a través de nuestros pensamientos, acciones y proyecciones, y no podemos ser plenamente compasivos si no reclamamos las partes de nosotros mismos que crean daño, que se creen superiores y diferentes o que piensan que la oscuridad es algo que forma parte del mundo, pero no de nosotros.

Cada uno de nosotros ha intimidado, dañado o violentado a alguien más, ya sea en pequeña o a gran escala, y sanar esa faceta de nosotros es parte de nuestro trabajo interno. Ver que hemos dañado a otros es una tarea que solo podremos cumplir si estamos dispuestos a mirar los aspectos más oscuros de nosotros mismos. Pero hay mucha negación e identificación con el victimismo y eso necesita ser trabajado para poder darnos cuenta de cómo también nosotros hemos dañado.

Las personas somos complejas, y parte de lidiar con nuestras sombras se centra en ver nuestros matices. Alguien puede estar sufriendo un dolor inmenso y aun así sentir amor en su corazón por otro ser humano, aunque no seas tú. Alguien puede ser voluntario en un refugio de animales y ser abusivo con su cónyuge. Si alguien está de mal humor, podríamos pensar que es persona más horrible del planeta, pero resulta que te topaste con ella en el cuarto aniversario de la muerte de su hijo y la abordaste en medio de su sufrimiento, en un día que resultó ser demasiado abrumador.

Estar anclados en la realidad significa entender que hemos sido tanto víctimas como abusadores en distintos momentos de nuestras vidas. A menudo nos identificamos con el victimismo porque las partes de nosotros que han sido victimizadas necesitan hacer las paces con todo aquello que nos ha agraviado. Solo así podremos seguir adelante: cuando reconozcamos que la vida le ofrece a todos momentos de mala fortuna e incertidumbre. Todos hemos sido víctimas, mas no somos impotentes. Podemos reclamar nuestro poder y entrar en la edad adulta sin identificarnos como víctimas. Así, la oscuridad del mundo simplemente se volverá una parte de nosotros, en vez de algo que eclipse la totalidad de nuestra identidad.

A menudo queremos perdonas a nuestros abusadores y mostrarles compasión porque eso nos permite pasar por alto el arduo trabajo de sentir en verdad. Pero como describo a muchos de mis pacientes, lo que tratan de hacer al ofrecer perdón y comprensión es similar a calcular A + B = C, pero saltándose la B y pasando de A a la C. No sanaremos si nos saltamos B: el dolor y las emociones que requieren ser desenterradas y las historias que necesitan ser contadas.

Las partes de nosotros que realmente han sufrido requieren ser vistas, validadas y justificadas en todo su dolor. De hecho, a veces es necesario que otra persona vea nuestro dolor y empatice realmente con él para que podamos sanar. Pero no estamos solos en nuestro sufrimiento. Sin importar qué tipo de dolor o circunstancias hayamos soportado, alguien más ha sufrido eso de manera similar y hay una cierta gracia al conectarnos con otros que han conocido el mismo tipo de sufrimiento. Así, al darnos cuenta de que alguien más ha sufrido de la misma forma que nosotros, podemos salir de la alienación y entrar en una etapa de conexión. Ahí es donde se produce la curación; ahí es donde las partes solitarias de nosotros mismos encuentran alivio.

El trabajo de sombra no tiene que ver con el perdón; no necesitamos perdonar para sanar. El dolor, la violencia y la brutalidad dentro del corazón de las demás personas no requieren de tu absolución. No es tu trabajo sanar el dolor de alguien que te ha lastimado, ni darle un cierre.

Suelo trabajar con sujetos increíblemente empáticos que a menudo se olvidan de sus propias necesidades y, en cambio, se preocupan por quienes los rodean. Entienden las circunstancias que pueden llevar a alguien a experimentar tanto dolor como para crear sufrimiento en los demás. De hecho, algunas son personas sin alma y sin sentimientos humanos que simplemente buscan hacer daño porque pueden hacerlo.

Podemos sentir verdadera lástima por aquellos que nos han hecho daño, pero tal empatía nos impediría sentir nuestro propio dolor. Podemos negar la plena realidad de lo que nos ha sucedido, esgrimiendo el perdón como escudo, o podemos utilizar la compasión hacia los demás como una forma de evitar nuestro propio dolor. No obstante, solo si vemos con claridad y sentimos plenamente lo que nos ha sucedido, podremos llevar a buen puerto este proceso.

El objetivo final del trabajo de sombra no es el perdón, sino la aceptación. La aceptación de lo que nos ha sucedido es mucho más importante que cualquier signo compasivo o de perdón que podamos sentir por otra persona. Será maravilloso si el perdón y la compasión surgen después de que nuestro propio dolor haya sido superado, mas no es algo que sea necesariamente relevante. Algunos actos no pueden ser perdonados, y solo pueden ser vistos exactamente como son.

El trabajo de sombra persigue ver la vida con claridad adulta, y responder a ella desde un lugar de madurez en proceso. Porque solo con la mirada clara de un adulto podremos avalar plenamente el dolor que soportamos y sanarlo de manera encarnada. Muy a menudo sabemos intelectualmente lo que hemos experimentado, pero nuestros cuerpos aún no procesan ni liberan las emociones y reacciones que corresponden a tales o cuales experiencias.

Solo cuando las sintamos plenamente podremos desechar el legado de lo sucedido y seguir adelante con nuestra vida. Recuerda que lo sucedido siempre será parte de nosotros, solo que ahora pasará de ser algo que aún reverbera en nuestra realidad actual, a algo desafortunado que sucedió en el pasado.

El sufrimiento no es un regalo

No todas las cosas que experimentamos son regalos. A veces podemos quebrarnos de una manera que nos marca por siempre y que redirige nuestras vidas hacia otra dirección. Todas nuestras experiencias nos moldean, tanto las buenas como las malas, mientras viajamos en el tiempo y cambiamos de lugar, circunstancias y personas, porque transforman lo que sabemos, somos y creemos.

Podremos sufrir mucho a manos de otros, pero creencias como "todo es un regalo" son ingenuas. Los aspectos heridos de nosotros mismos no son regalos. Los aspectos violentos o ancestrales de nosotros surgen de manera individual y colectiva debido a la devastación que se ha vivido. Algunos traumas en este mundo simplemente necesitan ser experimentados, y en ellos no hay regalo ni lección alguna, solo un proceso lento e intenso de sanación al sentirnos rotos.

Mira a la cara a alguien cuya esclerosis le esté causando que los músculos de la garganta se le engarroten lentamente, y dile que eso es un regalo. O dile lo mismo a un padre cuyo hijo de seis años está muriendo de cáncer. O díselo a alguien que fue descuidado y abusado de niño. A no dudarlo, esas personas se enfurecerían ante tales comentarios ignorantes.

Tratar el sufrimiento como si fuera un regalo es negar el dolor de vivir. La condición humana nos hace sufrir mucho. Y no solo eso: aceptar a fondo nuestra humanidad significa reconocer que cada uno de nosotros es capaz de cometer los actos más depravados e inhumanos. Y hacerse de la vista gorda ante equivale a mitificar el sufrimiento y vivirlo en nuestra televisión y en línea, pensándolo por separado de otras cosas que podamos experimentar.

Incluso si esta gente "creció espiritualmente" o profundizó en su perspectiva personal debido a su sufrimiento, necesitará enfrentar el efecto que provoca en su vida. Un niño que creció con padres negligentes y que sufrió severos abusos, desde temprana edad habrá desarrollado un sistema nervioso destinado a comprender el miedo y la violencia, lo que lo coloca en clara desventaja. Un soldado que regresa de la guerra no recibe de regalo pesadillas y ataques de pánico nocturnos. Alguien atacado sexualmente tampoco recibe como regalo un suelo pélvico dañado ni se cierra de gratis a la intimidad, tanto emocional como físicamente.

Tengo muchos pacientes traumatizados, brutalizados o agredidos a quienes se les dijo que su trauma era un regalo, incluso que lo atrajeron o que era una especie de iniciación, y esto coloca la culpa directamente en la víctima: "La persona se lo merecía, pues actuó o pensó de una manera moralmente inferior". Pero quien dice esto se separa de los conceptos de oscuridad, enfermedad, muerte y aleatoriedad que nos acompañan en la vida. Tratar todo como un regalo o una iniciación significa descuidar las partes de nosotros que fueron severamente traicionadas por la vida y por las personas.

Podemos aprender a enfrentar el sufrimiento con las cualidades curativas de la bondad y la empatía, pero solo si dejamos de crear significado a partir de nuestro sufrimiento podremos verlo como lo que es, en vez de fingir que estamos bien o que la situación es, de alguna manera, beneficiosa.

Cuando veamos el *continuum* completo de la oscuridad hacia la luz dentro de nosotros mismos, podremos verlo en los demás. Esto no significa que el odio, la violencia, la ignorancia y la intolerancia estén bien, solo quiere decir que ya no nos cegamos voluntariamente a las realidades de este mundo.

Porque en nuestro afán por querer ver lo mejor de cada uno nos cegamos a la oscuridad y, debido a nuestro dolor, evitamos ver la luz, el apoyo y la conexión que ya existe a nuestro alrededor.

Si nos liberamos de ideologías como la anterior podremos enfrentar cara a cara el sufrimiento de la humanidad, en lugar de apartarnos del dolor del mundo por miedo. Debemos enfrentar la muerte como una eventualidad que entendemos a fondo, sin importar cuán buenos o malos seamos. Al aceptar la incertidumbre que permea nuestras vidas, dejará de haber separación entre nosotros y una persona que haya sido alcanzada al azar por un rayo, alguien agredido sexualmente o una persona con Alzheimer temprano.

Mi amiga Sara es la persona más cariñosa que conozco, y siempre me viene a la mente cuando pienso en un corazón completamente abierto. De hecho, todos se sienten mejor con la presencia de Sara. A sus hijos, Sara les brindó un hogar colmado de amor y seguridad, y siempre estuvo interesada en atender a cada uno de ellos como personas. De hecho, mantiene esa energía con todo al que conoce. En suma, Sara hizo que sus hijos sintieran el amor incondicional al ser verdaderamente aceptados por lo que eran como individuos. Ella ya es mayor y tiene nietos, pero sus hijos y nietos están entre las personas más estables y cariñosas que conozco.

La estabilidad y bondad amorosa de su prole es el resultado de una infancia llena de consideraciones positivas y amor incondicional. En contraste, también conozco personas que se sienten mal, rotas y dañadas por no haber vivido una infancia así. Y la sanación más profunda que esas personas pueden experimentar es mediante el reconocimiento de que es posible que no hayan sido amadas o cuidadas por sus padres, pero ahora pueden abrirse a recibir cariño y atenciones de parte de otras fuentes. Nuestro yo adulto puede ofrecérselo a nuestro niño interior y nuestra pareja, cónyuge o amigos pueden ofrecernos el amor y la conexión que nuestros padres no nos dieron. No es demasiado tarde para nadie. Son curables el miedo, el dolor y la inseguridad que surgen al no haber sido amados, solo se requiere de mucho tiempo, consciencia y esfuerzo.

Por su parte, a nuestros padres podemos brindarles la perspectiva adulta de que son humanos e hicieron lo mejor que pudieron, aun cuando haya sido un trabajo terrible. Aunque lo más probable es que se trate de algo más complicado: si no nos amaron es porque ellos mismos no recibieron amor, y si no se conectaron emocionalmente puede ser que nunca aprendieron a hacerlo y carecían de las herramientas básicas y de la inteligencia emocional para ofrecernos, de pequeños, un entorno sano y seguro. Digamos que estaban sufriendo y por eso repitieron ese ciclo pernicioso.

El resultado final del trabajo de sombra no es perdonar ni olvidar, es ver a nuestros padres como humanos, pues al hacerlo podremos dejar atrás el dolor y las culpas de nuestra infancia. Nuestro niño interior finalmente podrá crecer y la empatía por nuestros padres se desarrollará a medida que reconozcamos su sufrimiento y limitaciones a través de una perspectiva adulta.

La empatía y conexión humana son las formas de sanación más profundas que podemos ofrecer a cualquier persona que sufra. Debemos ser testigos de su dolor, pero sin juzgar y sin importar nuestro dolor o historias, porque cuando somos aceptados lo sentimos. Cuando aceptamos plenamente incluso las partes más oscuras, equivocadas y rotas de nosotros mismos, la persona que sufre sabe que ya no necesita esconderse y puede ser quien es y como es, con sus partes quebradas y todo lo demás.

La luz en la oscuridad

Hay una grieta en todo; así es como entra la luz.

Leonard Cohen

El *kintsugi* es un arte japonés mediante el cual los artistas reparan la cerámica rota utilizando barniz de resina, oro, plata y platino, y el resultado suele ser más bello e interesante que la pieza original.

Quienes han conocido las profundidades del sufrimiento humano y la oscuridad son las personas que tienen la luz más grande. No hay necesidad de romantizar el sufrimiento, pero al ver nuestra oscuridad con claridad debemos reconocerlo como la fuerza despierta que es. Porque del sufrimiento emergen la grandeza del alma, las experiencias vividas y la empatía, elementos que no surgen en quienes no han experimentado los aspectos más oscuros de la humanidad.

Solo si realmente conocemos el sufrimiento podremos sentir que el espejo empático entre nosotros y los demás brilla con resplandor. Así será más probable que les perdonemos sus ofensas, porque sabemos lo dolorosa que puede ser la vida. Y esto es lo que significa conocer a fondo nuestro sufrimiento, y conocerlo verdaderamente.

Si nos enfrentamos a nuestro sufrimiento nos encontraremos con la totalidad de nuestro ser, pero se trata de un trabajo que hace el alma. Cuando enfrentamos el miedo y las divisiones internas, cada uno sufre a su manera, y de la dureza de la vida surge la suavidad del conocimiento.

En las profundidades del sufrimiento encontramos la gracia. Así, del lugar más recóndito y oscuro surge la luz de la sabiduría y la aceptación. Cada uno de nosotros tiene opciones para sobrellevar su sufrimiento y quebrantamiento, y eso puede hacernos duros e insensibles al mundo o puede hacernos más suaves con nosotros mismos y con el prójimo. Es más, ambas cosas pueden ocurrir de manera simultánea: podemos sentirnos quebrantados y protegidos al mismo tiempo. Al ver eso en los demás nos reconocemos a nosotros mismos y sentimos la bondad de nuestra realidad compartida.

Aceptar una nueva forma de vida gracias a nuestras experiencias y traumas está entre las cosas más difíciles de hacer. A menudo libramos una guerra con nuestra salud mental y física para tratar de arreglar las partes de nosotros mismos que vemos como rotas, pero esa guerra en nuestra contra no nos ayuda, solo nos mantiene en un bucle de odio hacia nosotros. Por lo tanto, aceptar esta nueva forma de vida, incluyendo lo que creemos que son las partes rotas e imperfectas representa la manera más profunda de sentir compasión hacia nosotros mismos.

Es difícil aceptar que nuestro cuerpo falla y que nuestra mente se ve abrumada por la neurosis, pero eventualmente dicha aceptación nos conducirá a la paz y podremos repararnos a nosotros mismos con oro y plata. No seremos más lo que una vez fuimos, pero seremos algo nuevo: una bandeja resquebrajada o una copa rota bañadas por la luz dorada de la bondad y la aceptación.

Capítulo 20

Redescubre tu yo infantil

Cuando redescubrimos nuestro yo infantil podemos reírnos de nosotros mismos y de nuestras peores características. Nuestra vergüenza y faltas se vuelven graciosas y ya no son motivo de autodesprecio. Todos somos humanos y mediante el simple hecho de aceptarlo podemos trascender el odio a nosotros mismos y llegar a un lugar de autoaceptación amorosa. Incluso podemos llegar a reírnos de nuestra imperfecta humanidad.

Cuando comenzamos con el trabajo de sombra nuestro niño interior se fragmenta. Y es que debido a un trauma o circunstancias de la vida, nuestro niño interior pierde su integridad; pero con la sanación encarna su papel en nuestra obra y aprecia su existencia.

Al amar a nuestro niño interior en su totalidad podemos volver a ser como niños. Llevamos la sabiduría de un adulto y nuestra experiencia de vida, pero permitimos que bulla la alegría, la curiosidad y la inocencia del yoinfantil. Así, podemos embelesarnos con la forma como un diente de león se desprende de sus semillas al soplarle; podemos ver desde nuestra habitación cómo golpean el pavimento las gotas de lluvia, como si fueran soldados marchando; o simplemente podemos deleitarnos con el más sencillo manjar. Si viajamos profundamente por nuestra oscuridad, emergerá la luz y podremos encarnar la alegría, la calma y la simplicidad de vivir llenos de asombro y con esperanza.

Tal es el ciclo de la vida y la autorrealización. Comenzamos como niños, pasamos por experiencias de vida, incluyendo sufrimiento y traumas que conducen a la individuación, y a través del trabajo de sombra nos movemos hacia un lugar donde todas las etapas, niño, padre del niño interior y adulto, son funcionales simultáneamente.

Cuando vemos con humor negro las circunstancias de nuestro sufrimiento, nuestra humanidad ya no pesa tanto sobre nuestros hombros y nuestras faltas no son más motivo de disculpa ni razón para sentir vergüenza o autodesprecio. Aceptamos nuestras insuficiencias del mismo modo en que abrazamos las formas en que somos perfectos. Liberarnos del yugo de la perfección significa adquirir la capacidad de reírnos de nosotros mismos, pese a toda nuestra imperfección humana. Lidiar con nuestra oscuridad significa "danzar" con nuestras sombras y experimentarlas como fuente de creatividad. Esto nos lleva más allá de pensar en las sombras como algo que se transforma en luz; son, más bien, algo de lo que nos hemos distanciado y que no hemos logrado integrar en mucho tiempo.

Uno de los resultados más gratificantes del trabajo de sombra es la capacidad de recuperar los aspectos positivos del niño interior, porque nuestro niño interior está lleno de humor, inocencia e ingenuidad, algo que muchos de nosotros perdemos al llegar a la edad adulta.

Y debe existir un egoísmo saludable, a menudo ausente de la vida adulta, por lo que debemos cuidarnos a nosotros mismos primero. No vaya a ser que nuestro trabajo y vida personal, así como nuestras sombras y familias, nos agoten hasta convertirnos en zombis.

Y es que a pesar de las nociones culturales de que es narcisista hacerlo, un egoísmo saludable nos permite desarrollar nuestra energía y fortaleza para ayudar a los demás; sin esto, el mundo nos agotaría por completo. Cuando nos atendemos primero a nosotros mismos a partir de una base sólida de amor propio, podemos ayudar a los demás. Nuestra energía se vuelve tan radiantes al procurarnos a nosotros en primer lugar, que apoyar a los demás ya no nos agota, más bien nos da mayor vigor. En ese punto, cualquier que esté en nuestra presencia podría, sencillamente, sentirse mejor. ¿Qué tan a menudo tenemos la oportunidad de estar con alguien que ha hecho trabajo personal de forma tan consistente que puede ofrecer amor?

Las almas más realizadas son aquellas que no se toman la vida en serio. La vida es algo serio, sí, pero también es muy divertida. Y si podemos ver el humor en la vida, incluso en la tragedia, obtendremos una resiliencia interior que nos hará bien.

Quienes van en busca de su niño interior logran desarrollar el sentido del juego nuevamente. Claro que jugar como niño o adulto conlleva propósitos diferentes. Como adulto, el juego se vuelve estricto y debe centrarse en ciertas reglas para ganar, pero cuando somos niños el juego atañe a la imaginación, la creación y el disfrute. Desarrollar un sentido saludable del juego te ayudará a redescubrir a tu niño interior y hará que vuelva a ser parte de ti.

Capítulo 21

Libérate de la vergüenza corporal

Quien quiera preservar su espíritu,
que cuide también el cuerpo al que está unido.

Albert Einstein

Nuestros cuerpos son el momento presente. Si estamos presentes en nuestro cuerpo, estaremos presentes en nuestra vida. Como nuestras formas físicas son espejo del mundo físico, podemos movernos libremente en el mundo si estamos a gusto con nosotros mismos. Debemos sentir para llegar a ser.

Pero hay muchas cosas que nos impiden darnos cuenta del cuerpo natural y sus verdades. Nuestro cuerpo primitivo oculta una sabiduría debajo de los modelos culturales y las máscaras de los hábitos. Se nos enseña a odiar nuestros cuerpos físicos y a sentir vergüenza con respecto a nuestro erotismo natural.

De tal suerte, nos volvemos cabezas sin cuerpo, pensamientos divorciados de los sentimientos, y la filosofía, la religión y la espiritualidad perpetúan tal partición. Si nos creemos superiores a nuestro cuerpo y sus instintos animales, nos apartamos no solo de las demás especies de la Tierra, sino también de nuestra naturaleza humana. Nuestro cuerpo es parte del mundo físico y vemos nuestro malestar y la segmentación de las formas físicas reflejados en nuestras actitudes colectivas hacia el mundo natural.

Se nos enseña a representar determinados manierismos y asumir estructuras específicas para ser atractivos a nuestra cultura, pero para muchos de nosotros surge un conflicto entre las formas física, arquetípica y romántica, y nuestro cuerpo real. Amamos y anhelamos la perfección que solemos ver en el exterior pero, a la par, nos desconectamos y aborrecemos la parte física de nuestro propio cuerpo.

Solo si eliminamos el cuerpo social podremos apreciar la belleza de la forma física y su inteligencia innata. Porque nuestro cuerpo tiene consciencia e inteligencia propias. Estamos compuestos por billones de células, tejidos y órganos, así como un sistema nervioso que nos mantiene vivos a pesar de nosotros mismos. Hay magnificencia en nuestra fisiología y en la forma en que las células nerviosas se asemejan a los confines del universo, así como en el modo en que los fluidos de nuestro cuerpo se mueven a ritmo, tal como las mareas del océano.

A través de la conexión con nuestro cuerpo accedemos a nuestra intuición y emociones. Así es como escuchamos el lenguaje sutil de lo que nuestro cuerpo nos tiene que decir. Solo si aprendemos a escucharlo seremos capaces de forjar una conexión profunda y sostenida entre mente, cuerpo y espíritu.

Nuestros cuerpos aguantan mucho dolor y son repositorios de historias y emociones que se atrancan y requieren ser desenterradas. Más allá están los impulsos, aquellos que nunca pudimos expresar. Una vez tuve un accidente automovilístico como pasajera, mientras llevaba las piernas en el tablero. Curiosamente, mientras sanaba de esa lesión, mi cuerpo adoptó la misma posición en la que estaba durante el accidente a fin de liberar el impulso frustrado. Y en la medida en que mi cuerpo actuó espontáneamente su lesión original, junto con los movimientos energéticos y emociones posteriores que nunca tuvo la oportunidad de expresar completamente al momento del accidente, tanto la lesión como el impulso persistente se liberaron. No es inusual que en el trabajo con mis pacientes surjan posturas estáticas, sacudidas espontáneas y hasta movimientos esporádicos a medida que el cuerpo libera emociones e impulsos atascados.

Muchos de nosotros sublimamos los deseos de caminar, correr, huir o gritar que sentimos cuando éramos niños, pues temíamos mover nuestros cuerpos como queríamos. No podíamos bailar, gritar ni ensuciarnos, porque nos esperaba un castigo. Y no podíamos huir, pues no teníamos a dónde ir. Pero ahora, como adultos, podemos decidirnos a dejar ir lo que el cuerpo contenga; y me refiero no solo a emociones, sino también a impulsos y movimientos negados. Muchas personas se someten a décadas de terapia pero se pierden una parte fundamental, pues el trauma en nuestras vidas no puede ser completamente procesado sin sacarlo de nuestro sistema nervioso de manera corporal. Y si no lo hacemos así, permanecerá embodegado y sin resolverse.

Por eso, al hacer el trabajo de sombra recuperamos las proyecciones que proyectamos sobre los demás. Y debemos hacer eso esto hasta que nuestro papel se desenmarañe; solo así podremos conectarnos completamente con el mundo. Y tal conexión también se desarrolla en el interior: lo que está adentro está afuera y viceversa. La idea es llegar a estar verdaderamente en casa, dentro de nosotros mismos. Así, si nuestras defensas se liberan, nuestras emociones fluyen a través de nosotros y aceptamos radicalmente al mundo y a las personas que lo habitan por lo que realmente son, podemos recuperar totalmente nuestras sombras.

Y si bien antes entendíamos a las sombras como una acumulación de nuestro propio dolor, ahora podemos ver que dentro de las profundidades de nuestra oscuridad habita la luz y podemos atestiguar que cada momento de éxtasis e inspiración proviene de las sombras. Porque es a través de nuestra oscuridad, no de nuestra luz, que experimentamos pasión, dicha, ingenio y creatividad. Cuando eliminamos los bloqueos para acceder a estos regalos, sentimos su oscuridad brillando a través de nosotros, a través de nuestro cuerpo.

Nuestra sombra es nuestra gemela corporal, innata y salvaje, y solo si permitimos que ese salvajismo y esa oscuridad se expresen plenamente a través de nosotros, podremos bailar, hacer el amor, experimentar la intimidad y ser uno solo con los flujos existenciales.

Cada parte del trabajo que hemos hecho, cada examen de nuestra sombra y de nuestras propias reacciones hacia el mundo exterior, nos llevan a una sombra plenamente realizada. Dicha sombra ahora puede correr, saltar, moverse y responder a la vida de manera instintiva, como siempre lo deseó. Tus movimientos serán libres, independientemente de lo que opinen los demás. Claro que esto no significa desestimar las convenciones y reglas sociales; los aspectos salvajes del yo no necesitan arañar, arrancar y destruir simplemente porque puedan hacerlo. Estos aspectos bien pueden actuar y expresarse libremente, pero con consideración hacia los demás. Esto no echa por tierra la diversión, solo nos permite expresar nuestras partes primitivas de manera segura y reafirmarnos ante la vida, con respeto por el prójimo y todo lo que nos rodea.

La forma de expresar nuestra sombra es a través del movimiento. Si bien los movimientos rutinarios prescritos por alguien más pueden ser útiles, es mediante la espontaneidad que nuestra sombra puede expresarse plenamente. ¿Cómo te gustaría moverte, sacudirte y estirarte? Basta con que sintonices con tu cuerpo y le permitas moverse como desee, sin esfuerzo alguno, pero siguiendo ciertas pautas para sentirte bien. Permite que tu sombra, la consciencia de tu cuerpo, se exprese como quiera hacerlo a través del movimiento. Esto incluye hacer una pausa en tu vida o descansar en completa calma. Aunque puede tratarse de algo muy dinámico, como saltar o sacudir todo el cuerpo. O pueden ser, incluso, pequeños micromovimientos de un dedo de la mano o del pie, toda vez que hayas descubierto que también pueden moverse.

Cuando demos permiso a nuestras sombras de desplazarse y movilizarse a través de nuestra forma física, podremos romper los lazos que nos atan a la civilidad y que nos separan de nuestros cuerpos. Así podremos romper las cadenas de la vergüenza que acumulamos sobre nosotros y que nos impiden descubrir nuestros poderes. Y es que en nuestros cuerpos yace nuestro poder latente en espera de despertar.

Capítulo 22

Recupera tu voz

*P*ara muchos de nosotros, tener una voz que exprese nuestra verdad parece imposible, pues en la mayoría de los casos tenemos que complacer a los demás o, al menos, expresarnos dentro de los términos impuestos por los guiones sociales y familiares. Acallamos nuestra voz y separamos nuestra cabeza del cuerpo, evitando así que nuestra verdadera voz se deje escuchar.

La medicina china nos enseña que hay un canal de energía, un aspecto interno del canal del corazón, que viaja desde el miocardio hasta la punta de la lengua. Y si este canal está conectado, vibrante y saludable, nuestro corazón puede hablar con la verdad. Pero la mayoría de nosotros estamos cerrados, casi blindados, y segamos la voz del corazón, bloqueando ese claro paso de energía.

Este pasaje se se cerró por una muy buena razón: hablar en ciertas situaciones, incluido el hogar de la infancia o incluso el lugar de trabajo ya de adultos, puede acarrearnos consecuencias. Por tal motivo, la mente y el cuerpo determinan que esas consecuencias pueden ser nefastas y deciden cerrarse y no hablar, a fin de no arriesgar al cuerpo.

Muchos de nosotros permanecemos invisibles porque creemos que ser vistos y escuchados significa experimentar dolor y daños. Y si sentimos una profunda vergüenza de ser vulnerables y expresar quienes somos realmente, es porque se nos ha inculcado que lo que somos, así como lo que tenemos que decir, está mal.

Es importante entender que tal miedo es completamente entendible, pues pensamos que si elevamos nuestra voz, los demás dirán que estamos mal o equivocados. Pero debes entender que ellos incluso podrían odiarte por tener una voz, cuando ellos no la tienen. O podrían estar resentidos contigo por querer ser vistos y escuchados en un mundo en el que tantos se esconden de sí mismos y de su luz.

La garganta y la boca se consideran las vías de expresión por excelencia, por lo que es típico que la gente experimente un bloqueo en esa zona debido a una acumulación de factores que no expresaron cuando lo necesitaban o querían hacerlo. Ejemplos de esto incluyen encontrar una respuesta un día después de hecha una pregunta o darnos cuenta de una verdad esencial sobre una relación, amistad o situación laboral, pero no saber cómo comunicarla. Muchos de mis pacientes sabían que tenían que renunciar a un trabajo o abandonar una relación meses o incluso años antes de haberse alejado. Y aún más común es reprimir conversaciones o debates que debes tener, o no ser capaces de admitir necesidades insatisfechas.

Pero, como adultos, debemos reconocer que si bien hay consecuencias por levantar nuestra voz, incluso a veces con aspectos de inseguridad muy válidos, ya no vivimos en aquel hogar infantil restrictivo en donde nuestra voz nos podía arrastrar al ridículo, a la vergüenza o incluso al castigo. Ahora vemos cómo la sociedad, de manera pasiva, aguarda con la boca cerrada. Y es que alinear nuestra alma, corazón y voz atenta contra un condicionamiento que busca, y que ha buscado siempre mantenernos en silencio.

También hay que entender que todo lo que clausuramos, disociamos o rechazamos ya está fuera de nuestro control; ahora son sombras que proyectamos sobre los demás porque no logramos apropiarnos de ellas. Si tenemos arrebatos de ira es porque no hemos reclamado nuestro enojo o porque tratamos de tragárnoslo de manera pasiva-agresiva siendo "amables", en vez de darle rienda suelta. Y es que si nuestra voz habla, podemos arrepentirnos más tarde. Nuestra voz podría sacar a relucir cosas que provienen de emociones y traumas no procesados, más que de un espacio de claridad.

Pero al recuperar nuestra voz, lengua, garganta y corazón, no solo sanaremos traumas anteriores (y nuestras voces), sino también podremos manifestarnos verbalmente, pero teniendo todo bajo control.

Podremos decidir conscientemente cuándo, dónde y cómo utilizar nuestra voz; es decir, tendremos acceso total a nuestra voz y decidiremos cuándo, dónde y cómo usarla. Pero si nuestra voz está desconectada o nosotros estamos disociados de ella, no podremos tomar esa decisión. Nuestra voz está hecha para cada uno.

Tener voz no entraña decir lo que queramos sin reparo de las consecuencias. Tener voz quiere decir que aceptamos utilizarla siendo conscientes de las posibles consecuencias, las cuales incluyen desde recibir la desaprobación de los demás y sentir dolor, hasta fomentar una gran conexión y derramar lágrimas de alegría.

Nosotros reconocemos cuando desperdiciamos el aliento y nuestra voz no es apreciada, escuchada ni respetada. No hablar en tales situaciones es una opción que podemos elegir, pero no es la única con la que contamos. Por otra parte, también es crucial reconocer que nuestra voz puede conducirnos a cierta inseguridad, por lo que debemos decidir conscientemente si hablamos o no. Esto es muy diferente a callarla por completo.

Reclamar tu voz simboliza expresar conscientemente todo lo que deseas. Puedes discutir, hablar con calma o permanecer en silencio. Puedes clavarle un cuchillo a alguien con tus palabras o puedes decidir que tu interlocutor no merece oír tu voz. Usar tu voz implica enfrentar la oposición de mentes mediocres que desean escuchar sus propios pensamientos, dogmas y miedos. Date cuenta de eso y usa tu voz sabiamente. Tener voz representa expresar tu verdad y tu luz, así como escuchar otras voces que tal vez deseen conectarse contigo. Gracias a dicho proceder no será raro que recibas muchas bendiciones, pues es imposible conectarnos plenamente si no compartimos quiénes somos y nuestra voz, de alguna manera, con los demás.

Nuestra voz no necesita expresarse únicamente a través del habla, podemos compartirla mediante el canto, el dibujo, la escritura, el baile o cualquier actividad artística o creativa. "Hablamos" al llenar una declaración de impuestos. Nuestra voz puede difundirse en el mundo, mostrándole a todos quienes somos con nuestra presencia.

Tener voz significa tener acceso a tu corazón, a tu verdad y a tu alma, pero de la manera en que mucha gente busca y pocos lo logran.

Tal vez tu voz es desacertada e insegura, como la voz de un niño de seis años o un adolescente, no la voz de un adulto. O bien podría ser una voz llena de dolor o una voz sin razón. También podría tratarse de una voz que no esté dispuesta a examinarse a sí misma y que esté encriptada en el trauma, por lo que su expresión se verá nublada por el dolor de edades anteriores. También podría obedecer a un intento por procesar algún dolor, como el dolor de un niño interior que quiere ser visto y escuchado para reconocer y paliar alguna pena. Solo cuando finalmente seas escuchado podrás cerrar varios capítulos de tu vida y seguir adelante.

Las grandes voces de la historia nunca hablaron como todas las demás. Esas grandes voces aportaron nuevas ideas al mundo y se expresaron a través de la literatura, la arquitectura, la poesía, el canto y otras bellas artes y formas que tal vez no se aprecien o comprendan de inmediato. Pero, es un hecho que sin esas grandes voces, que resultan únicas, no habría habido impulso para nuestra cultura. En resumidas cuentas, nuestras voces transmiten el conocimiento de generación en generación, cambiando al mundo y haciendo del mismo un lugar mejor para vivir.

Capítulo 23

Conecta con la profundidad salvaje

Al comenzar el trabajo de sombra debemos considerar que nuestra sombra está compuesta por partes traumatizadas de nosotros mismos que debimos desconectar para sobrevivir. De hecho, muchos juzgan a las sombras como algo estrictamente negativo, con emociones y traumas que no pudimos procesar en su momento porque eran demasiado abrumadores o porque carecíamos de las herramientas necesarias para hacerlo.

Pero a medida que avancemos con el trabajo de sombra hallaremos nuestras propias sombras en otras personas. Y al examinar nuestra reactividad tendremos la oportunidad de resolver conflictos internos. Así, llegará el momento en que estemos agradecidos de que los demás nos despierten para mostrarnos algo que no hemos podido sanar.

Acostumbramos a calificar los comportamientos y formas de ser que surgen del trauma como patológicos, aunque en realidad se trata de reacciones naturales propias de una experiencia específica. Si entendemos y sentimos compasión por estos mecanismos de supervivencia podremos sanar nuestra relación con ellos más fácilmente que si los definimos como patológicos o erróneos.

Nada en el trauma es patológico. No hay nada malo en ti ni en nadie más al promulgar estos mecanismos de supervivencia, tales como negar, reprimir o seccionar la energía y vitalidad como resultado de un profundo dolor o temor a una experiencia que legítimamente te produce miedo.

Cuando apreciemos plenamente los mecanismos de supervivencia podremos convertirlos en elementos permanentes en nuestras vidas y en herramientas útiles que están disponibles. Porque si aprendimos a ser invisibles y huir, también podemos aprender a usar estas herramientas conscientemente si las necesitamos. Esto nos permite ver cómo dichas defensas y herramientas no necesitan ser superadas o "arregladas", solo dispuestas en el lugar correcto. Así, en vez de negar nuestras respuestas legítimas al trauma y la vida, podremos apreciarlas plenamente, a sabiendas de que en su momento hicimos lo mejor que pudimos.

Encontrar el perdón para nuestro pasado puede llevarnos a través del dolor del reconocimiento. De hecho, parte del crecimiento radica en ver que podríamos haber actuado de otra manera si hubiéramos tenido claridad y hubiéramos sabido que nuestros mecanismos protectores y emociones nos separaban de los demás. La capacidad de ver esto evidencia un crecimiento importante. En lugar de lamentarte por el tiempo perdido, reconoce que puedes actuar de otra manera, tanto en el presente como a futuro.

Cuando reclamamos nuestras sombras descubrimos que el trabajo de sombra representa reclamar nuestra luz tanto como nuestra oscuridad. En nuestra Otredad yacen nuestros dones, y al abrazarlos descubrimos que nuestras diferencias son, precisamente, nuestro aporte al mundo.

Hay un camino cubierto de capas en el trabajo de sombra. Pero más allá de trabajar el trauma o la reactividad, o incluso la recuperación de los dones individuales, debe antecedernos la inteligencia de nuestras respuestas innatas, solo así veremos nuestras sombras directamente y les daremos otra definición. La sombra será ahora nuestro yo instintivo y podremos estar en contacto con nuestra intuición y el cúmulo de mágicas posibilidades que nos brinda la realidad.

Austin Osman Spare (1186-1956) fue un pintor y ocultista inglés que definió el resurgimiento atávico como "la parte mágica de la consciencia humana que yace enterrada dentro de nosotros; es lo que se eleva en símbolos, sueños y pasiones". Por lo tanto, si cortamos partes considerables de nuestras sombras nos divorciamos de los aspectos mágicos, sensoriales y existenciales de la vida. Y cuanto más cortada esté la sombra, habrá más distancia entre nosotros y la magia.

Pero si recobramos nuestra sombra la magia vuelve, acompañada de la pasión por vivir y una profunda curiosidad por lo desconocido. Ahora, en vez de temerle a la oscuridad, le daremos la bienvenida, y todas nuestras respuestas innatas, así como nuestros mecanismos de defensa contra la realidad, las veremos como herramientas que nos servirán para escudriñar escarpados terrenos. Es posible que aprendamos y dominemos mejores herramientas o que manejemos nuevas herramientas de manera más consciente, pero lo fundamental será ver nuestros impulsos biológicos y la reactividad a nuestras experiencias en la vida en desnudez.

Ya no representaremos un papel, ahora participaremos conscientemente como espectadores de nuestra propia obra. Cuando hagamos esto iremos más allá de nuestra obra de teatro y recuperaremos la espontaneidad, pasión y creatividad que constituyen las bases de nuestro ser. Ese será nuestro flujo y libremente se moverá a través de nosotros.

Nuestra cultura confunde fácilmente lo que es oscuro dentro de nosotros con lo que está herido, en vez de ver a la oscuridad dentro de su propio reino y con su propia belleza. Cuando vamos más allá de la oscuridad, en el sentido de "malo", o del impulso de transmutar cualquier oscuridad en "luz", nos revelamos en las sombras. Abrazamos lo desconocido y amamos nuestra oscuridad con la misma fuerza con que amamos las partes social y moralmente aceptables de nosotros mismos. Así, veremos que nuestra oscuridad y nuestra luz no pueden separarse, pues se crean y entrelazan entre sí. Es así como nuestro proceso de autorrealización se completa. Ya no seremos la oscuridad contra la luz, lo bueno contra lo malo y el cuerpo contra la mente; seremos todas las cosas a la vez.

El símbolo del yin-yang revela un equilibrio entre la oscuridad y la luz. O sea que dentro de las tinieblas hay luz y dentro de la luz existen las tinieblas. Este símbolo primordial de la creación demuestra que la oscuridad y la luz son inseparables. Pero solo si trascendemos el pensamiento binario de esto contra aquello tendremos la oportunidad de pasar al pensamiento paradójico, donde los opuestos no entran en conflicto porque surgen de la misma fuente.

Nuestro perfeccionista interior ama lo binario de la oscuridad y la luz y quiere aferrarse a eso. Por ello, dentro de la luz dispone la perfección y el orden, y en la sombra coloca todo lo desordenado, caótico y animal. Muchos individuos interesados en la espiritualidad mantienen a raya a lo Otro y bloquean su propia autorrealización. Sienten que los reinos espirituales y naturales no encajan con su vida cotidiana ni en sus paradigmas trascendentalistas basados en la luz.

Empero, los monstruos y tinieblas se esconden debajo de nuestra moral social y detrás de nuestros ideales de superioridad humana. Dentro de nosotros viven tiranos, ogros del pantano y sirenas que buscan ahogarnos; y lo harán por puro placer y seguirán siendo exactamente como son. Por eso, el trabajo de toda una vida es integrarlos. No se les presentará a la sociedad educada ni sabrán con qué tenedor trinchar el pescado, pero esas criaturas al acecho nos permitirán recuperar nuestra vitalidad y poder.

Nuestro gemelo salvaje nos conecta con el reino natural y el espiritual, mientras que nuestras sombras nos indican el punto de entrada o acceso que nos conduce más allá de lo binario, de la fuerza que nos impele a poner la luz en un lado y la oscuridad en el otro, siempre luchando entre sí. Pero más allá de lo binario se encuentra un reino donde se reconoce la belleza y el valor inherente de la oscuridad. Y como nuestra vida actual está compuesta principalmente por grises, reclamar nuestras sombras en su totalidad significará ir más allá de esto o aquello, de la sombra o la luz, y abrazar todas las cosas a la vez.

El poder personal radica en la capacidad de tomar decisiones conscientes. Decidir lo que podemos hacer con nuestras vidas puede convertirse en algo aterrador, pues estamos acostumbrados a delegarle a un arquetipo autoritario externo lo que debe hacer por nosotros. Nos agrada que nos den respuesta a todo y nos molesta la idea de tener que buscar y descubrir que el mundo no es tan simple, además de que no todas nuestras preguntas podrían tener una respuesta. Y eso responde a que nuestra mente anhela el control y el conocimiento.

Pero nuestras sombras y nuestra oscuridad pueden convertirse en aspectos vitales de nuestro ser al transmutarse no de oscuridad a luz, sino de sentimientos disociados y castigados al combustible de nuestras energías e impulsos creativos. Si le tememos a partes primitivas de nosotros mismos es porque nuestros instintos nos susurran al oído fantasías de daño, destrucción y venganza. Es correcto experimentar tales sentimientos y deseos, pues somos humanos. Así que no los vetes ni los vuelvas a encerrar en un cajón; más vale reconocer que todos los seres humanos se sienten igual debido a miles de años de impulsos biológicos negados y reprimidos.

Solo una advertencia: debes identificar la división entre la fantasía y la realidad. Una parte de ti podría desear ser Godzilla y destruir una ciudad entera, mientras que otra parte podría querer apuñalar a alguien que te causó un dolor inmenso. Tales fantasías son comprensibles, pero la mayoría de las personas, si se les pregunta, reconocen que no es su intención llevar estas fantasías a la realidad.

Si le tememos a nuestros impulsos violentos es porque no contamos con las herramientas necesarias para sacarlos a la luz del sol y examinarlos. Incluso si eres una de las pocas personas que desea hacer realidad sus fantasías, has de reconocer que estas provienen de un lugar de heridas o que solo quieres promulgarlas de manera segura y afirmativa. Por ejemplo, a tu cavernícola interior podría gustarle lanzar hachas o prender una hoguera.

Es normal querer lastimar a alguien que te haya herido, pero la diferencia estriba en las decisiones que tomamos a la luz del día, en el entendido de que no necesitamos hacer sentir nuestro dolor a los demás. Al asumir la responsabilidad por eso, incluso en casos en que deseemos una retribución, tendremos el poder real.

El autor inglés Neil Gaiman escribió: "Si estás protegido de las cosas oscuras, eso significa que no tendrás protección ni conocimiento o comprensión de las cosas oscuras cuando se aparezcan". Si a los niños les gustan los cuentos de hadas lóbregos y las historias de terror y fantasmas es porque necesitan experimentar emociones poderosas. No es de extrañar que el personaje más frecuente en estos textos sea la muerte, que a menudo se lleva a la persona amada. Si nos protegemos de la oscuridad experimentaremos una escisión primaria de esa parte de nosotros y la proyectaremos hacia afuera, por lo que no tendremos una interfaz sana para expresar nuestros instintos más oscuros y, por consiguiente, los proyectaremos sobre el arquetipo del prisionero, el capo de la droga o el asesino serial.

Cabe recordar que parte de la oscuridad da vida al elenco de villanos arquetípicos sobre los que instalamos nuestros instintos más bajos. Colocamos lo alienígena, lo sicótico y los arquetipos del mal en los objetos más inhumanos que podamos encontrar. Las películas de terror, las conspiraciones alienígenas y la vergüenza social ante problemas de salud mental demuestran nuestra incapacidad para reclamar nuestra propia oscuridad interior.

Es común que las personas que se sienten separadas de los demás, o desplazadas de la realidad, creen mitos sobre sus circunstancias. Para cualquier niño resulta por demás doloroso lidiar con el abuso sexual de su padre, por lo que proyecta el mal en la figura de un extraterrestre. Y si a una niña le duele no ser parte de un grupo de amigas en el colegio, crea el mito de que es especial o mágica.

A las mujeres sicóticas o locas les otorgamos el dolor mismo de vivir, pues el sicótico no acata las reglas de la sociedad y por eso actúa como actúa, recibiendo un castigo por su dolor expresado. El psiquiatra escocés R.D. Laing opinaba que la psicosis es el proceso de nacimiento y muerte o un periodo de reorganización desorganizada por el que todos pasamos y que lamentablemente salió mal. La expresión de la psicosis le garantiza a las personas pasivas y taciturnas defenderse y representar el papel de villanos, algo que nunca podrían pedir si interpretasen su rol normal. Y es que luego de la psicosis la mente es capaz de reorganizarse en torno a un sistema más sano.

Es común proyectar nuestro miedo a la muerte, a las enfermedades y a la discapacidad sobre aquellos que son diferentes de nosotros. Cualquier persona que se aleje demasiado de lo que consideramos normal será rechazada, castigada o hecha a un lado por nuestro miedo a nosotros mismos.

Cuanto más nos apartemos de la naturaleza y de nuestra propia naturaleza humana, más nos inventaremos un Otro a quien temer. Esto obedece a que suponemos, de manera incorrecta, que nuestro entorno está completamente establecido y que debemos adaptarnos al mismo; pero lo que hacemos, en realidad, es afectar y trastornar nuestro entorno. Siempre que nos separamos de nuestra naturaleza humana interior, el mundo natural sufre por ello. Y si no nos conectamos con el mundo natural externo, nos desconectamos del mismo, interna y externamente, y lo rechazamos y descuidamos. De una u otra manera nos desincronizamos y sufrimos nosotros y sufre el mundo natural. Al formar parte de este mundo tenemos una relación recíproca con el mismo, y nuestra presencia en él es relevante.

Las historias más importantes de la mitología y la religión se relacionan con la naturaleza del bien y el mal. Marie-Louise von Franz, psicóloga junguiana suiza, explicó: "El mal es algo que está más allá de la naturaleza humana y cuando un asesino mata a alguien, realiza algo parecido a un dios y pierde su humanidad al ejecutar tal acto". Jung, por su parte, asentaría: "El bien no se vuelve mejor por ser exagerado, sino peor, y un mal pequeño se convierte en uno grande al ser ignorado y reprimido".

Dentro de todo ser humano viven la oscuridad, el engaño y la capacidad de esclavizar, degradar, controlar y cometer nefastos actos de violencia contra el prójimo, por lo que resulta fácil proyectar tal capacidad en un Otro mítico para no vernos a nosotros mismos en los ojos de un asesino en serie. El sabio indio Ramana Maharshi escribió: "Yo soy la persona que odio. Yo soy el arconte malvado. Yo soy la oscuridad que busca negar o ser arrojada sobre el Otro. Yo soy las creencias desencadenadas a partir de un trauma... No hay otros".

En este orden de ideas, solo cuando recuperemos plenamente nuestras sombras podremos reconocer que el mal no es algo arcaico o primitivo que confunde a los humanos para que se dañen los unos a los otros, sino más bien algo que vive dentro de cada uno de nosotros. Nuestros pensamientos e instintos más básicos, o bajos, pueden adquirir alcances míticos, pero nuestra decisión de actuar sobre ellos no deja de ser humana. Es un hecho que todos tenemos instintos, incluso los violentos o malvados, pero el asunto gira en torno a si conscientemente decidimos dañar a otros o no.

Los demonios que distinguimos externamente son el resultado de nuestra sombra personal y las sombras colectivas, y sin duda se derivan de la codicia, la lujuria, el sufrimiento y el trauma que nos infligimos entre todos. Se trata de sombras colectivas engendradas a través de nuestros propios impulsos negados. Todo impulso primitivo que se origine más allá de la comunidad humana suele promulgarse en los corazones y la vida de todos los humanos. Y podremos entender o no por completo tales fuerzas, pero solo si se convierten en parte de nosotros seremos capaces de aceptarlas como parte de nuestras sombras individuales.

Cuando aceptamos los aspectos más oscuros de nosotros mismos le permitimos a la luz entrar y podemos honrar nuestro yo sexual y animal, invitándolo a vivir a través de nosotros para darnos acceso a nuestro propio poder. Si somos capaces de sentir nuestra ira en toda su magnificencia y podemos ver que el sexo, la meditación, la muerte y el trauma son portales hacia una profunda entrega y despertar, solo entonces nuestra oscuridad se podrá convertir en luz.

William Butler Yeats escribió: "El mundo está lleno de cosas mágicas que esperan pacientemente a que nuestros sentidos se agudicen". Aceptar la existencia de la magia en el mundo nos coloca, de inmediato, en desacuerdo con la sociedad actual. Pero la alternativa, un mundo donde la normalidad simboliza que la luz en nuestros ojos ha crecido, es insostenible.

Tener acceso a los aspectos más oscuros y salvajes de nosotros mismos anuncia el umbral de entrada a la gracia, el perdón y el amor que tanto anhelamos. Jamás podremos amarnos a nosotros mismos, ni a los demás, si nos empecinamos en negar nuestra propia oscuridad.

Capítulo 24

Nuestras sombras en línea

En la actualidad experimentamos un colapso de la realidad. Vivimos una época de desorganización, caos y crisis, por lo que nos enfrentamos cara a cara a nuestras sombras. Por otra parte, nuestra relación con la autoridad cambia a grado tal que quienes no tienen conocimiento alguno se convierten en árbitros de la verdad y, a la par, el creciente tribalismo nos divide y cualquier identidad, etiqueta, idea, reflexión o persona que no encaje con nuestra "tribu" se considera una amenaza y es "cancelada", avergonzada, denostada y hasta aborrecida.

Es cierto que el antiintelectualismo ha sido siempre tendencia generalizada, pero la naturaleza de internet avala el reforzamiento de esa tendencia. También es verdad que hay beneficios para todos aquellos que tienen una voz o una plataforma, pero en el proceso nos hemos alejado de confiar y prestar oídos a quienes realmente tienen conocimientos, experiencia y autoridad. Así, nos perjudicamos a nosotros mismos con la desinformación y en nuestros espacios en línea celebrando a aquellos que queremos escuchar, en vez de aquellos que tienen puntos de vista útiles o informados. Durante algún tiempo ha existido la necesidad de "liberar" al arquetipo del médico como un rol autoritario, pero en un giro inesperado hemos reformulado este papel con autoritarios ignorantes.

En consecuencia, a medida que aumentamos nuestra dependencia del metaverso y hacemos de internet nuestro lugar de reunión comunitaria, nos desvinculamos más de la realidad y nuestra capacidad de concentración disminuye, por lo que entendemos al mundo como fragmentos sonoros, videoclips e información al alcance de la mano. En pocas palabras, no requerimos memorizar ni recordar nada y tampoco necesitamos dejar de lado nuestro estado de disociación.

Pero si nos conectamos con nuestros cuerpos físicos y con el mundo natural, es más probable que podamos ver nuestra humanidad compartida y adherirnos a las normas culturales y sociales tomando en cuenta tanto la "verdad" como la "bondad". O sea que así podremos ver, fuera de nuestra burbuja personal, otras perspectivas y considerar a las demás personas.

Internet es el lugar idóneo para proyectar nuestras sombras, nuestra vida no sanada, los elementos problemáticos de la realidad y las emociones más difíciles que no somos capaces de reconciliar dentro de nosotros mismos o para las que aún no estamos listos. Internet es el lugar donde podemos deshumanizar fácilmente a todos los demás y perpetuar nuestro sufrimiento, que sin duda nos distrae de nuestras propias vidas.

Si bien siempre hemos sido capaces de colocar una burbuja entre nosotros y la realidad, la facilidad de hacerlo en línea garantiza que no necesitemos interactuar con ninguna información que no queramos ver. Por consiguiente, cambiamos nuestras preferencias al punto en que todo lo que percibimos son reflejos y amplificaciones de nuestros propios pensamientos. Gracias a los algoritmos de las plataformas y redes sociales, personal y colectivamente damos pie a espacios en línea pletóricos de oscuridad y miedo, además de proyectar las sombras más grandes jamás imaginadas sobre figuras públicas, sean políticos, celebridades o personalidades de las redes sociales.

Todos deseamos comunidad y cada sombra tiene su luz. Para aquellos que no puedan participar plenamente de la realidad, o para quienes tengan un camino único en este mundo o un interés especial, hallar a otros que compartan sus intereses nunca fue tan fácil. Hoy por hoy podemos conectarnos y encontrar amigos, parejas románticas o simplemente otras personas con quienes charlar para aliviar la soledad.

Sin embargo, internet nos induce a un estado disociativo. Esto significa ir más allá de lo físico para compartir las cosas a un nivel más profundo, algo que haríamos si nos hubiésemos conocido en persona. Y debido al anonimato, así como a la separación del mundo físico y de nuestros cuerpos, persiste una profundidad inmediata al involucrarnos en línea.

Esto podría resultar muy sanador, pues expresamos nuestro dolor para que muchos otros sean testigos, pero esta seudointimidad también nos permite saltarnos los pasos de la socialización con los que gradualmente nos acercamos a alguien para revelarle nuestras verdades más profundas, nuestros íntimos deseos y nuestros estados más vulnerables. En línea avanzamos de inmediato y rápido hasta ese lugar.

Debido a la naturaleza de internet, nuestras sombras se mezclan y se unen con las de los demás. Y de modo similar, las almas inconexas y heridas se juntan en grupos donde su visión colectiva del mundo se consolida al vivir y estar fracturadas por las redes de la realidad. Tal consolidación ocurre al rodearnos de otros en la "tribu" que abrazan las mismas creencias, con lo que cualquier otra ideología o "tribu" es recibida con desprecio, vergüenza y odio. Cuanto más tiempo pasamos con grupos que hacen esto, más fracturados estamos.

La división que se produce al estar en línea hace que nuestras sombras se sientan libres y emerjan por completo. Nuestro odio básico y las lesiones no sanadas se fijan sobre alguien, mientras que nuestras sombras de luz buscan a alguien más en las redes sociales para ser proyectadas. Así, fácilmente vemos ejemplos de la oscuridad del mundo en cantidades inconmensurables, y todo gracias al *doom scrolling,* o adicción a las malas noticias, que facilita la depravación constantemente disponible para nosotros.

Podemos trasladar nuestras heridas básicas de querer gustarle a la gente y ser aceptados y amados en las redes sociales, y todo porque nuestra capacidad de recibir "refuerzos" en las relaciones transaccionales ha cambiado drásticamente. Así, recibimos el amor y la aprobación transaccional en línea de parte de una audiencia mundial. La naturaleza de internet crea relaciones parasociales, por lo que nuestra fijación con una celebridad, un personaje de las redes sociales o alguien con quien simplemente hayamos interactuado en línea, se vuelve completamente unilateral. En la soledad y desintegración de internet tenemos mucha información sobre los demás al alcance de la mano, y la usamos para crear relaciones desligadas de la realidad. Pero esto resulta en sufrimiento, pues nuestra energía emocional no es satisfecha por la persona con la que estamos obsesionados. No vivimos una relación real; la relación con la sombra conduce al aislamiento y el engaño. Como resultado, creamos grandes sombras en línea que se ciernen sobre nosotros como inmensas nubes que colectivamente nos envuelven. Dichas energías pueden, en pocos días, sentirse crudas y llenas de dolor, lo que crea una inmensa y comprensible angustia existencial en todos nosotros.

No se necesitan dos dedos de frente para ver que el mundo es un lugar difícil donde vivir. El mundo está repleto de sufrimiento, dolor, ignorancia y abuso de poder. Es injusto, inequitativo y permanece fuera de contacto de las emociones humanas. Así que si sientes que el mundo es sufrimiento, penas y oscuridad, tienes razón.

Pero para no perderte en esta oscuridad, escucha música, aprende una nueva receta, aprecia el arte, observa los pájaros o simplemente haz algo para atraer belleza a este mundo. Evoca la belleza y el amor que se esconden en el mundo debajo del dolor.

Cada uno decide cómo pasar el tiempo en línea, solo cuestiónate cómo te sientes antes y después de visitar sitios web específicos, pues eso te revelará por qué puedes sentirte atraído por una página web en específico. Así, con este pequeño esfuerzo, comenzarás a recuperar tu energía y las emociones de la sombra colectiva. Aprovechar el lado luminoso de la tecnología. A lo largo de los años, varios de mis pacientes me han compartido que si alguien simplemente les envía un mensaje de texto diciéndoles "Hola", eso les recuerda que no están solos. Ten presente que cualquier acto de bondad o servicio no tiene por qué ser grande y nunca sabremos cuánto puede significar para alguien en particular.

Si vemos claramente cómo nuestras sombras se desarrollan colectivamente en línea, de manera natural querremos alejarnos de nuestras adicciones y tendencias a fin de recuperar la energía de las sombras que hemos dispuesto en internet; solo así hallaremos la manera de reafirmar nuestras vidas para conectarnos mutuamente, pero en el mundo real.

Si te vuelves un individuo que piense libremente y ve la realidad con matices, sin participar del tribalismo en línea, será algo admirable y digno de mención.

Capítulo 25

Miedo a la muerte, miedo a la vida

Sé cómo el agua, que se abre paso a través de las grietas.
No seas asertivo, pero ajústate al objeto y hallarás la manera
de evitarlo o cruzarlo. Si nada en ti permanece rígido,
las cosas externas habrán de revelarse por sí mismas.

Bruce Lee

Deja que venga lo que deba venir,
suelta lo que haya de irse y ve lo que queda.

Ramana Maharshi

En mis sesiones suelo preguntarles a mis pacientes si podemos sentarnos y experimentar juntos la pesadez que llevan. Juntos, con esa pesadez, sentimos la soledad y el aislamiento que tan a menudo acompañan al dolor, los traumatismos y las enfermedades.

Una transformación profunda puede ocurrir cuando una persona que se ha sentido completamente apartada y sola en su sufrimiento, acepta que otra se siente junto a ella para compartir ese sufrimiento. Así, ambos personajes pueden sentir que ninguna parte de ellos está mal y que todas sus partes son dignas de ser vistas. Y no tienen que cambiar para ser más completos o estar sanados, basta con que sean vistos, amados y protegidos exactamente por lo que son. No se necesita decir palabra alguna, con la simple presencia y humanidad basta, pues lo que en última instancia queremos, y lo que necesitamos tan desesperadamente, es que alguien esté presente con nosotros.

Lo que la gente siente por nosotros y cómo nos trata rara vez tiene que ver con nosotros. Podemos reconocer que han luchado y que, debido a su propio sufrimiento, han levantado muros a su alrededor que ahora guarda celosamente para que nadie los penetre. Así, ya no siente amor ni se siente amada, pues debe defenderse.

La mayoría de nosotros vivimos toda la vida con miedo, encerrados con inclemencia detrás de los muros que erigimos para protegernos. Nos defendemos de ser heridos nuevamente y nos protegemos de los sentimientos, mas no nos detenemos a considerar una realidad existencial más grande que crea estragos en nuestras vidas. En consecuencia, terminamos encerrados en una prisión hecha por nosotros mismos y demasiado temerosos como para liberarnos. Aceptar que la incertidumbre y el caos gobiernan nuestras vidas, mucho más que el orden, significa reclamar esa sombra. Las partes de nosotros que expulsamos de la luz, ya fuera porque las veíamos indignas o no dignas de ser amadas, siguen siendo parte de nosotros, por lo que debemos abrirnos y darles la bienvenida con amor.

Nuestra mayor sombra es el miedo a la muerte. La mayoría de nosotros desestimamos a la muerte, hasta que se convierte en una presencia inevitable en nuestras vidas. Pero, a fin de aliviar este temor, podemos ocuparnos de los aspectos prácticos de la muerte: directrices médicas, testamento, hablar con nuestros seres queridos sobre cómo deseamos morir y qué hacer con nuestras pertenencias. No importa nuestra edad, pues la muerte puede visitarnos en cualquier momento. Si atendemos sus aspectos prácticos abrazaremos la idea de que la muerte, en un momento dado, nos hará una visita personal.

Si saludamos a la muerte y la vemos como una amiga, seremos capaces de aceptar que algún día moriremos. Porque la muerte es un simple portón que atravesamos, es una iniciación, y es probable que a lo largo de nuestras vidas ya hayamos experimentado muchas muertes y renovaciones que se asemejan al proceso final de muerte física.

Muchos de nosotros nos quedamos atascados porque tenemos miedo al cambio. Esto tiene sus raíces en un miedo primitivo a la muerte, puesto que nuestro yo instintivo sabe que cualquier cambio puede significar la muerte. Y como hemos tenido toda una vida para atestiguar que el cambio puede significar cosas malas, nos aferramos a las formas en que la vida nos ha dañado o nos ha generado dolor. En otras palabras, nos impedimos a nosotros mismos recibir. Pero al aceptar nuestra propia muerte aceptamos que el cambio, el flujo y la impermanencia son las bases mismas sobre las que se erige nuestra vida. Y mediante esta aceptación entramos en contacto con nuestra vitalidad y entusiasmo por volver a vivir, dándole "permiso" a la vida para que fluya a través de nosotros.

Pero esto sucede solo si dejamos ir las partes de nosotros atrapadas en la muerte. La muerte significa parálisis, estancamiento y control, y si dejamos ir ese control y nos damos cuenta, antes que otra cosa, de que nunca lo tuvimos, podremos abrazar la vida en vez de vivir con miedo morir.

Una de las sombras más grandes del mundo moderno es la negación de la muerte. Cuando tememos a la muerte la negamos, y cuanto más la negamos, más crece ese miedo, el cual pretendemos atenuar creando mitos de control. Entonces, consideramos a la enfermedad y a la muerte como fallas morales, no como una parte de la vida que suele visitarnos a todos, sin importar cuán perfectos o imperfectos seamos.

Nuestra mente busca controlar nuestra realidad externa, se aferra a la idea de que el mundo es justo. Creer que las cosas malas suceden injustamente o al azar resulta aterrador, por lo que pensamos que las víctimas deben haber hecho algo malo para merecer ese destino. La ideología del New Age, o Nueva Era, que dice que no hay víctimas y que uno crea su propia realidad, busca ejercer un tipo de control sobre la vida; un control que simplemente no existe. La cultura occidental cree firmemente que tú eres culpable de tu mala fortuna y que tienes que levantarte por tus propios fueros.

Mediante la aceptación de la muerte, las enfermedades y el dolor reconocemos que muchas cosas contribuyen a la mala salud, incluidos nuestros hábitos e historial personal. Al sentarnos con la oscuridad de los demás con compasión en vez de defendernos, hallaremos el amor y la vida. Si no, seguiremos poniendo nuestro miedo a la incertidumbre y a la muerte en los demás.

Dentro de esta sombra de muerte no reconocida está el deseo de muerte, el deseo de "no ser", que a algunos visita con ideas suicidas al anhelar la dicha del vientre materno y desear que el sufrimiento termine. En el caso de mis pacientes suicidas, su deseo sincero no es morir o causarse daño a sí mismos; es, simplemente, dejar de existir.

Y al estar en un lugar tan oscuro se revela nuestra soledad esencial. Somos almas solitarias y nuestras partes desconectadas, sumidas en la más honda oscuridad, verán la luz solo si reconocemos que no somos los únicos que sufren. Pero podemos hallar sanación en nuestra soledad al sentarnos con alguien y compartir nuestro sufrimiento.

El deseo de muerte es un deseo de cambio. Si reconocemos que nuestra vida no está funcionando, podemos cambiarla. A nivel mítico, las fantasías de muerte y el deseo latente de morir surgen en nosotros porque podemos estar en transición hacia una nueva fase de nuestras vidas. Si logramos ver que deseamos la muerte porque una parte de nosotros está muriendo, podemos inclinarnos hacia la renovación y el renacimiento, en lugar de permanecer siempre miserables.

A través del sufrimiento y de las más hondas profundidades de la oscuridad podremos encontrar la luz de nuestro ser. Sabemos lo que es sufrir, sí, pero también sabemos que muy dentro de esa oscuridad absoluta, la luz del alma brilla. El sufrimiento fecunda el alma y aquellos que sobreviven las peores circunstancias desarrollan algo más allá del miedo, lo que sin duda impulsa su vida; eso se llama amor.

Cuando superemos ese miedo descubriremos que nuestro mayor miedo no es a la muerte, sino a la vida. Es más fácil ver nuestros deseos de muerte que nuestro miedo a la vida, pues solemos reprimirnos y no vivimos a plenitud. Es por eso que pocas veces aprovechamos las oportunidades que la vida nos brinda durante el breve tiempo que estamos vivos.

Al hacer el trabajo de sombra yo misma, así como con pacientes y estudiantes, encuentro que llegamos a un punto en el que comenzamos a experimentar la energía vital que yacía atrapada bajo el trauma y el miedo, y es cuando realmente comenzamos a sentir nuestro propio poder. Aunque damos mucha de nuestra propia luz a los demás, somos incapaces de reconocerla dentro de nosotros mismos. La sola idea de recuperar la luz suena aterradora.

Asociamos el hecho de tener energía con sentir miedo. Esto es comprensible en un sentido fisiológico, pues no acostumbramos a experimentar asiduamente estados como la dicha y el éxtasis. De hecho, solemos confundirlos con el miedo y la ansiedad, pues estamos más familiarizados con esos estados. La idea de experimentar tanto la oscuridad como la luz, toda vez que poseemos luz infinita, es un concepto maravilloso, pero encarnarlo también puede ser aterrador.

Y es que tememos a las infinitas posibilidades de la vida. Si la vida es un espacio abierto y somos capaces de dominar las olas de una existencia incierta, ¿por qué más tendríamos que vivir? ¿O qué pasa si nuestra búsqueda por resolver nuestra infancia se queda atrás? ¿Y si asumimos un papel adulto mediante el cual decidamos nosotros mismos darle sentido y propósito a nuestra vida? Si nos movemos más allá de nuestro guion, de nuestros roles y de nuestra obra, el espacio en blanco que queda es completamente aterrador. Nos sentimos tan perdidos y solos, tan seguros de que no valemos nada, que olvidarnos de nuestras ideologías de separación resulta por demás difícil.

Pero debajo de todo está la vida y el estado de ser que es el amor. Podemos ser unos apasionados de la vida y sentir una genuina curiosidad por sus muchas posibilidades, y aun así ver claramente la oscuridad del mundo. Recuerda que cuando tenemos una sombra no resuelta nos enfocamos en lo negativo, pensamos que no somos lo suficientemente buenos y que el mundo es un lugar oscuro y perverso, lleno de odio. Cuando aceptamos radicalmente la oscuridad del mundo y esa oscuridad dentro de nosotros mismos, nos topamos con todos los aspectos de nosotros en nuestro núcleo y accedemos a los instintos atávicos y los más profundos sentimientos de amor y autoestima que hemos anhelado.

Cuando reconocemos que merecemos amor simplemente por ser humanos, podemos ir más allá de los límites del amor transaccional y admitir que los demás pueden no amarnos, pero no porque inherentemente no seamos dignos de amor, sino porque simplemente no pueden o no están dispuestos a ofrecernos amor. Cada uno tiene sus propias barreras para amar, para dar y para recibir, al igual que nosotros las tuvimos. Al comprender esto podemos aceptar la vida en sus propios términos para empezar a liberarnos de los ideales del perfeccionismo y el control y, al contrario, fluir con nuestra existencia, sin importar su oscuridad, su luz o sus sombras intermedias.

La fase final del trabajo de sombra radica en abrirse a la simplicidad de ser amor. Porque eso es lo que seremos una vez que hayamos dejado ir todo lo demás. En la base de nuestro ser añoramos amar. Podemos dar amor y ser amados a cambio, pero también podemos ser, simplemente, amor. Solo así podremos ir más allá de desear el amor de otra persona, pues aceptaremos que posiblemente no tenga amor para dar a cambio. Cuando nos demos cuenta de lo bien que se siente ofrecer amor sin esperar nada a cambio, estaremos en la posibilidad de amar sin condiciones y podremos ser, simple y sencillamente, amor.

Y cuando aceptemos que vamos a morir porque somos criaturas impermanentes, nos daremos cuenta de que muy por debajo subyace el miedo a la vida. Pero solo si reconocemos el miedo a la vida podremos aceptar el miedo a morir. Por ello, debemos ir más lejos y entender que más allá del temor a vivir están las oportunidades de vivir. Podemos vivir un guion, una narrativa, un papel, un arquetipo o una obra de teatro, pero también podemos encarnar todos y cada uno de los guiones, narrativas, obras de teatro, roles y arquetipos. O sea, podemos vernos reflejados en todo y en todos en este mundo y, en vez de sentir miedo y divisionismo, podemos apreciar la humanidad compartida para que así surja el amor incondicional.

Epílogo

Cómo ver belleza en la oscuridad

El trabajo de sombra consiste en atraer aquello que es sombra hacia la luz, escuchar lo que no hemos escuchado en nosotros mismos y reconocer patrones que nos han impedido vivir. Con el trabajo de sombra enfrentamos las creencias y los problemas que nos limitan como individuos para ver que la belleza nos embarga, a grado tal de inundar nuestro corazón y desnudarlo.

Al trabajo de sombra se le conoce como una de las rutas más directas hacia la autorrealización, puesto que nos permite ver el mundo exterior y, al mismo tiempo, nuestro dolor interno. Porque lo que hicimos sombra dentro de nosotros mismos y carece de realización en nuestro interior, siempre habrá de poblar el mundo exterior. La forma como reaccionemos ante esto nos enseñará lo que aún precisa de una resolución interna.

Con el correr del tiempo sucede algo interesante con el trabajo de sombra: sueltas toda tu podredumbre y ya no eres más un niño que repite traumas y patrones inculcados a temprana edad. Ya no eres más una bodega de emociones reprimidas y le das la bienvenida a la encarnación, al sentimiento y a la experiencia verdadera de vivir. Cada parte de nosotros que recortamos nos roba un poco de nuestra vitalidad y un poco de lo que realmente somos. Pero cuando le abrimos las puertas a más de nosotros mismos, nos damos cuenta de que la forma en que pensamos sobre nosotros mismos es de vital importancia. Cuando definimos nuestra propia autoestima y nuestras motivaciones para existir y dejamos de lado lo que los demás piensan que deberíamos ser, descubrimos quiénes somos realmente.

Este trabajo disuelve las barreras dentro del yo para ver la humanidad en cada persona que conocemos. De tal suerte, las creencias se desvanecen, los patrones y comportamientos arraigados que pensábamos eran simplemente una parte de nuestra personalidad, se revelan como heridas. En consecuencia, nos quedamos como una pizarra en blanco, con la capacidad de decidir qué es lo que le da sentido a nuestra vida.

Cuando nos superamos a nosotros mismos descubrimos que la gran cantidad de tiempo y energía que gastamos tratando de ser dignos, amables y aprobados por el mundo exterior, podría haberse usado de una mejor manera. Del mismo modo ponemos fin a las interminables competencias del ego en las que participamos para demostrar nuestra superioridad o inferioridad. Ya no necesitamos luchar contra los que consideramos como el Otro, pues descubrimos la simple y esencial humanidad que yace dentro de cada uno. Esto significa que en lugar de ver nuestras diferencias, ahora vemos nuestra humanidad reflejada en cada persona con la que nos encontramos.

Si somos dignos es porque siempre lo hemos sido. Somos inherentemente dignos y somos dignos de ser amados. Todos tenemos la chispa de la divinidad dentro de nosotros, solo que esa luz divina se ha ido apagando poco a poco, hasta asociarnos con la negatividad y la oscuridad que, por algún tiempo, hemos experimentado.

Suena irónico que el trabajo de sombra cree individuos que encarnen la luz, individuos que puedan ser amorosos en un mundo que suele ser cruel y despiadado. Pero si nos superamos a nosotros mismos, nos daremos cuenta de que naturalmente gravitamos hacia el servicio en este mundo. Tenemos la fuerza y capacidad de ofrecer nuestras habilidades y destrezas únicas cuando no gastamos más nuestro tiempo y energías luchando contra nosotros mismos.

La fase final del trabajo de sombra estriba en avanzar hacia la serenidad, hasta llegar al lugar del ser esencial. Si estamos serenos, muchas cosas con las que ahora nos identificamos se desvanecerán; esto incluye la interminable cruzada por mejorarnos y el deseo de sacar a la luz nuestras sombras. Podremos, simplemente, sentir y vivir.

Al final, el trabajo de sombra deriva en la capacidad de sentarnos con la oscuridad, con nuestra intuición y con nuestros sentimientos, como la incertidumbre y el cambio, para encontrar consuelo en ellos. Y es que es en la comodidad con el caos y la oscuridad dentro de nosotros mismos, que podremos encárnanos. Allí hallamos nuestra humanidad esencial mientras dejamos de lado la necesidad de ser perfectos y las ideas de alcanzar una meta específica. En suma, no necesitamos ser otra cosa que lo que seamos en ese momento.

También suena irónico que al sentirnos cómodos con el caos y la incertidumbre, sintamos la profunda calma que muchos de nosotros anhelamos. En esta coyuntura encontramos el profundo y perenne amor propio, el cual nos hemos negado durante tanto tiempo. Solo así abandonamos el estado de aislamiento y alienación que nos mantenía en una oscuridad fracturada y podremos, finalmente, conectarnos. Y es que nunca estuvimos solos; únicamente creíamos que lo estábamos.

Cada uno de nosotros es un alma solitaria que busca desesperadamente alguna conexión, al liberar las ideas de separación, las falsas competencias y el deseo de aprobación externa, podremos conectarnos a fondo con los demás. Al desarmarnos, nuestra vulnerabilidad nos abre al amor y a la belleza del mundo; el mundo nos refleja toda su belleza, porque viajamos a través del dolor. Al tomar cada aspecto solitario de nosotros mismos, reflejado en el mundo exterior, y ofrecer algo sencillo, como empatía humana, profundizamos nuestra autocompasión al vernos en todas y cada una de las demás personas que pueblan este redondo planeta.

Y en la medida en que nos sumerjamos en las profundidades de nuestra maldad y nuestra alienación y dejemos de sentir que no somos lo suficientemente buenos, hallaremos la luz dorada de la realización.

Espero que encuentres esa luz dentro de ti... y en el mundo.

Lecturas recomendadas

Textos que me inspiraron para entender el trabajo de sombra.

Berne, Eric. *Los juegos en que participamos.* Madrid, España: Gaia Ediciones, 2022.

Bly, Robert. *A Little Book on the Human Shadow.* San Francisco, California: HarperOne, 1988.

Brown, Norman. *Life Against Death.* Middletown, Connecticut: Wesleyan University Press, 1959.

Edinger, Edward. *Archetype of the Apocalypse.* Chicago, Illinois: Open Court, 1999.

Frankl, Viktor. *El hombre en busca de sentido.* Barcelona, España: Herder Editorial, 2015.

Franz, Marie-Louise von. *Shadow and Evil in Fairy Tales.* Boulder, Colorado: Shambhala, 1995.

Fromm, Erich. *Anatomía de la destructividad humana.* Madrid, España: Siglo XXI Editores, 2022.

Hillman, James. *The Dream and the Underworld.* Nueva York, Nueva York: Harper & Row, 1979.

Joiner, Thomas. *Myths about Suicide.* Cambridge, Massachusetts: Harvard University Press, 2010.

Joy, W. Brugh. *Avalanche.* Nueva York, Nueva York: Ballantine Books, 1990.

Kalsched, Donald. *The Inner World of Trauma.* Abingdon-on-Thames, Reino Unido: Routledge, 1996.

Kristeva, Julia. *Sol negro: Depresión y melancolía*. Girona, España: Wunderkammer, 2017.

_____. *Poderes de la perversión*. Madrid, España: Siglo XXI Editores, 2004.

Lacan, Jacques. *La angustia*. Barcelona, España: Gredos, 2018.

Lowen, Alexander. *Miedo a la vida*. Alachua, Florida: Errepar, 1995.

Marlan, Stanton. *The Black Sun: The Alchemy and Art of Darkness*. College Station, Texas: Texas A & M Press, 2005.

Maté, Gabor. *Cuando el cuerpo dice no*. Curicó, Chile: Gala Ediciones, 2021.

Paul, Marla. "How Your Memory Rewrites the Past". 4 de febrero de 2014. https://news.northwestern.edu/stories/2014/02/how-your-memory-rewrites-the-past

Rogers, Carl. *El proceso de convertirse en persona*. Madrid, España: Planeta Publishing, 2023.

Wilson, Robert Anton. *Prometheus Rising*. Grand Junction, Colorado: Hilaritas Press, 2016.

Winnicott, D. W. *Realidad y juego*. Madrid, España: Gedisa, 2021.

Woodman, Marion. *Adicción a la perfección*. Madrid, España: Luciérnaga CAS, 2002.

_____. *Abandonar el hogar paterno*. Barcelona, España: Ediciones Obelisco, 2021.

Yalom, Irvin. *Mirar al sol*. Madrid, España: Ediciones Destino, 2021.

_____. *Psicoterapia existencial*. Barcelona, España: Herder Editorial, 2021.

Acerca de la autora

Mary Mueller Shutan es una sanadora y maestra espiritual con una amplia experiencia en medicina china, trabajo energético y trabajo corporal somático. Es autora de varios libros, entre ellos *The Spiritual Awakening Guide, Managing Psychic Abilities, The Complete Cord Course, The Shamanic Workbook I a III* y *El deva corporal.* Mary vive cerca de Chicago, Illinois.

Para tener más información sobre su trabajo, visita la página:

maryshutan.com